서문문고
119

프랑스 문학의 이해

송 면 지음

머 리 말

최근 서점에는 프랑스 문학 번역서가 꽤 많이 눈에 띄게 되었다. 이는 우리 문학을 위해서는 물론, 프랑스 문학에 흥미를 갖는 독자나 불문학도를 위해서 여간 반가운 일이 아니다. 그러나 우리는 자기가 읽는 프랑스 문학 작품이 어떤 시대적 배경과 역사적 경위를 거쳐 태어난 것인지에 관한, 이른바 프랑스 문학의 체계적인 이해를 위한 참고서를 필요로 하고 있다.

그래서 저자는 이미 ≪프랑스 문학사≫를 쓴 바 있지만, 이는 다소 전문적인 경향을 띠어서 일반 독자에게는 별로 도움이 되지 못했을 것이다.

이 책은 그러한 점을 고려하여, 일반 독자도 부담없이 읽을 수 있고, 프랑스 문학에 대한 체계적인 이해에 도움이 되도록 한 것이다. 만약 이 책의 독자가 더 구체적인 프랑스 문학에 대한 지식이 필요한 경우에는, ≪프랑스 문학사≫를 자매편으로 생각하여 읽으면 좋을 것이다.

어쨌든, 이 책이 다소나마 프랑스 문학을 좋아하는 독자의 길잡이 역할을 할 수 있다면, 저자는 그 이상의 기쁨이 없을 것이다.

끝으로, 어려운 사정 속에서도 이 책을 출판해 주신 서문당 사장님과 편집부 여러분께 심심한 사의를 표한다.

연대 불어불문학연구실

저 자

※ 프랑스 문학의 이해

차 례

머리말 3
프랑스 문학 개관 9
   프랑스 문학이란 9
   프랑스 어의 옹호와 현양 10
   프랑스 문학의 특징 11
중세의 서광 17
   프랑스 문학의 기원 17
   성자에 대한 숭배 20
   영웅의 세계 21
   여성의 등장 24
   부르조아의 대두 36
   사랑의 심리분석 40
   전란을 넘어서 42
   개인의 자각 51
르네상스의 기운 57
   르네상스의 기운 57
   격문사건과 칼뱅이즘 65
   새로운 움직임과 문학의 혁신 69
   종교전쟁과 광신 78
   관용의 정신 81

고전의 화원 87
- 고전주의와 그 문학정신 87
- 시법의 통제와 그 반동 90
- 살롱문학과 그 반동 93
- 이성과 정열 99
- 고전극의 개화 102
- 시론과 우화시 117
- 모랄리스트의 문학 122
- 심리소설과 서간문학 126
- 위기의식과 자유정신 131

계몽의 횃불 135
- 계몽의 빛과 카르테지아니즘 135
- 법의 정신의 보급 138
- 고전주의의 여백 142
- 새로운 윤리의 등장과 계몽철학의 전개 149
- 새로운 장르의 모색 171

로망티즘의 謳歌 181
- 망명의 격정과 프레로망티즘 181
- 로망티즘의 성립과 그 구가 188
- 새로운 얼과 시 195
- 문학풍토의 변화와 레알리즘의 정신 209

        문예비평의 독립 ·· 217
레알리즘의 비정 ·· 223
        레알리즘과 객관소설 ······································ 223
        파르나스의 시 ·· 230
        포지티비즘의 풍조 ·· 237
        나튀랄리즘과 그 반동 ···································· 238
        심층의식의 세계와 생볼리즘 ························ 248
현대의 소용돌이 ·· 259
        현대와 새로운 사상적 지주 ························· 259
        사회의 움직임과 문학적 이행 ····················· 262
        생볼리즘의 해체와 모더니즘의 탄생 ········· 267
        이상과 위마니즘 ·· 276
        인생의 탐구 ·· 280
        가치의 전환과 쉬르레알리즘 ····················· 285
        대하소설 ·· 290
        연극의 동향 ·· 293
        행동의 문학 ·· 295
        레지스탕스의 문학 ·· 300
        실존주의의 문학 ·· 304
        새로운 문학적 풍토 ······································ 312

프랑스 문학 개관

프랑스 문학이란

지금 우리들이 프랑스라고 부르는 곳은 옛날에 골르라고 불리던 지방이었다. 그 골르의 주민들은 오랫동안 독립국을 형성하기도 하고, 로마제국에 정복당하기도 하였다. 그들은 독립과 피정복의 두 시기를 통하여 여러 가지 민족 생활의 경험을 하고, 그러한 경험과 감정을 일찍부터 어떤 형식으로 표현하고 있었다. 독립국을 형성하고 있던 시기에는 그 시대에 번영한 그리스 문화와 접촉하는 경험을 한 까닭에 자기들 옛 제왕의 원정과 무공을 호메로스식의 서사시로 표현하기도 하고, 여러 신을 찬양하는 송가(頌歌)도 만들었다. 그리고 로마제국에 정복당하였던 시기에는 그들 자신의 언어를 라틴 어로 바꾸어 버렸기 때문에 자기들의 전통적인 문학을 거의 잊고 그 대신 라틴 어를 사용하여 훌륭한 문학을 만들었던 것이다. 그것은 지금까지 잘 보존되어 있어서, 우리들은 그들의 생활 감정과 미적 표현이 어떤 것인지를 알 수 있다.

그러나 우리들이 프랑스 문학이라고 하는 경우에, 프랑스 사람들이 과거에 사용하던 골르 어와 라틴 어에 의한 기록은 거기에 포함되지 않는다. 우리 나라의 경우에도 한국 문학 내지 국문학이라고 할 때, 그것이 우리의 문학적 체험과 표현이라고 하더라도 한자와 한문만으로 씌어진 것이라면 엄밀한 의미에서 그것을 한국 문학이나 국문학이라고 하지는 않는다. 어디까지나 우리 말과 우리 글로 씌어진 것일 때 비로소 그렇게 부르는 것이다.

따라서, 프랑스 문학이란 프랑스 어로 씌어진 문학만을 의미한다. 비록 프랑스 사람이 아니라 하더라도 그가 프랑스 어로 작품을 썼다면 그것은 물론 프랑스 문학이다. 이를테면, 루소(1712~1772년)는 프랑스 사람이 아니라 제네바에서 태어난 사람인데, 그가 프랑스 어로 글을 썼기 때문에 그의 작품은 훌륭한 프랑스 문학이며, 그의 문학을 빼놓고서는 18세기 프랑스 문학을 말할 수 없을 정도다. 그리고 이오네스코(1858~1922년)는 루마니아 사람이며, 베케트(1118?~1170년)는 에이레 사람이다.

프랑스 어의 옹호와 현양

사람들은 프랑스 어를 명석하고 정확하며 우아한 말이라고 한다. 사실, 그러함엔 틀림없다. 중세부터 르네상스 시대를 거쳐 현대에 이르기까지 프랑스 어는 그 모습을 조금씩 바꾸어 왔다. 특히 그 정리는 16세기의 플레이아드파 시인들에 의하여 전개된 '프랑스 어의 옹호와 현양 운동(1549)'이 그 계기가 되었다. 이에 대해서는 다음에 설명할 기회가 있겠지만, 이는 프랑스 어를 고대―그리스·로마―의 언어에 비해 뛰어나지는 못하더라도 이에 뒤떨어지지 않도록 만들려고 했던 젊은 시인들의 굳은 각오와 노력의 결과였다.

17세기에는 랑부예 후작 부인을 중심으로 하여 프레시외와 프레시외즈라고 불린 신사, 숙녀들이 프랑스 어에서 저속하고 야비한 말과 표현을 몰아내고, 그 대신 우아하고 섬세한 말과 표현으로 바꾸려고 노력하였다. 그리고 콩라르를 중심으로 한 일단의 문학자들은 추기경 리셜리외의 찬조를 얻어 아카데미 프랑세즈를 설립하고, 문예작품을 심사할 뿐만 아니라 사전을 만들어 올바른 프랑스 어 보급에 힘썼다.

이와 같이, 프랑스의 문학자와 대부분의 국민들은 자기들의 국어를 아름답고 정확한 것으로 만들고 다듬기 위하여 부단한 노력을 계속해 왔다. 어느 나라 국민들도 자기들의 국어를 소홀히 하거나 이에 무관심하지는 않겠지만, 프랑스 사람들처럼 의식적이고 의욕적으로 자기들의 사상과 감정을 담을 수 있는 좋은 그릇으로 만들고, 그 표현의 격조를 높이기 위하여 노력한 국민은 그리 흔하지 않을 것이다.

프랑스 문학의 특징

프랑스 문학의 기원은 다음에 설명하는 바와 같이 10세기 경인데, 문학이라는 이름에 부끄럽지 않은 작품이 나오게 된 것은 11세기 이후의 일이다. 프랑스의 작가들은 소중히 아끼고 다듬어 온 그러한 프랑스 어를 가지고 다시 제나름대로 새로운 검토를 가하여 작품을 썼고 또 쓰고 있다. 그들이 그렇게 하여 만들어 낸 프랑스 문학을 개관하여 보면 다음과 같은 몇 가지 특징이 있다.

첫째, 프랑스 문학은 세계 문학에서 가장 수준이 높은 문학이라는 사실이다. 프랑스 문학에는 영국의 셰익스피어(1564~1616년)라든가 독일의 괴테(1749~1832년)와 같이 그 이름만 들어도 곧 그 나라의 문학을 대표할 만한 문학자는 거의 없다. 그런 반면에 하잘 것 없다고 할 만한 문학자도 극히 드물다. 가령 17세기의 몰리에르를 예로 든다면, 그는 프랑스 문학에서 가장 뛰어난 희극 작가이기는 하지만, 누구나 그보다는 셰익스피어가 더 위대한 작가라고 한다. 사실, 셰익스피어의 작품에는 몰리에르의 작품에 없는 폭넓음과 자연의 위대함, 또 인간에 대한 깊은 통찰이 있다. 그런데 프랑스 고전주의 시대에는 몰리에르에 비해 조금도 손색이 없는 위대한 극시인으로서 코르네유와 라신이 있었고, 또 우화시인으로서 라퐁텐이 있었다. 그들은 모두 훌륭한 고전적 작품을 남기고 있는데, 이처럼 뛰어난 작가가 같은 시대에 많이 나온 예는 다른 나라의 문학에서는 찾아볼 수 없는 일이다. 이러한 예는 다른 시대에서도 들 수 있다. 18세기에는 볼테르, 디드로, 루소 등의 세계적인 문학자가 나왔고, 19세기 중엽에는 발자크, 스탕달, 플로베르 등의 거장(巨匠)이 나왔다. 이들 중 어느 한 사람만 들어도 문학적 영웅이라고 말 할 수 있다. 이와 같이 프랑스 문학은 일반적으로 말하여 수준이 높은 문학이며, 그것이 우선 프랑스 문학의 두드러진 특징이 되고 있다.

그런데 왜 그처럼 프랑스 문학의 수준이 높은지에 대해서는 다음과 같이 생각할 수 있다. 프랑스의 문학자들은 옛날부터 독자와 관객에게, 즉 자기들의 문학이 받아들여지는 환경에 대해 세심한 주의를 기울이며 작품을 쓰고 있었다는 것이다. 그러나 여기서 오해해서는 안 될 것은, 그렇다고 하여 반드시 독자에게 아부하는 작품을 썼다는 것은 아니다. 오히려 그와는 반대로, 뛰어난 문학자는 자기가 사는 시대의 일반 모랄의 수준을 벗어나서 독자를 자극하거나 재촉한다는 말이다. 참다운 독자와 관객도 작품을 읽거나 연극을 볼 때 거기에 그려져 있는 인물과 사상에, 그리고 무대 위에서 움직이는 행동과 거기에 드러나는 성격에 끌리거나 반발을 느낀다. 이것이 문학자에 대한 독자와 관객의 협력이라는 것이며, 요즈음의 표현을 빌리면 작품 세계에의 참여라고 하는 것이다. 프랑스의 문학자들은 이러한 전통적인 협력작용을 생각하면서 작품을 쓰고 있다.

프랑스는 이와 같이 옛날부터 독자의 수준이 아주 높았다. 독자의 수준이 높다는 것이 문학의 수준을 높이고, 수준이 높은 문학은 반대로 독자의 수준을 끌어올리게 된다. 이러한 순환에 의하여 고도의 문학적 수준을 가지게 된 것이다.

둘째, 프랑스 문학은 인간과 사회에 관심을 갖는 문학이라는 점이다. 프랑스의 문학자들은 언제나 관심을 인간이라는 것 위에 기울이고, 인간이 갖는 마음의 상태, 인간과 인간의 관계, 이른바 모랄이라는 것을 그리고 있다.

문학인 이상 어느 나라의 문학도 인간을 다루지 않는 것이 없겠지만, 특히 프랑스 문학은 인간이 인간을 위하여 인간을 탐구한다는 데 또 하나의 특징이 있다고 하겠다.

우리 나라는 물론 동양에서는, 예나 지금이나 외부의 자연이라는 것이 문학에서 커다란 역할을 하고 있다. 직접 자연을 테마로 하여 시를 쓰거나 사계절의 변화를 묘사하는 경우뿐만 아니라, 인간 감정을 그리는 경우에서도 반드시 자연과의 관계를 유지하며 묘사하고 있다. 자연이라는 거울에 비친 인간의 마음의 뉘앙스가 우리 나라 문학의 기조가 되고 있는 것이다. 이에 반하여 프랑스 문학에서는 자연이 별로 나오지 않는다. 나온다 하더라도 인간에게 작용하는 방법이 다르다. 루소가 나타나기까지 프랑스 문학에서의 자연은 인간적 행위가 이루어지는 장소 내지는 배경에 지나지 않았다. 기껏해야 비유나 상징으로 사용되는 정도였다.

따라서 프랑스 문학자들은, 주로 인간을 그리고 있다고 할 수 있다. 인간의 심리적인 미묘함, 그 깊이, 그 기괴함에 대하여 흥미를 가지고 관심을 기울인다. 특히 몰리에르 시대 사람들처럼, 그 시대를 대부분 궁정과 살롱에서 보낸 사람들은 정치적 야심이나 외교의 술수, 연애, 질투 따위 감정의 미묘한 움직임과 정열의 온갖 소용돌이를 뼈저리게 느끼고 있었다. 그러므로 인간에 대한 관찰에 흥미를 가졌던 문학자는 그러한 미묘한 감정과 정열에 관심을 기울이기 마련이었다.

그 결과, 라신은 여러 각도에서 연애의 심리 및 정열의 맹목성과 파괴성을 그려 무대 위에 올려놓았고 라 로슈푸코는 인간의 이기심이라는 것에 초점을 모아 미묘하게 움직이는 인간의 심리를 넘겨다보았으며, 라 퐁텐은 이해관계 때문에 준동하는 인간 사회의 축도를 동물의 세계를 빌려 그린 것이었다.

세째, 프랑스 문학은 주지적(主知的) 경향의 문학이라는 점이다. 위에서 본 바와 같이 자연의 묘사나 자연에 대한 관조, 또한 자연과의 융합이 아니라 인간과 그 내부의 상태, 그 복잡하고 미묘한 움직임과 의곡, 인간과 인간의 관계, 그리고 인간의 집단적 사회를 그리고 있는 것이 하나의 특징인 까닭에, 프랑스 문학은 서정적이라기보다는 주지적 문학이라고 할 수 있다.

실은, 작가가 정서의 흐름에 몸을 맡기고 작품을 쓴다는 것은 오히려 좋은 일이며, 시의 세계에서는 그렇게 하는 것이 보통이다. 시는 시인의 직접적인 감정을 표현하는 것이 주된 목적이기 때문이다. 그러나 그러한 시인의 직접적인 감정을 표현하는 것을 제일의 목적으로 하는 시의 세계에서도 시는 읊는다는 것이 아니라, 만든다는 극히 주지적인 경향이 프랑스 문학에서는 옛날부터 하나의 주조(主調)로 되어 왔고, 그것은 발레리의 시론에까지 발전하여 왔다. 그리하여, 만든다고 하는 이 주지적인 창작 태도가 프랑스 문학의 또 하나의 특징이 된 것이다.

프랑스의 문학자들은 무엇을 쓸 때, 항상 사물의 질서를 생각해 애매하거나 과장이 없는 정확하고 분명한 사실의 본질을 포착하려는 욕구를 지니고 있다. 프랑스 문학의 이러한 특징은 프랑스 사람의 성격 그 자체와 일치하는 것이며, 외국의 영향을 받아 문학에 대한 생각과 주의 주장이 달라지는 경우에도 대체로 이러한 성격에는 변함이 없었다. 그것이 프랑스 문학 전체의 특질이 되었고 향기가 되어서 언뜻 보기에는 이 특질과 정반대의 주의와 주장을 하고 있는 것 같지만, 실은 어느 사이에 본래의 성격을 드러내는 실례를 우리는 흔히 볼 수 있다.

요컨대 프랑스 문학은 라틴 계의 민족 가운데서 가장 이지적이라고 하는 프랑스 사람의 성격에 알맞는 주지적 문학이다. '그 주지적 경향'이 서서히 발전해 문학의 질을 향상시키고 그리스·로마의 전통에 스스로를 위치시킴으로써 세계 어느 나라 문학에 비해서도 결코 손색이 없는, 오히려 더 훌륭한 문학, 즉 두드러지게 뛰어난 문학자는 없지만 '인간과 사회에 관심'을 가지고 '수준이 높은 문학'을 유지하기에 이르렀다고 볼 수 있다. 이렇게 프랑스 문학을 이해한 연후에 다시 그 기원으로 거슬러 올라가 이를 개관해 보기로 한다.

중세의 서광

프랑스 문학의 기원

세계의 문학, 특히 그 기원의 역사를 비교 연구한 사람들의 의견에 따르면, 한 나라에 어떤 문학이 탄생하기 위해서는 3가지 요소가 갖추어질 필요가 있다고 한다. 민족과 언어 그리고 어느 정도 발달한 사회가 곧 그것이다.

대체로 지금의 프랑스에 해당하는 지역은 골르 —라틴 어로는 갈리아— 라고 불렸는데, 기원 전 58년 로마제국에 정복당한 골르족은 로마인의 피와 섞여 갈로 로맹 인으로 되었다. 그 후 4세기 후반에 게르만 족이 침입하여 476년 서로마제국이 멸망하고, 원주민과 침입자의 잡혼에 의한 혼혈이 이루어졌다. 골르 족의 경우는 원주민의 피를 근간으로 하여 거기에 게르만 족 중에서 가장 강력했던 프랑크 족의 피와 섞이게 되었고, 그리하여 이 프랑크 족의 이름이 프랑시아란 명칭으로 바뀌고, 그것은 다시 프랑스란 국명이 되었다.

골르 족이 로마제국에 정복당하여 이른바 갈로 로맹 인이 되었을 때 그들은 라틴 어를 사용하였고, 곧 얼마 안 가서 골르 족은 완전히 라틴 어에 동화되어 버리고, 로마제국의 문화권에서 이탈리아 본토에 다음 가는 높은 지위를 차지하게 되었다. 그런데 침입해 온 프랑크 족은 이번에는 반대로 자기들의 말을 버리고 원주민인 골르 족의 언어에 동화되였다. 그때 원주민이 사용하던 언어는 문어(文語)로서의 라틴 어보다 간단한 이디오프, 즉 통속적 라틴 어라고 하는 것이었다. 침입자들이 본래의 언어를 버리고 원주민의 언어에 동화했다는 사실은, 원주민이 사용하는 라틴 어를 한층 더 전환시켜, 라틴 어에서 나온 것이면서 이와 아주 다른 새로운 말, 즉 로망 어를 낳게 하였다. 그리하여 10세기 초엽에 이르러서는 일상 생활의 용건은 물론, 간단한 사상과 소박한 감정을 표현할 수 있을 정도가 되었다. 이렇게 발달한 로망 어에서 현대어로 된 것 중에는 프랑스 어 이외에 루마니아 어, 이탈리아 어, 스페인 어, 포르투갈 어 등이 있다. 그런데 이 로망 어는 두 개의 방언군으로 나누어지고 있다. 북부 어—랑그 도일—와 남부 어—랑그 도크—가 그것이다. 그 중 북부 어의 한 방언인 일 드 프랑스의 말이 정치적·지리적 이유에 의하여 점점 그 세력을 확장하여 마침내는 프랑스 어의 국어, 즉 프랑스 어가 된 것이다.

게르만 족이 서유럽으로 침입해 와서 사실상 로마제국이 멸망하자—명목상으로는 그 후까지 남아 있지만—서유럽은 분단되어 만족의 국가로 교체하게 되었다. 이 시대가 보인 혼란은 근대의 유럽 제국이 탄생하기 위한 진통과 같은 것이었다. 9세기에서 10세기까지의 혼란기에, 서유럽은 어느 곳에나 가정을 토대로 하여 이루어진 사회가 생겨나고, 거기에 시간적으로 조금 전에 들어온 그리스도교가 그 정신적 지주가 되어 그리스도교적 봉건사회의 기초가 서게 되었다. 그리하여 11세기에 접어들면서 그리스도교적 봉건사회는 완전히 그 지반을 확립하고, 프랑스의 창조 의욕은 여러 모로 나타나기 시작하였다. 안으로는 수도원과 교회가 세워져 충실한 종교 생활이 영위되고, 그 수도원과 교회가 아름다운 조각으로 꾸며져 로마네스크한 예술이 시작되며, 이어서 학교가 서고 도시가 생기고 상업이 성하자, 주민들은 영주에게 자치권을 인정하여 주기를 요구하였다. 밖으로는 십자군의 기운이 일어나 스페인으로 이교도 토벌을 위한 군대를 보내기에 이르렀다. 이와 같이 국민 생활 전반에 걸쳐 창조활동이 활발하게 시작되었다.

국민 생활 전반에 걸쳐 나타난 이러한 창조활동은 문학에서도 나타나지 않을 수 없었다. 이미 813년의 투르 교회회의는, 사제들에게 이후의 설교를 민중이 이해할 수 없는 라틴 어를 버리고 민중이 사용하는 속어, 즉 로망 어로 하도록 명하였다. 이러한 움직임은 라틴 어 종교문학의 로망 어로의 이식과, 로망 어에 의한 종교문학의 추이를 재촉하는 것이었다.

842년에는 샤를마뉴 대왕(742~814년)의 손자인 루이와 샤를이 맏형 로태르에 대항하기 위하여 스트라스부르에서 동맹을 맺었는데, 그때 루이는 형 샤를과 그의 신하에 대하여 북부 어로 세약을 하였다. 이것이 이른바 '스트라스부르의 세약'이라고 불리는 프랑스 어로 된 최초의 문헌이다. 본문은 10세기에 씌어진 라틴 어의 연대기 속에 수록되어 후세에 전해지고 있다.

성자에 대한 숭배

중세의 문학 장르 중에서 가장 일찍 문학의 이름에 부끄럽지 않은 모습을 갖춘 것이 성자전(聖者傳)이다. 그것은 그리스도교의 성자를 노래한 서사시이며, 대부분 라틴어 성자전의 번안이다. 중세에 성행하던 성자의 숭배를 지반으로 한 것으로서, 지금까지 보전되어 있는 것은 약 2백 종류인데, 882년의 ≪성녀 욀라리 속창≫과 10세기 후반의 것으로 추정되는 ≪레제 성자전≫이 가장 오랜 것이다. 뒤에 문제 삼을 ≪알렉시스 성자전≫도 거의 1040년의 것으로 추정되고 있으므로 무훈시(武勳詩)보다 약간 오래된 것이다. 어쨌든 문학작품으로서는 ≪성녀 욀라리 속창≫에서 시작되는 몇몇 성자전이 최고(最古)의 기념비이며, 그 중에서도 ≪알렉시스 성자전≫이 가장 뛰어난 작품이다.

로마 시 백작의 외아들로 태어난 알렉시스는 성대한 결혼식이 끝난 바로 그날 밤 신부에게, '이 세상에 완전한 사랑이란 없는 것, 인생은 초로와 같고, 영속하는 영예는 없네'라는 자기의 신념을 표현하고 그리스도에 종사하기 위하여 집을 떠난다. 그는 메소포타미아의 에데사로 건너가 낯선 이국의 빈민굴에 몸을 던졌다. 그리고 교회의 문 밖에 앉아 오로지 신에게 기도만 했다. 17년이란 세월이 흘렀을 때, 교회 안의 마리아상이 기적을 나타내 '문 밖에 앉은 사나이의 공덕'을 알린다. 이에 의하여 세상 사람들의 숭배를 받게 된 알렉시스는 다시 그 영예를 거부하고 로마로 되돌아온다. 그는 부모와 아내를 눈앞에 보면서도 자기의 신분을 밝히지 않고 거지들과 어울려 구걸 생활을 계속한다. 그 후 그의 죽음에 의하여 비로소 가족에게 그가 알렉시스라는 사실이 알려지고, 또 신의 기적에 의하여 그가 세상의 모든 것을 버리고 신앙을 위하여 일신을 바친 성자라는 사실이 로마 사람들에게 밝혀진다. 그리하여 그는 모든 사람들의 찬양을 받으며 승천한다.

이와 같이 프랑스 문학은 민중의 교화를 목적으로 하는 종교문학에서 시작되고 있다. 프랑스에서 로망 양식의 교회 건축이 성행하기 시작한 것도 이 무렵이었다. 중세 종교 미술사의 권위자 에밀 말르는 "중세에는 성자가 일상생활 속에 널리 퍼져 있었다."라고 말하고 있는데, 미술보다는 이러한 성자전이 그 당시 사람들의 정신생활 속에 교회 내지는 종교가 얼마나 커다란 역할을 차지하였던 가를 말해 주고 있다.

영웅의 세계

12세기 중엽에 이르기까지 성자전뿐만 아니라 프랑스어로 쓰어진 작품은 거의 다 운문으로 된 것이었다. 그 중에서도 특히 그 시대 정신을 잘 반영하고 있는 것이 무훈시라고 불리는 서사시인데, 현재까지 전해지는 가장 오랜 4,5편의 작품은 11세기 말엽에서 12세기 초엽의 것으로 추정하고 있다. 그것은 그리스도교 세계와 이슬람 세계의 대립, 그리스도교의 나라 프랑스에 주어진 영웅적인 사명, 신앙의 승리에 대한 악마의 패배를 테마로 하여 제1차 십자군 시대를 특징짓는 열렬한 신앙과 봉건 사회의 윤리를 속속들이 표현하고 있다.

그 시대―12세기 초엽까지―의 시대 정신이란, 우선, 사람들이 그 당시의 전투적 교회의 지도 원리에 따라 어떻게 하면 신을 위하여 자기를 희생하고 순교자가 될 수 있는가, 다음은, 어떻게 하면 왕을 위하여 목숨을 버리고 명예로운 용자(勇者)가 될 수 있는가, 하는 신앙과 명예였다. 이것이 그 시대의 행복관이었고, 그 시대 사람들의 이상이었고, 이러한 시대정신이 특히 두드러지게 나타나 있는 작품은 ≪롤랑의 노래≫라는 무훈시다.

이 국민적 서사시의 제작 연대에 대해선 11세기 말엽 또는 12세기 초엽으로 추정하고 있을 뿐, 작자도 누구인지 모르며, 소재가 어디서 어떻게 작자의 손에 들어갔는지에 대한 학설도 구구하다. 그러나 이야기의 시원적(始原的)인 근거가 된 역사적 사실은 스페인에서 피레네 산을 넘어 본국으로 돌아오는 샤를마뉴 군의 후위부대가 778년 8월 15일 롱스보 계곡에서 바스크 족에 의하여 살육된 사건이다. 작자는, 사실(史實)이 이교도 사라센과의 동맹전쟁이었던 것을, 반대로 이교도 토벌의 성전(聖戰) 십자군으로 바꾸고, 또 젊은 왕 샤를마뉴를 흰 수염이 난 늙은 왕으로 바꾸는 등, 등장 인물의 대조에 극적 효과를 노려 약 4천 행(行)에 이르는 실로 현대적인 작품을 만들어 내었다.

7년간이나 스페인의 이교도를 토벌하고 있는 샤를마뉴 대왕

휘하의 프랑스 군은 마지막으로 완강한 적 마르실르 왕을 추격한다. 마르실르는 거짓으로 화전을 제의, 프랑스 측은 대왕의 조카 롤랑의 제의를 받아들여 그의 계부(繼父) 가늘롱을 사자로 파견한다. 그것은 명예로운 일이지만 위험한 임무였다. 가늘롱은 롤랑이 자기의 죽음을 계략한 것으로 오해하여, '화전에 의하여 귀환하는 프랑스 군의 후위부대를 치도록' 마르실르와 밀약을 맺고 돌아와 이번에는 롤랑을 후위부대의 지휘관으로 추천한다. 롤랑이 거느리는 2만의 기마병이 롱스보 계곡에 이르렀을 때, 10만의 이교도의 급습을 받는다. 지자(智者) 올리비에는 상황이 불리함을 깨닫고 친구 롤랑에게 뿔피리를 불어 대왕이 거느리는 대군의 지원을 구하도록 권유한다. 처음엔 용자 롤랑은 이를 수치로 여겨 받아들이지 않으나 마침내 뿔피리를 불기로 결심한다. 그때는 이미 후위부대가 전멸하여 12명의 장군이 쓰러지고 롤랑도 죽음의 임박함을 느끼고 있었다. 그는 참회하며 손을 신에게로 올리고 적을 향하여 쓰러진다. 신에 대한 신앙, 왕에 대한 충성, 조국에 대한 헌신—용자 롤랑은 지자 올리비에와 부장(部將)들과 함께 롱스보에서 전사한다. 뿔피리 소리를 듣고 위급함을 안 대왕은 곧 군대를 돌려 자기편의 시체를 묻어 줄 시간 여유도 없이 적군을 추격하여 이를 섬멸한다. 그리고 바다를 건너 구원하러 온 이교의 교왕 발리강의 대군을 맞아 교전한다. 대왕이 발리강과 싸워 이기자, 적군은 전부 쓰러지고 그리스도교 군은 개선의 길에 오른다. 올리비에의 누이동생 오드는 사랑하는 롤랑의 죽음을 알고 슬퍼한 나머지 기절하여 죽는다. 한편 가늘롱은 롤랑에 대한 복수가 목적이며 반역의 생각은 없었다고 주장하지만 결국 사형당한다. 그날 밤 불의의 군을 토벌한 대왕의 꿈에 천사 가브리엘이 나타나서 다시 십자군의 출정을 명한다. 그리하여 2백 세의 대왕은 '신이여! 이 얼마나 고달픈 일생인가!'라고 눈물을 흘리며 다시 출정의 길을 떠난다.

1837년에 발견된 옥스퍼드 사본(1170년 경의 것)에 의하여, 이 작품은 완전한 모습으로 알려진 최고의 무훈시가 되었다. 발견 당시의 독일파의 로망티즘에 대한 해석으로는, 민족 얼의 발로로서 민중들 사이에 성립한 구전문학(口傳文學)의 일종으로 생각되었으나 그 후 베디에(1864~1938년) 등의 연구 결과, 개인─아마도 성직자─의 손으로 씌어진 것으로 추정되고 있다.

여성의 등장

롤랑의 노래 시대에서 약 백 년이 지난 12세기 중엽에 이르러 왕의 권력이 커져서 그때까지 왕과 대등한 지위에서 그 권력을 자랑하던 봉건제후는 왕에게 신하의 예를 보이고 그들간의 싸움이 서서히 그 그림자를 감추기 시작하였다. 그리하여 특히 남불과 동불에는 조그만 궁정이 형성되었다. 그리고 교회는 여전히 십자군 원정을 시도하기는 하였으나, 제2회 십자군(1147~1148년)의 실패 이후 하나의 이상에 사는 열정은 사라지고, 오로지 정책적인 사업으로 전화하고 말았다. 그렇게 하여 성립한 새로운 타입의 궁정사회는 세련과 예절을 위주로 하는 정신생활로 향하게 되고, 다만 그림자의 존재에 지나지 않았던 귀족 여성들이 마음의 지배자로서 등장하게 되었다.

그리하여 12세기 중엽부터는 귀족 생활과 시대정신에 변화가 생겼다. 지금까지는 외부에만 눈을 던지고, 내부 생활에는 전혀 눈을 돌리지 않았다는 것, 이를테면 그때까지 이상으로 해왔던 신앙과 명예 이외에도 인간의 행복이 있다는 것을 깨닫게 되었고 이러한 행복관의 변화는 갑자기, 서사시(敍事詩)의 세계에서는 거의 그 설 자리를 갖지 못했던 여성에 대한 사람들의 생각을 일변시켜 버렸다. 따라서, 기사는 누군가 한 사람의 담므—마음 속의 여성(부인)—를 선택하고 그 담므에게서 사랑을 받을 만한 사람이 되기 위하여, 모든 행동을 우아하게 가지며 훌륭한 무공을 세워 자기 완성에 힘쓰지 않으면 안 되었다. 이것이 우리들이 기사도라고 부르는 것이며, 그러한 사회의 요구에 의하여 만들어진 것이 궁정소설 및 궁정시다.

그러므로 궁정소설과 궁정시는 새로운 시대의 요구에 의해 만들어진 새로운 문학이다. 그러나 서사시와 관계없이 만들어진 전혀 별개의 새로운 문학은 결코 아니다. 서사시의 전신에 종교문학의 성자전이 있는 것처럼, 궁정소설과 궁정시 앞에 서사시가 있다는 것을 잊어서는 안 될 것이다.

그러면 우선 궁정소설부터 보기로 한다.

12세기에서 13세기에 걸쳐 프랑스 봉건제도가 서서히 그 기초를 확립하여, 궁정생활이 윤택해지고 부인들의 생활도 향상됐다. 그리하여 궁정에서 사는 남녀의 연애를 테마로 한 이야기가 많이 씌어지기 시작했다. 이것을 로망 쿠르트와, 즉 궁정소설이라고 부른다. 로망이란 산문으로 씌어진 근대식 소설을 의미하는 것이 아니라 로망어로 씌어진 픽션[虛構]을 말하며, 그것은 대부분 운문으로 되어 있다. 그리고 쿠르트와란 궁정이라는 형용사로서

'궁정풍의', '궁정을 그린' 내지는 '궁정인과 같은' 정도의 의미이며, 동시에 성모숭배에서 전화한 여성 숭배를 의미한다. 따라서 궁정소설은 그것을 '기사도 로망'이라고 옮기고 있듯이, 기사와 그 마음 속 여성이 주인공이 되고 있다. 무훈시가 신 혹은 왕에 대한 충성을 중심 테마로 한 '읊어지는 것'인 데 비해, 궁정소설은 마음 속의 여성이 신 혹은 왕을 대신하여 군림한 '읽혀지는 것'이다. 그러한 여성의 사랑을 얻기 위하여 또는 그 사랑에 보답하기 위하여 기사들은 모든 시련과 고통과 굴욕을 참지 않으면 안 된다.

궁정소설의 주류를 이루고 있는 것은 브르타뉴 계통의 로망 군(群)이지만 그 밖에 고대문학 계통의 로망 군과 모험적인 로망 군이 있다. 그러나 특히, 브르타뉴 계통의 로망 군에서는 ≪크레티엥 드 트루아≫와 ≪마리 드 프랑스≫, 모험적인 로망 군에서는 ≪장 르나르≫와 작자 미상의 ≪오카생과 니콜레트≫가 유명하다.

엘레오노르 다키텐과 루이 7세 사이에서 태어난 마리는 샹파뉴 후작 부인이 되었다. 그 여자의 궁정에서 보호를 받았던 크레티엥 드 트루와(1135?~1190?년)는 로망이란 문학 장르에서 하나의 극치를 이룬 시인이었다. 한편에서는 켈트 문학의 영향을 받아 아르튜르왕과 그 기사들의 경이적인 모험을 이야기하고, 다른 한편에서는 프로방스 문학의 사랑의 관념을 받아들여 그 작품을 연애와 여성에게 바치고 있다. ≪에레크와 에니드≫(1162?), ≪클리제≫(1164?), ≪랑슬로≫, 부제로는 ≪마차에 탄 기사≫(1168?), ≪이뱅≫, 부제로는 ≪사자의 기사≫(1170) 등이 그것이다.

≪이뱅≫ 혹은 ≪사자의 기사≫는 그 중심적 테마, 연애와 기사적 모험이 얽힌 속에서 인간 관찰을 충실히 추구하면서, 복잡한 요소를 교묘하게 조화시키고 능숙한 기법으로 독자를 지루하게 하지 않는, 글자 그대로의 걸작이다.

기사(騎士) 이뱅은 마법의 샘을 발견하고 그 물을 뜨려고 한다. 몇 방울의 물이 땅에 떨어지자 무서운 소나기가 쏟아진다. 샘을 지키는 기사가 나타나 침입자 이뱅에게 도전해 온다. 이뱅은 그를 성까지 추격하여 죽이는데, 그 자신도 성 안에 갇히고 만다. 거기서 그는 그가 죽인 기사의 아내 로딘느에게 사랑을 느낀다. 시녀를 통한 사랑의 계략. 그리하여 로딘느의 마음을 움직이고, 드디어 그 여자도 이뱅에 대한 자기의 사랑을 인정한다. 이뱅은 로딘느의 사랑을 믿고, "그대가 나에게 명하는 것은 무엇이든지 주저하지 않으리라."고 충성과 봉사를 맹세한다.

두 사람은 결혼. 그때 아르튀르 왕의 일행이 그 성에 들러 이뱅의 마음에 기사로서의 모험심과 공명심의 불을 일게 한다. 특히 친구 고뱅에게서, "왜 자네는 그 모양인가? 여자 때문에 용기를 잃은 자의 한 사람이란 말인가?" 라는 비난을 받자, 1년 후에 돌아오겠다는 약속을 하고 그는 아내와 헤어진다. 그러나 그 약속은 깨어지고 만다. 아내는 약속 위반을 꾸짖고, 겨우 돌아온 남편을 맞이하려 하지 않는다. 아내의 노여움을 듣고 용서를 빌기 위하여 그는 다시 원정 길에 올라, 뱀에게서 구제된 은의를 느껴 그를 따르는 사자를 데리고 시련과 무훈을 다한다. 그리하여 결국 로딘느의 사랑을 되찾는다.

크레티엥 드 트루와는 그 시대 프랑스 문학의 중심적 작가였을 뿐만 아니라, 위에서 본 그의 작품은 13세기 이후 유럽 문학에 큰 영향을 미치고 있다. 그의 여러 작품을 비교해 보면, 제1작 ≪에레크와 에니드≫에서는 사랑보다는 명예의 비중이 크며, 아내에 대한 사랑의 희생에 의하여 기사도 모험이 이루어지고, 제2작 ≪클리제≫에서는 사랑에 대한 관심이 높아지고, 제3작 ≪랑슬로≫와 제4작 ≪이뱅≫에서는 사랑이 완전히 승리자가 되고 있다. 그러나 기사가 지상에서 의무를 포기하거나 우상을 숭배한다는 것은 신이 용서하지 않는 일이었다. 그는 미완의 ≪페르스발≫에서는 신을 믿고, 신에게 종사하며, 신을 사랑하는 기사에로 작품의 테마를 바꾸고 있다. 어쨌든 그는 그가 살던 사회에서 그 사회가 언제나 문제삼는 테마를 포착해 그것을 작품화하고 있다는 점에서 분명히 문제소설의 작가다. 그러나 그는 문제를 단지 문제로서 다루는 데 그치지 않고 그 문제 속에 숨어 있는, 그리고 그것을 문제로서 제기하는 인간성을 추구하고 있다. 그러므로 그는 프랑스 문학 최초의 모럴리스트라고 할 수 있다.

그 시대의 로망 중에는 궁정풍의 연애관과는 아주 다른 이색적인 사랑을 그린 작품이 있었다. 크레티엥 드 트루아가 일정한 인간사회 내부에서의 사랑을 문제삼고 있음에 반하여, 이는 사회에 대하여 정면으로 반항하는 반사회적이며, 인간의 뜻을 유린하는 운명에 대한 드라마다. 그런데 ≪트리스탄과 이졸데≫의 전설은 전유럽에 퍼져 바그너(1813~1883년)의 음악을 낳고, 장 콕토(1889~1963년)로 하여금 ≪비련≫의 1편을 영화계 은막에 내보내게 했지만, 이상하게도 이야기의 전모가 완결된 작품의 모습으로는 전해지고 있지 않고 이 비련의 이야기의 여러 가지 텍스트를 규합하여, 죠셉 베디에가 1900년에 그 전모를 현대산문으로 교정한 것이 가장 훌륭한 것이다.

스코틀랜드의 트리스탄은 숙부인 코르누아이유의 왕 마르크의 손에 의해 자란 고아다. 그는 초진(初陣)에서 에이레 왕비의 오빠, 거인 모루를 물리치고 나라를 구해 낸다. 그러나 독검(毒劍)에 찔린 상처는 치료할 수가 없고 썩은 냄새는 코를 찌른다. 그는 작은 배를 타고 하프를 켜며 바다 위에서 죽음을 기다린다. 그런데 배는 적의 나라 에이레에 도착하여, 그는 적의 누이동생인 왕녀, 금발의 이졸데의 비법(秘法)에 의하여 상처를 치료받는다. 상처가 아물자 그는 투루베르를 가장하여 그곳을 떠나 버린다. 마르크 왕은 트리스탄을 후계자로 생각하고 있던 까닭에 별로 결혼을 생각하지 않는다.

이를 질투하는 귀족들은 왕의 결혼을 재촉한다. 왕은 그때 마침 새가 창가에 떨어뜨린 금발의 머리카락을 보고 그 임자를 왕비로 삼겠다는 어려운 문제를 제시한다. 그러나 트리스탄은 그것이 이졸데의 머리카락이라는 것을 알고, 상인으로 변장해 숙부의 아내가 될 이졸데를 데리러 기사들과 함께 배를 타고 에이레로 떠난다. 에이레에서는 처녀들만을 잡아먹는 큰 뱀의 위협을 받아 이를 퇴치하는 사람에게 이졸데를 준다고 했다. 트리스탄이 나서서 그 뱀을 퇴치한다. 그러나 그의 신분을 안 이졸데는 모루의 원수라고 노발대발한다. 그는 겨우 이졸데를 진정시키고, 자기를 위해서가 아니라 마르크 왕을 위해 이졸데를 요구하고 두 나라를 화해시킨다. 귀국하는 배 속에서 둘은 에이레 왕비가 이졸데와 마르크 왕의 영원한 결합을 위하여 준비한 사랑의 비약을 잘못하여 마셔 버린다. 그리하여 젊은 두 사람은 불멸의 사랑으로 맺어지고 만다.

그 둘은 마르크 왕을 속이고 계속 만나다가 발견되어 숲속으로 도망치곤 한다. 트리스탄은 금발의 이졸데를 잊기 위하여 바다를 건너 브르타뉴로 가서 친구의 누이동생인 흰 손의 이졸데와 결혼해 버린다. 그러나 전투에서 다시 독검에 찔려 금발의 이졸데의 간호가 아니면 나을 가망이 없게 된다. 그는 친구를 시켜 금발의 이졸데를 데려오도록 하는데, 데리고 올 때는 흰 돛을, 못 데리고 올 때는 검은 돛을 달라고 이른다. 마침내 흰 돛을 단 배가 보이는데, 질투에 사로잡힌 아내 흰 손의 이졸데가 검은 돛이라고 하는 바람에 그는 절망하여 죽고 금발의 이졸데는 그의 입에 자기 입을 포갠 채 죽고 만다.

이졸데, 내 사랑아
이졸데, 내 님이여
그대를 위하여 나는
그대를 위하여 나는 사네.

≪트리스탄과 이졸데≫를 그 원형을 가지고 생각해 본다면, 처음의 전설은 다만 아내를 빼앗긴 사나이의 이야기였을 것이다. 그러던 것이 프랑스로 이입돼 기사적 연애관이 풍미하고 있던 사회 속에서 로망화되고, 유럽에 그 흔적을 남기고 있는 수많은 트리스탄 전설의 근저가 된 것이 아닌가 생각한다. 이는 벌써 아내를 빼앗긴 이야기가 아니라 한 남자의 한 여자에 대한, 한 여자의 한 남자에 대한 선악을 초월한 숙명적인 정열이며, 그 정열을

프로타고니스트로 하고 그 앞을 가로막는 사회를 앙타고니스트로 해 그 둘 사이의 죽음에 이르는 투쟁을 그리고 있다. 그것은 바로 사랑의 서사시라고 해야 할 것이다.

12세기 말엽, 영국의 왕 헨리 2세와 프랑스 출신의 왕비 엘레오노르 다카텐의 궁정에 프랑스 문학사상 최초의 여류시인이 살고 있었다. 그 여자의 이름은 마리다. 마리 드 프랑스(1160?~1190년)는 로망보다는 소규모의 레(lais)[短詩]라고 불리는 로마네스크 장르에 손을 대었다. 그 12편의 레 중 대부분은, 궁정사회의 사랑에 대한 교리보다는 오히려 자연의 힘으로서의 사랑이 인간을 포착하는 모습을 섬세하고 우아한 필치로 그려낸 심리적 단편들이며, 북국의 안개와 꿈에 싸인 사랑과 죽음의 교착은 그 여자가 아니면 달리 구할 수 없는 매력을 지니고 있다. ≪두 연인≫, ≪밤 꾀꼬리≫ 등이 그것이다. ≪두 연인≫은 브르타뉴 전설 특유한 불가사의라든가 신선(神仙)이라든가 마법을 점철한 배경 앞에서 연인들이 서로 나누는 사랑―그것도 비극으로 끝나는 애정―을 신화식으로 다루고 있다. ≪두 여인≫의 줄거리는 다음과 같다.

노르망디에 어떤 귀족이 살고 있었다. 그에게는 아름다운 딸이 있다. 혼기가 된 그 아가씨를 아내로 삼겠다는 많은 젊은이들이 나타났으나, 그는 딸을 주기가 싫어서 성 앞에 우뚝 솟은 산 꼭대기까지 단숨에 딸을 업고 가는 자가 아니면 안 된다는 어려운 조건을 붙인다. 많은 젊은이가 이를 시도했다 전부 실패한다. 이웃 나라의 한 젊은 영주가 그 귀족의 집으로 와서 그의 딸과 사랑하는 사이가 된다. 그러나 그는 몸이 약하여 그 아가씨를 산

꼭대기까지 업고 갈 수가 없다. 그리하여 그는 아가씨를 데리고 도망해버릴까 생각하기도 한다. 그러나 아가씨가 반대한다. 아가씨는 숙모에게, 체력이 약해질 때 먹으면 기력을 회복하는 비약을 만들어 달라고 하여 젊은 영주로 하여금 그 조건에 도전하게 한다. 도중에 그가 피로를 느끼자, 아가씨는 약을 먹도록 권유한다. 그러나 그는 먹지 않는다. 사람들의 눈에 띄어 수치를 당하기 싫은 까닭이다. 3분의 2쯤 올라갔을 때 그의 피로가 몹시 심해 아가씨는 또 약을 권한다. 그러나 역시 거절한다. 거의 다 올라갔을 때 그는 극도의 피로로 쓰러져 죽는다. 아가씨도 시체 위에 포개진 채 죽는다.

마리 드 프랑스의 단시는 이미 지적한 바와 같이 브르타뉴의 전설에서 취재한 것으로, 길이는 짧은 것이 백 행, 긴 것이 천 행 안팎이며 8음절 중운(重韻)의 시형(詩型)으로 씌어진 문학이다.

장 르나르(12세기 말~13세기 초엽)는 일 드 프랑스 태생의 궁정시인으로 추정되고 있는데, 마리 드 프랑스의 레와 거의 같은 시기에 씌어진 궁정소설의 한 장르인 모험적인 로망의 대표적 작가였다. 그는 크레티엥 드 트루와가 전개한 것과 같은 로마네스크 세계를 브르타뉴의 테마에 의해서가 아니라 현실의 기사생활에서 그 소재를 얻어 작품을 쓰고 있다. ≪에스쿠플를리≫(13세기 초엽)와 ≪물 그림자의 노래≫(1220?)가 그것인데 ≪물 그림자의 노래≫는 다정다감한 미인의 마음을 기사가 그 재주를 다하여 사로잡는다는 이야기다. 간단한 줄거리에 비하여 묘사된 감정의 움직임이 다채롭다. 어쨌든 여기서 중요한 것은 두 주인공의 사랑이 그때까지의 사랑처럼 이루어지지 않는 한탄의 테두리를 완전히 벗어나 있다는 것, 즉 둘의 마음과 사랑이 하나로 결합된 이상 비록 그 당장에는 이루어지지 않고 있지만 언젠가는 반드시 관능의 유희가 행해진다는 것이다. 작자가 무익한 한숨을 경멸하고 관념의 유희에서 적나라한 관능에로 사랑을 끌어내리고 있는 것이 엿보인다.

1200년경의 작품으로 추정되는 ≪오카셍과 니콜레트≫는 작자 미상의 모험적 로망이다. 작자 스스로가 ≪노래의 이야기≫라고 그 제목을 붙이고 있듯이 산문의 부분과 운문의 부분이 서로 교차하고 있다. 역시 작자 미상의 모험적 로망이며 가장 오래되고 아름다운 작품으로 알려지고 있는 ≪플르와르와 블랑쉬플로르≫(13세기 초엽)와 거의 비슷한 내용을 테마로 하고 있다.

  어떤 성주의 아들인 오카셍은 늙은 하인의 양딸 니콜레트를 열렬히 사랑한다. 그러나 그 아가씨가 원래 회교도에게서 사온 천한 노예의 딸이라는 이유로 성주와 성주 부인은 귀한 아들 오카셍이 천한 니콜레트를 사랑하는 것을 허락하지 않는다. 오카셍의 니콜레트에 대한 사랑은 부모의 방해에 굴할 정도의 것이 아니다. 그리하여 영주는 늙은 하인에게 니콜레트를 추방하도록 명한다. 늙은 하인은 곧 니콜레트를 높은 층계의 방에 가두어 버린다. 오카셍은 늙은 하인에게 뛰어가 니콜레트를 내놓으라고 한다. 그러나 늙은 하인은 이에 응하지 않는다. 오카셍은 부모에게 가서 니콜레트를 만나게 해달라고 애걸한다. 영주는 둘 사이를 뗄 수 없다고 생각해 오카셍을 지하실에 감금해 버린다. 어느 날 니콜레트는 갇혀있던 방에서 몰래 빠져나와 오카생이 감금되어 있는 문턱으로 가서 작별을 고하고 성을 나와 버린다. 그리고 숲 속에 몸을 감추고, 혹시 오카생이 따라나오지나 않나 하는 기대를 가진다. 니콜레트가 성을 나가 버렸다는 소문이 나자, 영주는 오카생을 풀어 주고 위로의 잔치를 베풀어 준다. 그 자리에 참석한 젊은이들에게서 니콜레트가 있는 곳을 듣고 오카생은 애인을 찾아간다. 둘은 숲속에서 만난다. 그들은 기쁨을 맛본다. 그후 그들은 방랑의 길을 떠나 여러 가지 사건과 온갖 모험을 겪는다. 어느 날, 회교도의 무리에게 피습을 당하여 그들은 서로 헤어지게 된다. 오카생은 자기의 영지로 돌아가고, 니콜레트도 자기 나라로 가게 되어 왕인 아버지를 만난다. 그 여자의 신분은 원래 천한 노예의 딸이 아니라 실은 유괴된 왕녀였던 것이다. 그리하여 둘은 결혼한다.

이 작품의 줄거리는 위와 같이 단순한 것이다. 그러나, 그때까지의 다른 작품과 비교하면 같은 연애를 다루고 있으면서도 보다 현실적이고 사실적인 특징을 가지고 있다. 이를테면 산문과 운문의 교호작용(交互作用)이라는 외적인 형식에 의하여, 독자를 환상의 숲과 샘물에서 남불의 전원으로 되돌아가게 하고, 맑고 소박한 인간미를 느끼게 하고 있다.

다음에는 궁정시를 보기로 한다.

12세기 이후 중세 사람의 행복관에 변화가 생겨 지상의 행복을 생각하게 되고 내면의 감정을, 특히 연애감정을 자유로이 노출시키려고 하는 욕구에서 궁정소설이 발생하고 동시에 궁정시가 성행하게 되었다는 것은 이미 위에서 말한 바와 같다. 궁정시가 궁정소설의 유행과 거의 같은 시기에 성행한 것은 그것을 낳은 모태(母胎)가 같은 환경인 궁정사회였기 때문이다. 궁정시는 여러 가지 양식을 남기고 있는데, 다음과 같이 두 개로 나누어 생각할 수 있다. 하나는 남불의 트루바두르들이 노래하기 시작하여 북불의 트루베르가 그 영향을 받은 연애시, 즉 샹송이다. 남성의 여성에 대한 열렬한 사랑, 그것도 신분이 높은 여성에 대한 거의 이루어질 수 없는 사랑을 노래한 것이다. 또 하나는, 연애시가 신비로운 연정을 노래하고 있음에 반하여 보다 일상적이고 흥미 본위의 평이한 가요, 이를테면 반복가·무용가·재봉가·여명가(黎明歌)·목가 등이다.

13세기에 이르러서는 직업적 트루바두르 혹은 트루베르의 궁정시인을 종글뢰르라고 부르고 있었다. '주에(즐기다)', '샹테(노래부르다)'라는 중세어 '종글레'에서 나온 말인데, 그들은 처음엔 방랑시인의 생활을 하다가 차츰 각지의 성주를 보호자로 삼고 그 보호자들을 즐겁게 하기 위한 직업적인 시인이 되어 이를 명예로 생각하게 되었다. 어쨌든 궁정시는 연애시든 가요든 모두 중세적 우아한 세계임이 틀림없다. 목가 속에 나오는 목녀(牧女)만 하더라도 현실의 전원에서 일하는 여자가 아니라 당시의 궁정에서 보는 여성, 현실을 떠난 세계에서 사는 여성이었다. 이러한 현실의 결여는 시인의 개성이 뚜렷하게 되고 자기를 노래하는 시인이 나타났을 때 비로소 메워지게 되는 것이다. 그 최초의 시인이 곧 뤼트뵈프(?~1285)다.

그는 파리에서 가난한 생활을 한, 13세기 프랑스 문학 최고의 서정시인이었다. 빈곤과 추위와 몰인정에 괴로워하는 개인적 감정의 표현에 의하여, 그때까지 불려지거나 반주가 붙는 시라는 의미의 릴리크를 근대적 의미의 '서정'으로 바꾸어 놓은 시인이었다. 그러나 그 주제와 형식은 중세의 전통을 그대로 답습하고 있다. 그리고 그는 날카로운 풍자시인이기도 하였다. 타락한 기사도, 프랑스 교회에 간섭하는 법왕, 성 루이 왕의 보호 아래 물욕을 탐내는 성직자들을 신랄하게 공격하였다. 그러나 신앙이 없어서 그런 것은 아니었다. 그는 성자전, 신앙시, 인기 없는 제8회―마지막―십자군에의 참가를 부르짖는 웅변시도 쓰고 있다. ≪데오필르의 기적≫(1200) 극은 어떤 불만으로 악마와 계약한 야심있는 성직자가 성모 마리아에 의하여 파멸을 모면하고 구제받는다는 것인데, 파우스트 전설에 속한 기적극의 걸작으로 알려지고 있다.

그가 고통 속에서 익살스러움을 구하고 울고 웃는 모습은 다음에 오는 프랑수아 비용을 연상시킨다. 사실, 그는 14세기 말엽의 대시인 비용의 선구자였다.

부르주아의 대두

10세기에서 11세기에 걸쳐 세상은 지식인인 성직자와 무식자인 세속인으로 완전히 나누어져 있었다. 그 당시의 모든 문화 활동은 전부 성직자들에 의하여 이루어졌다. 오랫동안 계속된 혼란과 전란 속에서도 그들은 밤낮으로 교회에 보존된 고전을 읽고, 이에 대한 지식을 쌓았을 뿐 아니라, 몸소 고전의 표현을 빌려 시를 만들기도 하였다. 그들이야말로 중세의 위마니스트며 그 선구자였다. 이에 반하여 세속사회는 그 지배자인 왕과 귀족들을 비롯하여 거의 다 무식자들이었다. 그런데 11세기 중엽에 프랑스 최초의 자유도시가 나타난 이후, 북불을 중심으로 한 도시는 착실하게 발전하여 13세기에 이르러서는 문화의 온상으로서 큰 역할을 하게 되었다. 상업과 공업에 종사하는 부르주아들은 그 일의 성질상 현실적이고 합리적인 생활 감정과 생활 양식을 체득하였다. 물론, 그들은 실리적인 까닭에 처음에는 문학에 대하여 무연(無緣)의 존재였지만, 차츰 여유가 생기게 되자 문학의 새로운 수요자로 대두하였다.

그리하여 궁정소설과 궁정시에 의하여 여성이 신성화되고, 순수한 연애가 삶의 이상으로서 클로즈업되던 거의 같은 시기에, 그러한 관념적인 신화의 세계와 적나라한 인간적 현실과의 괴리에 착안하여 저속한 인간의 욕심과 색욕(色慾)을 웃음의 대상으로 하는 풍자적·조소적·현실적인 부르주아 문학이 탄생하였다. 13세기를 중심으로 하여 성행한 파블리오와 여우 이야기가 그것이다.

연애 감정을 주로 그리고 있는 궁정소설과 궁정시 이외의, 서로 관계가 없는 독립된 운문으로 된 로망 군 장르를 총칭하여 파블리오라고 한다. 12세기 말엽부터 14세기 초엽에 걸쳐 쓰어진 150편이 지금까지 전해지고 있는데 그것은 1행 8음절의 시 형태며, 그 소재는 멀리 인도에서 유래한 것과 프랑스에 기원을 두고 있는 것 등이 있다. 교훈적인 이야기가 없는 것은 아니나 그 대부분은 웃기는 이야기다. 어쨌든 거기에는 서민의 문학이 있다. 반드시 서민에 의하여 씌어진, 서민을 위한 문학만이 있는 것은 아니라고 할는지 모르지만 적어도 그 영감(靈感)에 있어서 서민적인 문학이, 요컨대 거친 폭소, 세태의 현실적인 묘사, 신랄한 풍자 등, 흔히 에스프리 골르와라고 불리는 모든 요소가 비로소 명확한 모습을 띠고 프랑스 문학에 등장하고 있다. 에스프리 골르와는 골르 족의 정신이라고나 할까, 쾌활하고 명랑하여 사람을 비꼬거나 놀리기를 좋아하고 개방적이며, 때로는 거짓말을 하고 외설스러우며 노골적인 프랑스 사람의 기질을 가리켜 말한다. 이에 반하여 에스프리 쿠르트와는 궁정적인 우아한 정신으로, 인간의 더러운 면이나 야비한 면은 돌아보지 않고 현실에 존재하지 않는 아름답고 고귀한 것을 찬미하며 이를 추구하는 프랑스 사람의 성격을 가리켜 말한다. 이 두 개의 기질과 성격은 프랑스 문학에 잘 반영되고 있다. 에스프리 쿠르트와가 여성을 존중하고 우상화하고 있는 데 대해, 에스프리 골르와는 여성의 결점을 폭로하고 풍자한다. 위에서 본 궁정소설과 궁정시는 에스프리 쿠르트와의 산물이고, 여기서 문제삼고 있는 서민문학은 에스프리 골르와의 결정이라고 보면 좋을 것이다. 파블리오인 경우 그 주역은 흔히 남편과 아내 그리고 신부다. 그들은 서로 속이고 이용하며 놀리기가 일쑤인데, 남편은 늘 속고 놀림감이 되며, 아내는 언제나 속이고 불성실하며, 신부는 욕심이 많고 이용하는 자로 등장한다.
≪리쉬≫(1159?)는 파블리오 중에서 가장 오래된 것이며 최고의 걸작이다

> 여주인공 리쉬는 음란하고 교활한 창녀. 그 여자는 남자들을 곯리는 게 일이었다. 그러다 아들 하나를 낳았는데, 이번에는 정부들 한 사람 한 사람에게,
> "당신의 자식이에요."
> 라고 협박하여 한 몫 단단히 본다. 자기 아들이 성장하자 그 여자는,
> "입으로는 친절하게, 행동은 혹독하게 하여라. 여자에게는 늘 많은 것을 약속하고 실제에서는 늘 받아들이도록 하여라."
> 하고 아들에게 가르친다. 그리하여 이번에는 그 아들이 여자들을 곯리게 된다는 인생의 극화(劇化)다.

여우 이야기―로망 드 르나르―도 파블리오와 함께 에스프리 골르와의 발로라고 할 수 있는 서민문학이다. 이것도 역시 한 작품에 주어진 명칭이 아니라 많은 단편에, 즉 같은 장르의 작품에 주어진 총칭이다. 그 독립한 하나 하나의 작품은 지편(技篇)이라고 불리는데, 물론 작자는 각각 다르지만 공통된 주인공을 가지고 있다. 어쨌든 이것은 모두 우의교화(寓意敎化)의 문학이며, 특히 여우(르나르)의 이름을 빌려 인간사회를 풍자한다는, 다시 말하여 서민이 자기를 지킨다는 지혜의 암시를 엿볼 수 있다. 이는 그만큼 세상이 바뀌어진 것을 의미하고 있다.

사랑의 심리분석

 행동의 미덕을 찬미한 무훈시의 세계는 동물의 등장으로 뒤엎어졌다. 그리고 모든 계층의 인간과 그 행동과 습관은 비하(卑下)되고 그들이 만든 사회는 만화화되고 말았다. 그러나 그 밑바닥에는 저의 없는 웃음이 있고 증오와 원한이 없는 건전한 비평정신이 깔려 있었다. 그런데 13세기 말엽의 작품에는 파블리오의 변질과 함께 교훈적인 의도가 짙어지고 차차 우의적 해석이 표면에 나타나게 되어, 인간적인 생명과 모순에 찬 여우는 모든 악과 위선을 상징하는 관념적 존재가 되어 버렸다. 이러한 변화는 스콜라 철학과 교훈적인 문학의 전성시대의 한 경향이며, 사상사적으로는 흥미가 있을지 모르지만 문학적으로는 매력이 적은 것이다.

 그러나 기욤 드 로리스는 이 교훈적인 문학의 우의를 철저히 이용하여 추상적 관념에 살던 인간의 숨을 되돌리는 데에 성공하였다.

 ≪장미 이야기≫(1225~1230년)가 그것이다. 이 작품은 연애하는 사람의 마음의 움직임을 분석한 '연애의 서'다.

  작자는 마음 속의 여성을 기쁘게 해주기 위해 스스로 등장하는 꿈―25세에 꾼 꿈―의 이야기를 한다. 5월의 어느 날 아침, 그는 일찍 일어나 아름다운 강둑을 산책한다. 돌연 그는 높은 벽으로 둘러싸인 정원 앞을 거닐게 된다. 벽에는 추한 그림이 그려져 있다. 정원 안에서 새들의 지저귀는 소리가 들린다. 그는 안으로 들어가고 싶은 충동을 느낀다. 그러나 입구가 없다. 겨우 그걸 찾고 두드린다. 한가(閑暇)가 문을 열어 준다. 마침내 그는 일락(逸樂)의 정원으로 들어간다. 그는 한가의 안내를 받고 정원을 구경하며 돌아다닌다. 정원 한복판에 샘물이 있고, 그 밑바닥에는 두 개의 거울이 깔려 있다. 그 거울에 정원의 전경이 비쳐지고, 그는 그 속의 화원을 바라본다. 많은 장미 중에서 가장 아름다운 한 송이의 장미를 발견한다. 그는 그걸 만지려고 손을 내민다.

그때 나무 그늘에서 그 광경을 보고 있던 사랑의 여신이 5개의 화살을 쏜다. 그는 아픔과 고통이 두루 섞인 이상한 감정에 사로잡힌다. 그리하여 그는 애인이 된다. 애인은 홀로 정원을 돌아다닌다. 그는 환대(歡待)를 만난다. 환대는 그의 손을 잡고 장미에게로 데려간다. 장미의 화원은 위험, 험구, 수치에 의하여 지켜지고 있다. 애인은 그 안으로 들어가려고 한다. 그러나 질투가 뛰어와서 환대를 꾸짖으며 애인을 쫓아버린다. 이성(理性)이 이를 타이른다. 그리고 그는 친구의 충고로 질투의 노여움을 진정시키고 드디어 장미에 입을 맞춘다. 그러나 험구가 화를 내어 결국 장미는 탑 속에 갇히게 된다. 그리하여 작자는 실망하여 잠을 깬다.

여기서의 장미는 사랑하는 여성의 상징이다. 사랑하는 장미를 갈망하는 애인을 중심으로 그를 돕는 한가, 환대 등과 그를 방해하는 위험, 수치 등의 상호 관계는 연애의 난관과 진전에 대한 하나의 도식(圖式)이며, 동시에 연애 감정의 움직임과 심리의 분석이다. 이 작품 중에는 아직 스탕달이 말하는 연애의 결정 작용은 설명되고 있지 않다. 그러나 연애 감정은 어떻게 하여 생기게 되는가, 그것이 생기면 그 욕구하는 대상에게 어떠한 심리적 과정을 거쳐 접근하는가가 여성의 심리 분석과 함께 섬세히 다루어지고 있다.

4058행의 ≪장미 이야기≫가 쒸어지고 약 40년 후, 박학한 성직자 장 드 묑(1240?~1305?년)이 이를 미완의 작품으로 생각하고 그 ≪속편≫에 착수하였다. 그런데 ≪속편≫은 로리스의 것보다 분량이 네 배가 넘고, 그 알레고리도 지식과 사상을 전개하는 수단으로 사용되고 말았다. 애인이 장미에 입맞추고 작자의 꿈이 깬다는 결말까지의 전개도 ≪속편≫에서는 작자의 자기주장이란 의미를 벗어나지 못하였다. 그리고 이 사상가의 생각도 로리스의 생각과 정면으로 대립하고 있다. 그에게 궁정풍의 연애는 무의미한 것이었다. 인간의 사랑은, 그것 자체가 목적이 아니라 어머니인 자연이 생명을 영속시키기 위해 사용하는 수단에 지나지 않았다. 자연이야말로 지고지선(至高至善)의 것인 까닭에 인간의 이성은 언제나 거기에서 지표를 구하여야 한다는 생각 밑에, 작자는 왕제(王制)를 논하고, 종교계의 위선과 귀족의 횡포를 공격하며 결혼제도의 부당함을 공격하였다.

이 두 개의 부분으로 된 ≪장미 이야기≫는 중세문학에서의 2대 풍조(風潮)를 종합한 작품으로서, 이후 3백년간 지배적인 영향력을 갖게 되었다.

전란을 넘어서

중세의 후기인 14세기는 교회사상 심한 교회 분열이

있던 불안의 시대였다. 그러나 전기—14세기 이전—를 지배하고 있던 봉건제도가 서서히 무너지자 이를 대신하여 왕권과 시민 계급이란 2대 세력이 대두하여 프랑스는 근대국가로서의 면모를 갖추기 시작했다. 이 해체와 재건 작업은 결코 평화 속에 이루어진 것이 아니라 백년전쟁(1337~1453년)이라고 불리는 전란을 넘어서 이루어진 것이었다.

이 전쟁은 여러 가지 원인에 의하여 일어난 것이지만, 직접적 원인은 필립 4세가 급사(1314)한 후, 프랑스 왕위 계승권이 있다고 주장하는 영국의 왕이 대군을 거느리고 프랑스로 침입해 온 것이 그 발단이 되었다. 전쟁은 내내 영국 군이 우세하였고, 프랑스 국내의 왕족간의 대립에서 생긴 내란도 박차를 가하여 프랑스 국토는 완전히 황폐하고 국민은 기아와 약탈과 질병으로 신음하였다. 그리하여 3부회의 우두머리가 된 에티엔 마르셀은 파리에서 혁명적인 요구를 내걸며 왕권을 위협했고, 전화에 의한 황폐를 참지 못한 국민은 절망적인 반란을 일으켰다. 그러나 전쟁은 마지막 순간에 이르러 프랑스에 유리하게 급선회하였다. 저 유명한 잔다르크의 출현에 의하여 프랑스의 통일은 기적적으로 회복되었다. 그러므로 프랑스 국가 통일의 기초가 확립된 것은 이러한 큰 시련을 겪고 난 15세기 중엽이었다.

국토의 구석구석까지 뒤엎은 백년전쟁의 혼란과 불안의 각인(刻印)을 문학만이 모면할 수는 없었다. 가까운 알프스의 남쪽에서는 단테(1265~1321년), 페트라르카

(1304~1374년), 보카치오(1313~1375년)가 나타나고, 도버 해협 건너편에선 초서(1340?~1400년)가, 펜을 들고 있던 그 시기에, 그들에게 영향을 주었던 12,13세기 문학의 헤게모니를 프랑스는 잃고 말았다. 그러나 그렇다고 하여 문학 활동이 완전히 중단되어 버린 것은 아니다. 죽음의 그림자를 두려워하며 신앙에 마음을 붙인 민중 사이에 종교극이 성행하고, 국민적 연대의식에 눈뜬 작가는 산문으로 시사적인 발언을 하기 시작하였다. 그리하여 산문의 발전은 두 개로 나뉘어, 하나는 사실에 따른 연대기가 되어 역사학에의 제일보를 내딛고, 다른 하나는 산문 소설의 길을 열었다.

그러면 우선 극의 장르부터 보기로 한다.

극의 장르는 그 기원에 있어 종교극과 속극(俗劇)으로 크게 나누어진다. 종교와 극이 깊은 관계에 있다는 사실은 주지하는 바이지만, 그리스의 비극이 신전(神殿)에서 비롯된 것처럼 프랑스의 극도 교회의 내부에서 생긴 것이었다. 이는 당연한 일이다. 교회측으로 보면 민중을 교화할 의도가 있었고, 민중의 관점에서 보면 오락에 대한 요구가 있었던 까닭에 이 두 의도와 요구가 하나가 되어 종교적 의식에 오락적 경향이 가미되어 진 것은 자연스러운 일일 것이다.

그리하여 이미 12세기 중엽에 프랑스 비극의 가장 오랜 형식인 《아담극》이 씌어졌다. 아담과 이브의 실수, 구세주의 출현이 그 내용을 이루고 있는데, 크리스마스에 공연하여 민중에게 보여졌다. 12세기 말엽 혹은 13세기 초엽에는 장 보델(?~1210?)이 학생들의 수호신 성 니콜라에 관한 옛 전설을 그 시대의 감정에 알맞게 옮긴 ≪성 니콜라 극≫을 썼다. 그리고 이미 위에서 본 뤼트뵈프의 ≪데오필르의 기적≫을 들 수 있다. 이 종교극이 발전하여 방대한 성사극(聖史劇)으로 되고, 중세 사람들에게 긴장과 이완의 기쁨을 일깨워 주었다.

소르본에서 신학을 공부하고 노트르담 사원에서 풍금을 치며, 성가대 소년을 지휘하던 아르눌 그레방(1420?~1471?년)은 운문 34,574행, 등장인물 224명, 공연일수 4일의 대작, ≪수난의 성사극≫(1452?)을 썼는데, 이 성사극은 백년전쟁과 그 전후에 걸친 암담한 시대에 민중이 가진 유일한 오락이었고, 전에 무훈시가 주었던 것과 똑같은 교화와 기쁨을 국민 전체에게 안겨 주었다. 그것은 16세기 중엽까지 계속되다가 그때 일어난 문예 일반에 대한 방향 전환의 물결에 부딪쳐 중지되고, 그리스·로마의 전통에 의한 고전 비극에 그 자리를 물려주게 되었다.

이와 같이 교회에서 발생한 비극적인 종교극이 성행한 반면에 관객의 웃음을 자아내는 희극적인 속극도 나타나고 있었다. 속극은 직접적으로 종글뢰르의 낭음(朗吟), 어릿광대와 곡예사의 잡기(雜技)에서 파생한 것으로 보이지만, 원래 프랑스 사람은 웃음을 좋아하는 국민이며 웃음을 전문으로 하는 문학이 많이 나와서, 그 중에 파블리오가 극형식을 띠면서 희극으로 바뀌어진 것으로 보면 좋을 것이다. 어쨌든, 프랑스 희극으로 가장 오래된 작품은

13세기 중엽에 아당 드 라 알(1235~1285?년)이 쓴 ≪녹음의 극≫이다.

　13세기의 이러한 희극이 만약 순조롭게 발전되고 있었다면 일찍이 본격적인 작품이 나타났을지도 모른다. 그러나 사실은 그렇지 않았다. 아당 드 라 알의 희극에 비교할 만한 작품이 나오기까지는 2백 년을 기다리지 않으면 안 되었다. 그런데 그것도 하나만 나타났을 뿐 다른 종류의 작품은 이름도 남기지 않고 묻혀지고 말았다. ≪피에르 파틀렝 선생≫(1464?)이 바로 그것이다. 1460년대에 씌어진 작자 미상의 작품이며, 중세의 소극(笑劇) 중에서 유일한 걸작이다. 작품의 구성도 교묘하고 방언을 받아들인 대사도 재미있어 근대의 희극과 비교해도 그다지 뒤떨어지지 않을 것이다.

　피에르 파틀렝 선생이라고 불리는 변호사는 자기와 아내의 옷을 한 벌씩 만들려고 시장으로 나간다. 그는 옷감점으로 들어가 주인을 마구 추켜올린 후, 양복감 두 벌을 손에 넣는다. 그리고, "대금은 집으로 받으러 오시오. 집사람의 자랑인 새고기 요리로 한잔 합시다."라고 말하며 집으로 돌아온다. 변호사의 달콤한 말에 우쭐한 옷감점 주인은 비싸게 판 양복감의 대금에다가 고소한 새고기 요리를 상상하며 변호사의 집으로 간다. 그러나, 파틀렝 선생은 꾀병을 앓고 누워 있다. 아내의 말에 의하면, 11주간이나 누워 있는 터라, 양복감을 사러 가다니 천만의 말씀이라고 한다. 거기서 실랑이가 벌어진다. 결국 옷감점 주인은 물러서고 만다. 그런데 옷감점 주인의 양치기가 주인의 양을 잡아먹고 그 양이 병으로 죽었다고 한다. 주인은 이것이 거짓임을 알고 그를 해고

시켜 버린다. 양치기는 파틀렝 변호사의 집으로 뛰어가 주인을 재판에 고소해 달라고 부탁한다. 변호사는 양치기에게 재판관이 어떤 질문을 하더라도 그저 '메! 메!'라고만 대답하라고 이른다.

재판의 날이 되었다. 옷감점 주인은 양에 관한 이야기를 하다가 언뜻 거기에 파틀렝 선생이 와 있는 것을 본다. 깜짝 놀란 옷감점 주인은 양에 관한 이야기에서 느닷없이 양복감의 대금 이야기를 늘어놓는다. 재판관은 무슨 이야기인지 모른다. 양치기에게 발언을 시켜도 '메! 메!' 할 뿐이다. 재판관은 화를 내며 양치기의 무죄를 선언하고 퇴장해 버린다.

마지막으로, 파틀렝 선생은 집요하게 대드는 옷감점 주인에게 양복감을 산 적도 없거니와 병으로 누워 있은 적도 없다고 한다. 옷감점 주인은 이번에는 병으로 누워 있었다는 사실을 확인하러 파틀렝 선생의 집으로 간다. 의기양양한 파틀렝 선생은 양치기에게 사례금을 요구한다. 그러나, 양치기는 여전히 '메! 메!'라고 대답하며 달아나버린다.

이와 같은 줄거리만 읽고서는 이 작품이 갖는 재미를 충분히 느낄 수는 없다. 어쨌든 변호사·상인·양치기, 어느 인물이나 교활하고 꾀많은 자들인데, 그들을 등장시켜 서로 속이고 치고 받는 모습을 그려 놓고 있다. 여기에는 그 시대에 대한 신랄한 풍자가 있고, 재미가 있다. 이러한 극을 쓰고 이를 공연하던 일단을 레 장팡 상 수쉬—근심걱정 없는 어린애들이라는 뜻—라고 하는데, 그들은 파리의 중앙시장에 자리를 잡고 항상 관객에게 극을 보여 주고 있었다. 그들의 이러한 극에 파르스[笑劇]란 이름이 주어졌다. 중세 희극의 장르에는 이밖에 교훈이 섞인 교훈극이라든가, 배우의 어리석은 시늉만으로 웃기는 바보극이 있었다. 그러나 이러한 장르는 얼마 안 가서 사라지고 파르스만이 후세까지 남게 되었다.

다음에는 산문 분야를 보기로 한다. 중세 후기의 창조가 주로 극의 장르에 있었다고는 하지만 이와 마찬가지로 시민계급의 요구를 배경으로 한 산문의 발전은 후세의 유산으로서 중요한 의미를 가지고 있었다. 산문을 표현수단으로 한 연대기, 역사의 문학 분야에서는 제4회 십자군에 참가한 조프루아 드 빌라르두엥(1150?~1213?년)의 ≪콘스탄티노플의 정복≫, 장 드 조엥빌르(1225~1317년)의 ≪성 루이 왕전≫, 장 프루아사르(1337?~1405?년)의 ≪연대기≫와 이들의 전통을 이은 필리프 드 코민(1447~1511년)의 ≪회고록≫을 들 수 있다.

그리고 이미 13세기 이후 무훈시와 궁정소설을 산문으로 옮긴 사본이 널리 퍼져 독서의 습관이 시민계급에까지 미치고, 읽혀지는 산문 소설이 쏟아져 나와 읊어지는 운문에 대한 결정적인 승리가 15세기를 특징짓게 하였다. 현실을 관찰하여 그 속에서 일어나는 인간생활의 기미(機微)를 주제로 다루고, 등장인물의 상황을 드라마틱하게 설정하여 그 속에서 행동하는 인간을 자세히 분석하며 이를 산문으로 표현한 것을 소설이라고 한다면, 그러한 조건을 갖춘 작품이 나타나기 시작한 것은 15세기에 이르러서의 일이었다.

우선, ≪결혼의 15가지 즐거움≫(1440?)을 들 수 있다. 이것은 작자 미상의 작품인데, 분명히 어느 시골의 성직자가 그들의 전통인 반여성적인 사상을 가지고서 당시의 가정생활을 관찰하여, 주로 남편 쪽에서 본 결혼생활의 번거로움과 지루함을 15가지 경우를 들어 그려 놓은 것이다. 결혼생활의 경험이 있는 자는, 그 좋고 나쁜 것은 별문제로 치더라도 반드시 느끼고 있는—언제나 아내에게 속고 꼬리를 잡히면서도 만족하는 남편, 그러한 남편을 주무르는 교활하고 위선에 찬 아내를 고발한—내용의 작품이다. 그 제목은 즐거움이지만 실은 괴로움이며, 결혼의 비애를 가조식(假造式)으로 풍자하고 있는 단편소설이다.

≪신 백화≫(1456?~1461?년)도 역시 작자 미상의 작품인데, 구상은 이탈리아 작가 보카치오의 ≪데카메론≫을 모방한 것이다. 테마도 대부분 전승(傳承)의 유형적인 것이지만, 작자는 그것을 자기가 살고 보고 들은 사회의 테두리 속에 넣어 묘사하고 있다. 많은 귀족들이 모여 재미있는 이야기를 차례차례로 하는데, 그 이야기의 머리에는 이야기를 한 사람의 이름이 적혀 있다. 아내에게 속은 남편과 교활하고 심술궂은 아내, 어리석은 아가씨와 상냥한 아가씨, 그리고 욕심 많은 성직자의 타입이 선명한 색채로 그려진 그림처럼 생기 있는 표현으로 묘사되어 있어, 읽는 이에게 서민적인 자연스러운 웃음을 자아내게 한다. 단지 독자를 웃기는 데에 그 의도가 있는 만큼, 이 작품은 인간의 약점을 찌르는 표현의 쾌감이나 사회의 모순을 풍자한 묘사의 감동 따위는 느낄 수 없고, 싱거운 이야기의 노골적인 폭로가 담담하게 전개되고 있을 따름이다.

1459년에 씌어진 것으로 추정하는 앙투안 드 라 살르 (1386~1460년)의 《꼬마 장 드 생트레》는 《결혼의 15가지 즐거움》만큼 강력한 것은 못 되지만 독창성이 있는 아주 중요한 작품이다.

> 어느 궁정에 생트레라는 귀여운 꼬마 머슴이 있었다. 왕비의 사랑을 받는 한 귀부인이 그 꼬마를 귀여워하여 기사로 만들기 위해, 궁정인으로서, 기사로서의 예의작법은 물론, 사교술과 연애술까지 가르쳐 준다. 그리하여 이 둘 사이에는 연애의 장난이 시작된다. 그러던 중 생트레는 기사도를 완성하기 위하여 이국편력(異國遍歷)의 길을 떠난다. 귀부인은 눈물과 포옹으로 그를 보낸다. 그러나 귀부인은 사랑하는 생트레를 잃고 고독을 느낀 나머지 병이 들자, 요양을 위하여 파리에서 약간 떨어진 곳에 있는 자기 별장으로 옮긴다. 그런데 그 별장 근처에는 수도원이 있고 그 원장은 몸집이 좋은 호걸이다. 서민 출신인 그에게 부친이 돈으로 원장 자리를 사서 물려주었다는 화제의 인물이다. 그는 그 귀부인이 별장에 돌아와 있다는 소식을 듣고 곧 그 여자를 수도원으로 초대하여, 환심을 사려고 극진히 대우한다. 그리고 참회 청문에 초대하거나 사냥대회에 초대하는 등 기회 있을 때마다 만나, 결국 자기의 것으로 만들어 버린다. 생트레는 유럽 각지를 편력하고 무공을 세워 금의환향한다. 그러나 마음 속의 여성을 돈 많은 서민 출신 원장에게 완전히 빼앗기고 말았다. 게다가 그는 그 여자의 눈앞에서 호탕한 원장에게 마구 두들겨 맞는다.

이 작품에서 생트레는 기사계급을 대표하고, 원장은 서민계급을 대표하고 있다고 볼 수 있는데, 마지막에 생트레가 원장에게 두들겨 맞는 것은 기사계급에 대한 시민계급의 승리다. 따라서 이 작품은 바로 기사의 이상이 더 강력한 시민의 이상에 패배당해 가는 시대의 추이를 반영하고 있다. 앞에서 ≪꼬마 장 드 생트레≫를 아주 중요한 작품이라고 말한 것도 그 때문이다.

개인의 자각

프랑스의 국가 통일이 기적적으로 회복되고, 시민계급을 중심으로 한 도시의 생활도 본 궤도에 오르게 됨에 따라, 국가나 사회 조직의 압력에 의하여 개인의 행복과 불행이 좌우되는 경우가 그 이전보다 더 심하게 되었다. 그리고 개인의 생활 지반이 되어 있는 사회 조직과 국가 조직에 대한 의식이 분명하게 됨에 따라서 개인의 의식도 사회와 국가에 대한 헌신 혹은 반항을 통하여 두드러지게 나타났다. 이와 같이 사회와의 관계에서 자각한 개인의 의식은 개인의 감정과 경험의 표현에 그 깊이와 넓이를 주는 결과가 되었다. 이 시기에 뛰어난 서정시인이 많이 나온 것도 바로 그러한 사정을 말하여 주는 것이다. 어쨌든 극과 연대기, 역사와 문학 각 분야에서 산문의 지배가 결정적으로 되어 그 표현법에 있어서 여러 가지 연구가 행해지고 있을 때, 서정시의 분야에서도 물론 어떤 변화가 일어나지 않을 수가 없었다. 개성적인 대시인 뤼트뵈프가 죽은 이후의 14세기는 서정시에 대한 기술적 탐구의 시대였다.

새로운 시작법을 시도한 기욤 드 마쇼(1300~1377

년)는 시정시인이라기보다는 작곡가로서 혁명적인 업적을 남겼는데, 프랑스 어 음률의 가능성을 여러 정형시에 시도하는, 지적이며 기교적인 실험을 하였다. 그리고 그는 자기의 시를 좋아한 한 젊은 여성과의 사랑을 이야기한 ≪참된 이야기≫를 남기고 있다.

위스타슈 데샹(1346~1406년)은 마쇼의 제자라고도 하고 조카라고도 하는데, 어쨌든 그는 마쇼의 손에서 자라 일생을 관리로서 가난한 생활을 보냈다. 따라서 그의 시에는 물질생활의 불안에서 오는 불만과 사회에 대한 비판이 나타나고 있다. 그러나 그의 ≪시문(詩文)의 길≫(1392)은 프랑스 어로 씌어진 최초의 시론이다. 그리하여 마쇼와 데샹에 의하여 발라드, 롱도, 비를레라는 시형이 정착되고 결국 정형시가 출현하게 되었다.

샤를 5세의 점성학자였던 이탈리아 인의 딸 크리스틴 드 피장(1364~1430년)은 1389년에 젊은 나이에 과부가 되어 남편의 재산을 손에 넣기 위하여 소송을 여러 번 일으키는 동안 가지고 있던 재산을 다 없애 버린 후, 자식 셋을 데리고 문자 그대로 살기 위하여 시를 썼다.

> 나는 홀로 있어요.
> 홀로 남아 있어요.
> 하지만 그걸 나는 바랐어요.
> 그리운 임이 나를 버리고 간걸요.

로 유명한 발라드 등 대부분의 작품들은 귀족들의 취미에 맞는 아름답고 슬픈 연애시며, 그 풍부한 개성도 재치와 궁정 취미의 베일 속에 파묻혀 버린 경우가 많다. 그러나 그 작품 속에서는 운명의 고배를 마신 한 여성의 고독한 고뇌와 가슴을 뭉클하게 하는 애수가 담겨 있다.

불행한 피장에 비하여 당시에 문명이 높던 알랭 샤르티에(1385~1435년)는 태자 샤를—잔다르크의 기적에 의하여 왕위에 오른 샤를 7세—을 시종하여 그 신임을 얻고, 백년전쟁의 와중에서 태자가 샤를 6세와의 불화 때문에 루아르 강을 방황하던 시기에도 그의 측근으로 있었다. ≪네 귀부인의 이야기≫(1415)는 아쟁쿠르의 패전 이후에 애인을 잃은 네 귀부인이 각각 자기의 불행을 이야기한다는 형식의 작품이다. 네 애인 중 하나는 전사하고 또 하나는 포로가 되고, 다른 하나는 행방불명이 되었고, 마지막 하나는 도망쳐 버렸다는 것인데, 이들 네 여성 가운데서 누가 제일 불행한지에 대한 문답 형식으로 표현되어 있다. 그것은 어떤 답을 요구하는 것이 아니라 전쟁이 가져다 주는 불행에 대한 여성들의 슬픔이며 외침이다. ≪네 사람의 험구문답≫(1422)은 의인화된 프랑스·기사·군인·성직자의 네 인물을 등장시켜 왕국의 불운에 대한 책임자를 맹렬하게 규탄하고 있는 작품이다.

샤르티에의 무거운 회고조의 취미를 자연스럽고 우아하게 표현한 것이 샤를 도를레앙(1394~1465년) 공의 시다. 그는 21세의 젊은 나이로 아쟁쿠르의 싸움에서 포로가 되어 영국으로 잡혀가 거기서 25년이란 오랜 세월을 그곳에서 보냈다. 물론 신분이 높았기 때문에 비교적 자유가 없는 손님 정도의 대우를 받았을 테지만, 그래도 프랑스에 남겨 두고 온 마음 속 여성에 대한 사무치는 애정과 황폐한 조국에 대한 애착과 향수로 괴로워하였다. ≪옥사(獄舍)의 서≫는 바로 그 연정과 향수의 괴로움을 이국에서 노래한 것이다. 조국으로 돌아왔을 때에 그는 46세였다. 늙기 쉬운 중세인이라 이미 초로(初老)에 접어들어 있었다. 모든 것은 변할 대로 변하여 환멸의 비애를 느낀 그는 실의에 찬 마음에, 그래도 떠오르는 여러 가지 회고를 시에 담았다. 우수·권태·무관심·운명·위안·도리가 그의 발라드와 롱도 속에 나타나고 있는 것은 그 때문이다. 도를레앙이야말로 마쇼에 의해 열린 중세 신시파를 가장 완성시킨 시인이었다.

실의에 찬 도를레앙이 블르와 성에 은거하여 시작(詩作)에 탐닉하고 궁정적인 시의 마지막을 장식하는 백조의 노래를 읊고 있던 바로 그때, 파리대학을 나온 문학사 프랑수아 비용(1431?~1463?년)은 도둑단의 불량배와 사귀고 살인강도의 죄를 범하여 사형선고를 받기 두세 번, 그때마다 요행히 모면하기는 하였으나 결국은 세기의 어둠 속으로 사라지고 말았다. 그는 백년전쟁 후의 그러한 배덕과 무질서와 죽음의 공포와 회한의 심연 속에서 자란 강력한 개성을 한줌밖에 안 되는 시편 속에 담고 있다.

≪소유언집≫(1456)에서 비용은 여자에게 배반당하고 이를 잊기 위하여 파리를 떠나서 알제리로 향한다고 말하고 있다. 그리고 그는 아는 많은 사람들에게 유증(遺贈)을 하는데 이발관 주인에게는 머리카락을 끊어 남겨 둔다는 익살스럽고 신랄한 태도를 보였다. '이리들이 바람을

먹고 사는' 12월에 유언을 쓴다는 가설, 그리고 '빗자루처럼 말라 까맣게 되고…… 가지고 있는 돈도 얼마 되지 않는다'는 결말의 자기 고백은 이미 비용 고유의 세계다. ≪대유언집≫은, 특사에 의하여 파리로 돌아와 1461년부터 다음해 겨울에 걸쳐 씌어진 작품이다. 그 많은 시편에서 비용은 자기의 어리석음, 방탕, 죄과를 뉘우치고 괴로운 운명과 폐부를 찌르는 회한의 정을 토로하고 있다.

> 아, 슬퍼라! 미칠 듯한 청춘 시절에,
> 배움에 열심하며, 인심 좋은 세상에
> 몸을 담고 있었으면
> 지금 나는 집도 부드러운 침상도
> 있을 터이다.
> 그런데 어리석어라,
> 악동처럼 학교를 등지고 떠났으니,
> 이 글을 쓰며 생각하니
> 가슴이 찢기듯 아프구나!

그러나, 비용의 이 괴로운 운명과 회한의 정은 때로는 우아한 시적 우수가 되어 '그 옛날의 여성들'의 이름을 들어 덧없는 인생을 노래하고 흘러간 과거를 묻는다.

> 그런데, 작년의 눈은 지금 어디서 내리고 있는가

이러한 청춘시절의 무분별에 대한 원망스러운 추억과 함께 감옥과 형무관에 대한 울분, 빈곤, 죽음에 대한 비애와 공포, 그리고 고위고관에 대한 조소가 거기에 메아리치고 있다. 기사도 정신이 허물어진 시기에 궁정시인들의 안이한 테두리 속에 머무르지 않고 빈곤과 부패와 죽음과 직면하고 있는 어조에는 인간적인 외침이 있다 그러므로 ≪대유언집≫은 찢기고 떠는 넋의 고백이며, 한 천재시인이 우리들에게 유산으로 남겨 준 인간성에 관한 최고의 증언이다.

> 우리들 뒤에 살아 남을 동포들이여!
> 우리들에게 무정한 맘을 품지 마오.
> 가엾은 것들이라 불쌍히 여기시면,
> 하느님이 그대들께 이내 은총을 주리.

그런데 그의 한 많은 족적을 찾아 그를 조위(吊慰)할 수 있는 곳은 어딜까. 그곳은 묑 쉬르 루아르란 조그만 도시, 이 조그만 도시의 옛 성에 몇 개 남아 있는 중세의 탑이 있는데, 그 중의 하나가 1461년 비용이 투옥되었던 곳이다. 마침 그곳을 지나던 루이 10세의 특사에 의하여 방면되었지만, 비용은 다시 죄를 범하여 10년간 추방을 당하고 1463년에 어디론가 사라지고 말았다. 그후의 그의 생활은 전설적인 것을 제외하고는 알 길이 없다.

르네상스의 기운(氣運)

르네상스의 기운

프랑스 문화사에서 15세기 말엽부터 약 100년간을 일반적으로 르네상스 시대라 한다. 재생을 의미하는 이 말 자체는 1718년의 아카데미 편찬 ≪불어사전≫에서 비로소 공식적으로 인정한 데 지나지 않지만, 이미 그 당시의 지식인들이 자기들의 시대를 새시대로 의식하고 그들 이전의 시대, 즉 중세와의 단절을 입을 모아 부르짖었다는 것은 문화의 회복·부흥·복권이란 말을 흔히 사용하고 있었던 것으로 보아도 분명한 일이다.

그러나 르네상스란 의미는 반드시 고전의 부흥, 즉 그리스·로마의 고전의 부흥만을 의미하지는 않는다. 고전은 이미 중세부터 부흥되고 있었다. 그리스·로마의 고전은 중세의 수도원에 보존되어 어두운 그늘 속에서 읽혀지고 있었다. 그런데 중세에서의 고전 연구는 주로 수도사·신학자들에 의하여 행해졌고, 그들은 자기들의 비위에 맞는 작가와 사상가의 작품만을 대상으로 하였다. 게다가 자기들의 형편에 맞도록 해석하였던 까닭에 1천 년의 역사와 전통을 갖는 로마 교회는 점점 경화되고, 그 결과 교회의 가르침을 유일한 원리로 생각해 온 인간의 생활에 자발성이 상실되어 갔을 뿐만 아니라 인간성이 왜곡되어 버렸던 것이다. 그때, 그리스도교의 지배 없이 살았던 고대 사람들의 사상과 문학에 접하게 됨으로써 사람들은 인간과 자연을 새로운 각도로 보기 시작하였다. 바로 여기에 문화사에서 르네상스가 갖는 의미가 있는 것이다.

프랑스의 르네상스는 이탈리아의 르네상스가 거의 끝날 무렵 그것을 계승하고 있다. 프랑스와 이탈리아는 알프스 산맥을 사이에 두고 서로 접경하고 있는 관계로 예로부터 교섭이 빈번하고, 문화의 교류는 중세에는 프랑스에서 이탈리아로 흘러가고 있었다. 그런데 백년전쟁으로 프랑스의 국력이 약해지고 거꾸로 이탈리아에서 문예가 부흥하기 시작하자 문화의 흐름은 남에서 북으로 움직이게 되었다.

1494년 샤를 8세의 이탈리아 원정을 비롯하여 루이 12세를 거쳐 1515년 프랑수아 1세가 그것을 단념하기까지 역대 프랑스 국왕의 이탈리아에 대한 야망은 정치적으로는 별로 소득이 없었지만 문화적으로는 프랑스 민중이 이탈리아 문화에 접촉하게 되어 본격적인 이탈리아니즘이 시작되었다. 당시의 이탈리아는 14세기 말엽에 페트라르카에 이어 보카치오라는 시와 산문의 두 대가가 나온 이후 15세기 100년간 많은 위마니스트가 나타나서 고전을 부흥시켜 각지에 문화의 꽃을 피게 하였다.

이탈리아에 진주한 프랑스 인은 그 문화의 꽃에 현혹되었다. 특히 프랑수아 1세는 프랑스의 군사적인 힘에 비하여 문화의 힘이 저조한 것을 염려하여 국민적인 자부심에서 "이탈리아에 있는 한도의 것은 프랑스에도 있지 않으면 안 된다."라고 부르짖었다. 그리고 그는 그의 누님 마르그리트 드 나바르와 함께 미술과 문예를 고무하여 위마니스트와 복음주의자들을 옹호하고, 1530년에는 현재의 콜레주 드 프랑스의 전신 왕실교수단을 창설하여 라틴 어·그리스 어·헤브라이 어 등의 고전어를 가르쳤다. 이러한 부르짖음이 프랑스 전국에 퍼져 프랑수아 1세는 문예의 아버지로 추앙되고, 프랑스에 이탈리아니즘의 풍조가 크게 일어나는 원인이 되었다.

르네상스란 인간과 자연의 새로운 발견인데, 그 역사는 퍽 오래되며 그러한 경향은 중세의 전성기에 시작되었다. 그러나 이것이 무르익은 것은 위에서 본 바와 같이 15세기의 이탈리아였다. 이탈리아의 많은 학자들은 당시 고전을 찾거나 연구하거나 인쇄하고 있었는데, 1453년 콘스탄티노플이 터키 군에게 점령되자 학문의 전통을 유지하고 있던 많은 그리스 학자가 이탈리아로 피신하여 와서 그들의 일을 돕고 본격적인 그리스 고전을 가르치게 되면서 부터였다. 그러한 고전의 연구를 통해, 그 연구에서 얻은 새로운 눈으로 자연을 보고 인간을 생각하는 사람들을 위마니스트라고 하며, 그 위마니스트의 사상과 경향, 그리고 주장을 위마니즘이라고 부르고 있다. 이 위마니즘은 르네상스를 추진해 온 박차라고 할 수 있다.

그런데 그것을 추진해 온 박차에는 위마니스트 이외에 복음주의라는 것이 있다. 이 복음주의도 따지고 보면 그 근원은 위마니즘에서 비롯되고 있다. 복음주의란 로마 교회에 반항하여 복음서―성서―의 정신으로 되돌아가 일체

교회의 의식과 예배에서 벗어나 정신의 내부에서 직접 신과의 접촉을 시도하려는 요구다.

그러한 복음주의를 신봉하는 사람들은 그리스 어와 헤브라이 어를 배우고 복음서를 자세히 연구할 필요가 있었는데, 그들은 위마니스트의 방법으로 그 연구를 하였다. 위마니스트는 문헌학자 내지는 역사학자로서 고전을 조금도 소홀히 하지 않고 이를 연구하며, 그 고전을 그것이 씌어진 시대로 환원시키고, 그것을 쓴 사람들의 마음이 되어 이를 이해하고, 이해한 후에 믿으려고 하였다.

그러므로 위마니스트나 복음주의자들의 근원은 하나다. 종교개혁을 생각한 사람들 중에 위마니스트가 있었고, 위마니스트로서 구교에 몸을 담고 있으면서도 13세기 이후 그리스도교 철학에서 가장 큰 문제가 되고 있는 신앙과 이성의 조화라는 명제에다 더 훌륭한 해결을 부여하려고 노력한 사람이 있었다. 르네상스 초기 새로운 시대를 장식한 문학자로서 이 문제에 관심을 갖지 않은 사람은 없었다. 라블레와 마로가 이 시기를 대표하는 그러한 문학자들이었다.

위마니즘과 복음주의가 온갖 저항이 있었음에도 불구하고 역사를 움직이는 지배적 조류가 되었다는 것은 위에서 설명한 바이지만, 그러한 영향을 받아 새로운 모습으로 탈바꿈한 문학은 프랑수아 1세와 앙리 2세 치하에서 그 황금시대를 맞이하였다. 그 중에서도 이 시기의 꿈과 현실을 더 웅변적으로 표현한 것은 프랑스 문학을 통하여 처음이자 마지막인 산문의 마술사 프랑수아 라블레

(1499?~1553?년)였다.

그는 신흥 부르주아 지주이며 변호사의 아들로 태어나 소년기와 청년기를 수도원에서 보냈다. 그 동안에 위마니스트인 데시데리우스 에라스무스(1466?~1536년)와 기욤 뷔데(1468~1540년)를 존경하여 그리스 어를 독습했다. 그리고 구교의 지배하에 있던 문화와 사회의 병폐 및 경화를 시정하여 고대 문화를 모범으로 인간의 행복과 존엄을 회복하려는 위마니즘 운동에 참가, 허가 없이 성복을 벗어 버리고 고대 의학 및 여러 과학을 연구한 위마니스트였다.

1532년, 본명 프랑수아 라블레의 철자를 바꾸어 놓은 알코프리바 나지에란 필명으로 작자 미상의 중세 전설 ≪가르강튀아 대연대기≫에서 암시를 받은 ≪제2의 서, 팡타그뤼엘≫을 발표하여 성공을 거두었다. 그후 그는 리용에서 국왕 측근 정치가의 의사 겸 비서로 근무하며 처녀작의 주인공의 부친을 중심으로 하는 ≪제1의 서, 가르강튀아≫를 발표하고, 이어 다시 처녀작의 속편으로 ≪제3의 서, 팡타그뤼엘≫ 및 ≪제4의 서, 팡타그뤼엘≫을 발표하였다. 그의 사후 ≪제5의 서, 팡타그뤼엘≫이 유작으로 발표되었는데, 라블레의 것이 아니라는 설이 있다. 어쨌든 전후 20년에 걸친 이 대작품은 등장인물 면에서는 하나의 로망임에 틀림없으나, 형태와 내용은 전기 2권과 후기 3권이 각각 전혀 다른 모습을 나타내고 있다.

어쨌든 인간은 스스로 덕의 길로 나아갈 수 있는가? 이에 대하여 종교는 부정적인 대답을 한다. 인간에게는 그러한 완전성이 없으며 구제는 오로지 신의 은총에 의해서만 가능하다. 여기에 종교의 출발점이 있었다. 그러나 카톨리시즘에서는 이 인간의 구제라는 사업에서 '인간은 협력한다'—자유의 의사를 인정한다—라고 함에 반하여, 프로테스탄티즘에서는 그것을 부정한다. 인간의 구제란 신이 예정하는 바로서 모든 사람이 반드시 구제되지는 않는다. 인간에게 자유 의사가 없다는 차이는 있지만 구제를 신의 은총에 기대하고 있다는 점에서 카톨리시즘이나 프로테스탄티즘은 일치하고 있다.

그러나 라블레의 자연사상에 의하면 그렇지 않다. 그의 작품에는 학문에 의하여 비쳐진 이성과, 명예에 의해 인도된 심정에 대한 절대적인 신뢰가 있다. 즉, 인간은 지식과 이성의 가르침에 따라 덕으로 나아갈 수 있다는 자력본원의 사상이 있다. 라블레에 의하면 자연은 우리들의 어머니이며, 그 어머니인 자연이 가르치는 대로 생활하기만 하면 인간은 지고의 행복을 누릴 수 있다는 것이다.

그러면 그는 자연을 어떻게 이해하고 있는가? 그에 의하면 자연이란 정신과 물질, 두 세계를 통하여 끊임없이 생성하고 유전하는 위대한 에너지라고 한다. 이 자연은 한없이 친절하고 선량하며 풍요롭다. 라블레로서는 멸시당할 인간의 기능이란 하나도 없다. 왜냐 하면 그것은 그 에너지의 발로이니까. 반대로 그 기능을 찬미하지 않으면 안 된다고 한다. 이것이 거인 이야기의 형식을 빌려 그려 낸 《가르강튀아》와 《팡타그뤼엘》의 중심사상이며, 스스로 그것을 팡타그뤼엘리슴, 즉 에너지 숭배사상이라고 말하고 있다. 따라서 라블레의 팡타그뤼엘리슴은 인간이 갖는 모든 힘의 정신적·육체적 해방과 그 완전한 만족의 추구다. 인간성과 자연에 대한 찬미의 작품이 존재한다는 것이 당시에는 교회를 비판하는 것으로 느껴졌다. 그리하여 그는 투옥되었다는 소문이 났을 뿐, 그 뒤의 소식은 여전히 모르고 있다.

중세의 신시파의 형식주의가 그 시정신을 상실하였을 때 어떻게 되었는가? 레 그랑 레트리퀴르—대압운시인(大押韻詩人)—의 출현이 이에 대답해 주었다. 샤를 도를레앙이나 프랑수아 비용은 발라드와 롱도란 정형을 그대로 사용하여 시를 썼다. 그러나 전자는 그 속에 우수와 권태를 금은세공처럼 아로새겼고, 후자는 상처입은 얼을 시에 담았다. 레 그랑 레트리퀴르는 그저 형식에만 구애받고 있었다. 어떻게 하면 사람을 놀라게 하는 운율을 만들 수 있는가, 어떻게 하면 진귀한 시절을 구조할 수 있는가 하는 것뿐이었다. 그렇다고 중세의 신시파가 레 그랑 레트리퀴르와 함께 멸망하였다고 해석해서는 안 된다. 클레망 마로(1496~1454년)가 이를 계승하고 있다.

마로는 레 그랑 레트리퀴르에 속하는 장 마로의 아들로 태어나, 부친이 루이 12세의 공식 시인이 되어 상경할 때 파리로 올라와 그후 마르그리트 드 나바르 및 프랑수아 1세의 시복이 되어 궁정의 보호를 받았다. 궁정에는 이미 위에서 본 바와 같이 르네상스의 신풍이 불어 신플라톤 사상이 이입되어 그 온상이 되었고, 복음서의 원전 연구에서 발단하여 종교개혁으로 성장하는 복음주의가 보호를 받는 곳이기도 했다.

그는 재치 있고 쾌활한 성격의 소유자며, 자유분방한 생활을 즐겼다. 사순절의 계율을 무시하여 일부러 육식을 하여 투옥되었다는 일화를 가진 사람이다. 또한 신교사상에 물들어 두 번이나 투옥되었으며, 유랑 생활을 시작하여 이탈리아를 여행하고 신교의 본산 제네바로 갔으나 칼뱅의 리고리즘을 못마땅하게 생각하여 그곳을 빠져나오는 등 파란 많은 생애를 보냈다.

새로운 사상으로 물든 궁정에서의 생활과 명랑하며 자유분방한 생활의 체험을 가진 클레망 마로의 작품 속에 새로운 감각과 신선한 맛이 있다고 하여 놀랄 것은 없다. 그는 처녀시집 ≪클레망의 청춘≫(1532)을 비롯하여 멋있는 서간시, 단조시(短調詩), 샹송을 남기고 있다. 레 그랑 레트리퀴르의 기법을 살리면서도 현학적 취미에 빠지지 않고 유창하며 평이한 시를 쓰고 있다. 특히 ≪서간시≫는 자기를 변호하며 보호자에게 호소하기 위하여 풍자와 애원을 섞어 읊은 우아한 익살로 유명하고, 마로다운 문체의 참다운 모습을 보여 주고 있다.

> 백보 주위에서 교수형 밧줄 냄새가 나는데,
> 요는 세상에서 제일 멋있는 놈일 것이외다.

어쨌든 클레망 마로는 현학적·곡예적인 레 그랑 레트리퀴르 시의 중압에서 프랑스 시를 해방시키고 비용의 일면을 계승하여 그것을 17세기의 시인 라 퐁텐에게 이어준 공로자였다.

격문사건과 칼뱅이즘

16세기 중엽에 이르러 프랑스에는 하나의 파국이 일어났다. 1534년 10월 17일 밤중에 파리와 그밖의 도시에 뿌려진 유인물, 즉 격문사건이 그 원인이었다. 이미 독일과 스위스에서는 루터 파와 츠빙글리 파가 로마 교회에 반기를 들고 무력충돌을 벌이고 있었는데, 스위스에서 비밀리에 투입된 전단이 프랑스 각지에 일제히 뿌려지고, 그것이 국왕의 신변에서까지 발견되었다.

이에 대하여 프랑수아 1세는 사상의 테두리를 넘는, 소위 국사범에 못지않는 행동이라고 판단하여 몹시 격분하였다. 위에서 말한 바와 같이 그는 새로운 시대의 사조를 권장하기 위하여 왕실 교수단을 창설하고 이를 완고한 신학자들의 아성 소르본에서 독립시켜 당시의 모든 지식을 연구하게 하였는데, 이 격문사건 이후 종교상의 관용 정책은 일축되고 말았다.

이에 세력을 만회한 소르본과 고등법원은 긴밀히 제휴하고 속속 범인들을 검거하여 화형대로 보내었다. 특히, 1547년 앙리 2세의 즉위와 함께 파리 고등법원에는 악명 높은 특별 화형 재판소가 신설되었고, 1551년 이후 그 제도는 전국적으로 확대되어 이단죄에 걸린 자는 상고의 권리도 주지 않고 처결해 버리는 사태에까지 이르렀다.

그리하여 위마니스트와 복음주의자의 공동 전선은 무너지고 말았다. 어떤 사람은 전향하여 국왕의 탄압을 칭찬하고, 또 어떤 사람은 교회의 내부 숙청에 절망하여 교회와 결별하고 국외로 망명하였다.

이때 장 칼뱅(1509~1564년)은 유명한 《왕에게 올리는 서간》을 쓰고 있었는데, 그 속에서 그는 격문사건 이후 이단죄로 박해를 받고 있는 신교도들을 변호하여 그들은 결코 매국노도 반역자도 아니라는 것을 설명하였다. 게다가 그들의 의도와 신앙이 얼마나 깨끗하고 순수한 것인지를 알고 가혹한 탄압을 중지해 달라고 왕에게 호소하였다. 그러나 그의 호소가 받아들여질 만큼 현실은 용이하지 않았다. 그것을 계기로 그는 결정적으로 위마니즘을 버리고 전투적인 행동의 세계로 들어갔다. 그후 그는 제네바에 영접되어 굳은 의지로 숙청과 개혁에 노력하여 제네바를 칼뱅이즘의 아성으로 만들었다. 물론 칼뱅이즘이란 칼뱅의 사상을 말한다.

장 칼뱅의 본명은 장 코뱅이었는데 라틴 어형의 칼비뉴스에서 칼뱅이란 이름이 나왔다. 그는 북프랑스 피카르디의 노와용에서 태어나서 처음에는 교직을 희망하여 고향에서 공부하다가, 후에 법률을 지망하여 14세 때 파리로 나와 위마니스트로서 수업을 쌓았고, 오를리앙과 부르주의 대학에서 법률학을 공부하였다.

그리고 다시 파리로 돌아와 왕실 교수단 밑에서 그리스어와 헤브라이 어를 공부하고 당시의 위마니스트들과 마찬가지로 교회의 자체 숙청과 신앙의 순화를 주장하는 복음주의를 부르짖었다.

드디어 그는 온화한 개혁주의에서 과격한 급진주의로 깊이 발을 들여놓았다.

그 전환기가 된 것은, 그가 기초한 프로테스탄트적인 연설문에 의거하여 친구인 소르본 대학 총장 니콜라 코프가 연설을 하였고 그 때문에 일어난 물의로 말미암아 파리를 떠나야 했던 1533년이라고 추정되고 있다. 그후 프랑스 각지를 방랑하다 스트라스부르를 거쳐서 발레로 망명하였다. 그가 발레에 도착한 것이 1534년이므로 그 격문사건 직후 도망했을지도 모른다. 어쨌든 그의 대저서 ≪그리스도교 강요≫(1536년. 수정 결정판 1553년)가 씌어진 것도 이 발레에서였다.

이 대저서는 그후 칼뱅 자신에 의해 프랑스 어판 ≪그리스도교 강요≫(1541년. 결정판 1560년)이 나왔다. 그는 그때까지 라틴 어로만 씌어졌던 사상 문제를 프랑스 어로 다룸으로써 프랑스 어의 산문도 미묘한 사상 표현의 그릇으로 충분한 구실을 할 수 있다는 것을 보여 주었다. 라블레가 프랑스 어의 산문에 색채와 음향과 활력을 넣어 주었다면, 칼뱅은 거기에 논리성과 치밀함과 생기를 불어넣었다고 할 수 있다. 이와 같이 프랑스 어의 영역을 확대시키고 논리적인 산문을 창조하였다는 점에 원래 신학자인 칼뱅을 프랑스 문학사에서 다루게 되는 주된 이유가 있는 것이다.

그에 의하면 원죄에 의하여 타락한 인간은 신에 의해서만 구제되고, 신을 앎으로써 비로소 그 인간의 비참한 조건을 인식한다는 것이며, 게다가 인간에게는 이 비참한 조건에서 벗어나는 자유로운 의사가 없다는 것이다. 그리하여 아무리 노력해 보아도 자연 그대로는 선할 수가 없는 인간은 그 피와 몸으로써 인간의 죄를 대속한 그리스도에게 순수한 신앙을 바침으로써 새로운 삶을 영위할 수 있고 선할 수 있는데, 이 신앙 자체는 인간의 뜻에 의하여 생기는 것이 아니라 신의 무상의 선물이며 성령의 작용에 의하여 생기는 것이다. 바꾸어 말하면 인간이 구제되거나 영원히 멸망하는 것은 이미 신의 뜻에 의하여 결정되어 있다는 것이다.

수많은 논쟁과 사색 끝에 형성된 칼뱅의 이 예정설은 결론적인 어두운 인상을 주지만, 한번 그리스도의 신앙자가 되어 버리면 은연중에 신이 자기를 구제하는 것으로 확신하게 된다. 즉, 이 어두운 교리는 믿는자에게 내세에 대한 불만을 없애고 현세를 충실하게 사는 다이나믹한 힘을 준다는 것이다. 그러나 이것은 카톨릭교의 죄장소멸설이나 위마니스트의 '인간의 자유 의사에의 지향'에 상반하는 것이다. 따라서 그는 양자에게서 결국 완전히 결별하게 되었다.

그후 그는 제네바에 영접되어 그곳을 칼뱅이즘의 아성으로 만들었는데, 그의 개혁은 지극히 엄격한 것이어서 유혈도 사양하지 않았다. 그러나 그는 자기의 행위와 그 결과에 대하여 신의 의사를 원용할 만큼의 자신을 가지고 있었다. 그리고 그는 광신을 미워하고 회의를 버리지 못하는 위마니스트들을 니코데므의 도배라고 경멸하였다. 니코데므란 〈요한복음〉에 나오는 니코데모스이며, 표면적으로는 반그리스도의 태도를 취하면서 슬그머니 그리스도에게 마음을 기울이는 인물인데, 칼뱅은 개혁파에 동조하면서 구교를 버리지 못하는 사람들을 그 인물에 비교하여 그렇게 비꼰 것이다.

어쨌든 칼뱅은 프랑스에서의 신교의 개조(開祖)였다. 그는 그 생애를 통하여 르네상스 시대 사람들이 종교개혁이라는 것을 얼마나 절실한 사상 문제로 다루고 있었는지를, 또한 절실한 사상 문제인 만큼 때로는 광신적으로 되지 않을 수 없었는지를 보여 주었다.

새로운 움직임과 문학의 혁신

프랑수아 1세 세대에 속하는 위마니스트들에게서 공통적인 것은, 인간 생활의 전 영역을 덮고 있는 중세적 질서와 싸워 그들의 문학을 만들어 내는 것이었다. 따라서 그들의 문학은 문명 비평적·시사적 성격을 띠지 않을 수 없었는데, 그것이 바로 르네상스 초기 위마니스트로서의 그들의 영광이었다. 그러나 그들 대부분은, 왕의 누님인 마르그리트 드 나바르까지도, 소르본으로부터 고발을 당하여 작품 역시 판매 금지의 수난을 당하였다.

위마니즘이 복음주의와 함께 르네상스 기운에 그 박차를 가하는 원동력이 되었다는 것은 위에서 말한 바와 같지만, 16세기 중엽 이후는 종교개혁이라는 현실 문제에서 손을 떼지 않으면 안 되게 되었다. 구교의 신교에 대한, 즉 개혁파에 대한 탄압이 점점 격화됨에 따라 개혁파도 칼뱅이즘으로 통일되자, 두 교회의 대립은 더욱 격심해져 위마니즘은 적지않은 제한을 받았다. 그러나 그것은 반드시 부정적인 면만은 아니었다. 사실 종교개혁이라는 현실 문제에의 개입이라든지 사상적 무제한의 발전이라는 점에서 위마니스트의 자유는 크게 제한을 받았으나, 긴 안목으로 볼 때 프랑스 문화 전체에 큰 영향을 주게 되는 적극적인 성과를 거두는 결과가 되었다.

이 시기의 위마니즘은, 그때까지의 위마니스트가 종교와 사상 문제에 발을 너무 깊이 들여놓은 나머지 소홀히 하였던 미와 예술에의 관념을 구해 내려는 노력을 하였다. 그리고 구교 측에서도 고전 연구가 곧 이단이 된다는 종래의 완고한 태도를 고집할 수 없게 되었을 뿐만 아니라, 개혁파와의 이론 투쟁, 합리주의 사조와의 투쟁을 위해서도 오히려 고전 교양을 적극적으로 받아들인 유능한 교회인을 육성할 필요가 있었다.

이러한 상황에서 새로운 세대는 종교와 정치에서 떠나 문학 고유의 영역에서 더 깊이 고대 문학을 모방하고 흡수하려고 하였다. 고대 문학의 연구와 모방은 물론 이미 열심히 행해지고 있었다. 이를테면 파리·리용·보르도 등 여러 도시를 중심으로 하는 라틴 어 시인의 활동과 고대에 의하여 기획된 자크 아미요(1513~1593년)의 플루타르코스(46?~125?년)의 불역 등, 번역의 성행도 고대열의 착실한 침투를 말해 주는 것이다. 그러나 새로운 세대는 프랑스 어에 의한 프랑스 문학을 고대 문학의 수준에까지 끌어올리려고 한 점에서 특징적이었다.

위마니즘과 프랑스 어의 결부에서 특히 그 움직임의 중심이 된 것은 피에르 드 롱사르(1524~1585)를 비롯하여 조아생 뒤 벨레(1522~1560) 등 플레이아드에 의한 문학운동이었다. 플레이아드란 7성시파를 의미하는데, 고대 그리스의 7시성 및 7현인을 가리키던 라 플레이아드란 이름을 그대로 딴 것이다. 처음에는 부대(部隊)라고 명명했을 정도로 그들은 전투적이었다.

호라티우스(BC 65~8) ≪시론≫의 불역으로 알려진 박학한 시인 자크 펠르티에 뒤망(1517~1582년)의 감화로 문예의 길을 지향한 롱사르와 뒤 벨레 등은, 왕실 교수단의 대그리스 학자 장 도라(1508~1588년)의 문전을 찾았다. 그후 그들은 코크레 학원에서 도라의 지도를 받고 밤낮을 가리지 않고서 고대 문학을 공부하였다. 고대 문학의 격조와 우아함을 모방하여 그것을 프랑스 어로 옮기고 고대 문학에 뒤떨어지지 않을 품위와 미와 깊이를 프랑스 문학에 부여한다는 것이 그들의 젊은 야심이었다. 뒤 벨레가 1549년에 발표한 ≪프랑스 어의 옹호와 현양≫은 그러한 그들 신시파 시인들의 선언문이다.

조아생 뒤 벨레는 앙주의 리레에서 그리 멀지 않은 라 튀르믈리에르의 성에서 명문의 아들로 태어났다. 일찍 고아가 되었는데 설상가상으로 오래 병을 앓고 난 뒤 반귀머거리가 되었다. 1547년 25세 때 두 살 아래의 친척 롱사르를 만나 친교를 맺고, 함께 파리의 코크레 학원에 들어가 고대 문학의 연구에 몰두하였다.

프랑스 어와 시를 고대 문학의 수준으로 높이려 하는 젊은 시인들이 롱사르를 중심으로 모여 처음은 부대(1549), 후에 라 플레이아드(1556)로 명명한 시파를 만들었다는 것은 위에서 보았지만, 그 선언문 ≪프랑스 어의 옹호와 현양≫(1549)에서 뒤 벨레는 ① 프랑스 시인은 프랑스 어로 써야 한다. ② 프랑스 어를 풍요롭게 하여 미화하고 강화할 필요가 있으며, 프랑스 어를 개선시키지 않으면 안 된다. ③ 그러기 위해서는 고대 작품을 연구하여 그 수법을 우리의 것으로 하며, 또 '이탈리아 인의 명예로운 창의'로 된 14행 시를 채용해야 한다는 것을 역설하고 있다.

그리하여 그는 프랑스 최초의 14행 시만으로 구성된 획기적인 연애 시집 ≪올리브≫(1549), 이어 ≪서정시집≫(1549)을 발표하였다. 그러나 이 초기의 작품은 너무 모방이 심하고 현학적이었고 그가 참다운 개성을 발휘한 것은 1553년 경부터였다.

1553년 봄, 그는 종형 장 뒤 벨레 추기경의 비서로서 꿈에 그리던 로마를 향하여 떠났다. 이탈리아를 숭배한 나머지 국경을 넘은 곳에서 땅바닥에 키스할 정도였으나, '영원의 도시' 로마는 고대의 그것이 아니었다. 황폐한 그 모습에 절망한 그는 ≪로마의 고분≫(1558)에서 고대를 그리워하였고, ≪애석시집≫(1558)에서는 황폐한 로마에 있으면서 고국을 그리워하는 향수를 다음과 같이 달래고 있다.

> 행복하여라,
> 오디세우스마냥 즐거운 여행을 한 자는,
> 나에게는 좋아 보이네.
> 굳은 대리석보다 엷은 슬레이트가,

라티움의 언덕보다 골르의 나라 루아르 강이.
파라티뉴스의 산보다 나의 자그만 리레 마을이,
그리고 바닷바람보다는 앙주의 고요가.

이렇게 멀리 이국에서 고국에 대한 사랑을 노래한 그가 5년간의 로마 체류를 마치고 고향으로 돌아왔을 때, 고작 찾은 것은 '뼈에 사무치는 갖가지의 우수'에 지나지 않았다. 어쨌든 솔직한 감동과 부드러운 형식이 조화된 이 시는 프랑스 시사에서 굴지의 작품으로 알려지고 있다.

인생의 패배감에 사로잡혀 괴로워하다가 병약하여 일찍 세상을 떠난 뒤 벨레에 비하여, 피에르 드 롱사르는 그가 가진 시재를 충분히 발휘할 수 있는 행복을 누렸다. 고대 문학과 이탈리아 르네상스의 성과를 프랑스에 이식하는 데 성공하였고, 특히 그의 서정시는 전 유럽적인 명성을 차지하였다.

루아르 강 유역의 아름다운 투렌 지방 귀족 명문에서 태어난 롱사르는 처음에는 군인이나 외교관을 지망하였다. 그는 머리가 좋은 데다 매력이 있었는데 불행히도—혹은 다행한 일이었는지도 모르지만—갑자기 반귀머거리가 되어, 수도사의 자격을 얻었는데도 단념하고 '눈이 귀의 역할을 다하게 하여' 열심히 공부하였다. 그리하여 이미 나타나기 시작한 시재가 그의 앞길을 잡아 주었다. 그는 전형적인 르네상스인으로서 무엇보다도 먼저 그리스 고전을 공부하기로 결심하였다. 그것은, 중세 및 르네상스 초기부터의 민중적 전통적인 시를 귀족적인 것으로 하였고, 한편 종교전쟁의 혼란 속에서 소홀히 하였던 미와 예술의 관념을 구해 내는 결과가 되었다.

1550년 우선 그는 ≪제1 오드 시집≫에서 프랑스 어를 시어로 구사할 수 있게 세련시켰고, 1552년의 ≪연애시집≫으로 폭발적인 성공을 거두었다. 이 두 작품은 박학한 고전학자의 주석을 필요로 할 만큼 신화라든지 새로운 이야기와 비유에 차 있어서 일반 프랑스 사람은 이해하기 어려운 것이었다. 중세풍의 노골적인 육감성이 정신화하면서 감각의 신선함을 지니고 있고, 풍부한 학식과 높은 격조가 새롭다.

> 사랑하는 사람아!
> 보러 갑시다, 장미꽃을.
> 오늘 아침 햇볕에 진홍의 옷을 열었으니
> 그 빨간 옷자락이며 그대를 닮은 그 얼굴빛이며,
> 저녁 놀에 시들지나 않았을까.

이 카상드르에게의 오드는 롱사르의 서정에 하나의 전환을 가져온 작품인데, 발표되자마자 곧 작곡되어 널리 불려지고, 그를 당대의 시왕의 자리에 앉게 하였다. 여기서 '사랑하는 사람아!'라고 부르고 있는 연인은 카상드르 살비아티인데, 그녀는 모든 연애시집에서 최초이자 최대의 사랑을 받는 대상이며, 시인이 1545년에 그 여자를 보았을 때 겨우 15세의 소녀였다고 한다.

1555년의 ≪연애시집 속편≫과 1556년의 ≪연애시집 신속편≫에서는 그리스 시인 내지는 페트라르카 풍의 헛된 수식을 버리고 소박하고 순수한 감정을 승화시켰고,

1555,6년의 ≪찬가집≫은 철학시로, 롱사르의 웅대한 일면을 나타내고 있다. 여러 작품을 통하여 12음절 시구가 프랑스 최고의 서정시구로서 결정적인 지위를 차지하게 되었다. 1558년에서 1573년에 걸쳐 이루어진 ≪논설시집≫에서는 궁정시인으로서 구교파를 두둔하며 개인적인 변명을 하고 있고, 1572년의 ≪라 프랑시아드≫에서는 프랑스 건국의 서사시를 시도하였다가 미완성에 그치고 말았다. 그리고 1578년의 ≪엘렌에게 바치는 소네≫는 만년의 걸작인데, 여기서도 장미꽃이 그 주제가 되고 있다.

>살아요,
>나를 믿으시면,
>내일을 믿지 말고,
>꺾으시오, 오늘부터
>생명의 장미꽃을

 롱사르의 만년의 연인 엘렌 드 쉬르제르는 왕태후 카트린 드 메디크의 시녀이며, 정숙하고 교만한 여성이었다고 한다. 시인이 '살아요'라고 이르기 전에 '늙어서, 저녁때에 등불 밑에서' 하녀와 함께 실을 만지며 '지난날의 아름다운 나를 찬양하고' 그리워할 적에 엘렌이여, '나의 사랑과 그대의 교만'을 애석하게 여기고 후회하게 될 테니, '살아요……'라고 노래하고 있다. 그의 특별 보호자였던 샤를 9세의 사후, 궁정을 멀리하여 소유의 수도원으로 은퇴하고, 작품을 추고·증보하며 세기의 시왕으로서의 긍지를 가지고 살았다. 그는 일찍이 헬레니슴의 고차적인 시의 개념을 프랑스에 옮겨왔고, 그것을 국민적 원천에 불어넣음으로써 한 나라 시 전체의 방향을 바꾸어 버린 천재였으며, 자기 스스로는 좋은 의미에서 에피리엥으로 그 생애를 마쳤다.

리용은 옛날부터 문화의 수준이 높았던 곳이다. 골르의 독립시대에는 한때 수도였고, 로마시대에는 총독부 소재지의 하나였다. 게다가 이탈리아와의 교통의 중심지여서 프랑스 및 북유럽 사람들이 이탈리아로 가기 위해서는 반드시 지나야만 하는 곳이다. 지금 문제가 되는 시대에서 리용의 지위를 높인 또 하나의 이유는 그곳의 인쇄술이 가장 우수했다는 것이다. 라블레가 리용 시립병원 의사를 지망하여 이곳으로 온 것도, 위마니스트로서의 일을 하는 데 이곳에서 발달한 인쇄술에 기대를 걸기 때문이었다고 한다. 그러므로 리용에는 저명한 위마니스트가 모이고, 이탈리아 풍의 새로운 사조가 일어나고, 신플라톤 사상이 성행하는 등, 문예의 융성을 자랑하고 있었다. 그 중심은 모리스 세브(1500~1560년)다.

리용의 부유한 시민 출신인 그는 아비용에서 교육을 받고 페트라르카의 연인인 라우라의 묘를 발견했다고 전해질 만큼 페트라르카에 심취하였다. 1534년 리용으로 돌아와 이듬해 스페인 시인 휴앙 데 플로렌스의 ≪플라매트의 슬픈 최후≫를 불역하였고 1544년에는 그의 대표작 ≪델리, 가장 높은 미덕의 대상≫을 발표하였다. 이것은 거의 20년간 서서히 창작한 449편의 10행 시를 일정한 구상에 의하여 집대성한 것이며, 플라토니즘의 공식적 연애철학과 페트라르카즘의 정석대로의 연애 심리를 토대로 한 것이다.

세브가 현실에서 사랑한 두 여성을 형상화하여 만든 이상적 여성에게 시인은 플라토닉한 사랑을 바친다. 그러나 시인은 천사가 아니다. 정신과 육체를 가진 현실의 살아 있는 인간이다. 살아있는 인간의 슬픔에는 사랑하는 대상에게서 정신적이고 관능적인 온갖 영향을 받는다. 그리고 그 대상이 이상화된 존재일수록 그 영향의 힘은 더욱 큰 것이다. 시인은 그 영향에 대한 반응을 독특한 언어, 독특한 표현, 독특한 이미지에 의하여 때로는 정신적으로, 때로는 관능적으로 나타내고 있다.

1547년에는 ≪유총곡(柳叢曲)≫을 발표했는데, 고대와 이탈리아의 시에 보이는 목가풍의 것이며, ≪델리≫만큼의 깊이는 없지만 페트라르키즘을 잘 소화한, 유창하고 온화한 서정시다. 1562년에는 ≪소우주≫를 발표했는데, 이것은 아담과 이브의 창조로부터 죽음에 이르기까지를 노래한 9천 행의 대철학시며, 종교전쟁의 와중에서 그가 자기의 사상적인 관점을 철학적으로 표현한, 이른바 세계의 진보를 노래한 서사시다.

세브의 시는 난해하다. 그런 이유에서만은 아니지만 마로의 시에 비하여 한결 높은 곳에 시를 위치시키고 있다. 또 마로에게는 없는 사상과 철학이 있다. 다듬어 만든다는 것이 바로 마로의 경우와 다르다. 마로는 거의 즉흥적으로 시를 만들었다. 세브는 마로 풍의 시인들에게나 새로운 플레이아드의 시인들에게서도 높은 평가를 받았다.

그는 20세기에 들어와서 다시 평가를 받게 되고, 그 난해성과 상징적 수법에 의하여 말라르메와 비교되고 있다.

종교전쟁과 광신

복음주의에 의한 종교개혁 자체도 기존의 완고한 권위 앞에 많은 희생을 치렀다. 특히 그 개혁운동이 신교로써 구교에 대항하는 일대세력을 형성하면서 서로 무력으로 상대방을 타도하려고 하였고, 게다가 정치적·경제적 이해관계가 관련되어 16세기 후반의 프랑스는 피비린내 나는 내란상태에 빠지고 말았다.

프랑스의 종교전쟁이 언제 일어났는지 그 정확한 날짜는 물론 알 수 없으나, 16세기 전반기에 구교도와 신교도의 대립이 점점 격화하고 있었다는 것만은 확실하다. 그리하여 1560년 봄 지방 귀족들이 참가한 신교도들이 제네바의 칼뱅의 후원을 얻어, 프랑수아 2세를 중심으로 한 왕가의 사람들을 구교도의 손에서 빼앗아 신교도의 손으로 옹립하려는 계획을 세우다가 사전에 일이 탄로나서 수많은 신교도들이 체포, 처형당한 사건이 일어났다. 그리고 2년 후 1562년, 양측 교도들의 화해를 바라던 사람들의 노력에도 불구하고, 그 해 봄에는 바시에서 구교도들에 의한 신교도의 대량학살이 있었다. 광신과 광신의 이러한 대립은 그후 암살·학살·음모를 되풀이하여 1572년에는 유명한 성 바르톨로메오의 대학살사건이 일어나, 그 결말을 예상할 수 없게 되었다. 샤를 9세와 앙리 3세의 치세를 거쳐 앙리 4세에 의하여 낭트의 칙령이 발포될 때까지 약 35년간, 전후 8회에 걸친 종교전쟁은 프랑스 전국을 휩쓸고 말았다.

그러나 한 영특한 왕의 용단에 의하여 의외로 쉽게 막이 내려지게 되었다. 성 바르톨로메오의 대학살을 행한 샤를 9세가 죽고, 이어 왕위에 오른 앙리 3세가 일신의 안전을 위하여 신교도들과 타협하려다가 광신적인 구교도의 손에 암살된 후, 왕관은 그때까지 신교도였던 앙리 드 나바르에게 수여되었다. 그는 내란을 종결시키기 위하여 신구 양파의 교리상의 대립을 도외시하고 구교로 개종하여 왕위에 오르면서 신앙의 자유를 인정하는 낭트 칙령을 발표하였다. 그러나 앙리 4세도 결국 광신적인 구교도의 손에 암살되고 말았다.

구교도와 신교도의 격렬한 대립은 위에서 대강 설명한 바와 같지만, 이러한 시기, 문학에 있어서도 구교든 신교든간에 어느 한쪽을 두둔하여 칼과 붓으로 싸운 역시 광신적인 작가들이 있었다. 문학이 인간과 사회 내지는 인간과 사회와의 관계를 문제삼는 것이라면 그것은 당연한 일이었을 것이다.

구교파의 무장으로서 프랑스 서남지방의 신교파 소탕에 그 이름을 날린 블래즈 드 몽뤼크(1502~1557년)의 전투적 기록인 ≪회고록≫(1592)은, 자기의 생명을 위험 속에 내던진 바 있는 자만이 말할 수 있는 성실한 전기이며 생생한 자화상이다. 그리고 온건한 구교도로서 프랑스의 평화와 통일을 희망한 롱사르도 ≪이 시대의 비참에 대하여 논함≫이란 여러 시편에서는 그가 점점 무력과 폭력에 의한 구교파 일소를 인정하고 종용하는 과정을 나타내고 있으며, 같은 플레이아드에 속한 시인들은 더욱 격렬해져 전투적인 시를 남기고 있다. 현란한 궁정문화에 기식하며 미를 탐구한 그들이 웅변으로써 구교파를 두둔하면 두둔할수록, 그들은 3만 명이 넘는 성 바르톨로메오의 대학살에서 구교도들의 광신적 행위를 조장한 책임을 지지 않으면 안 될 것이다.

이에 반하여, 신교파로서는 아그리파 도비네(1552~1630년)를 우선 들 수 있다. 그는 구교도와의 전투에 몸을 던지고, 전후 20년간 앙리 드 나바르의 총애를 받으며 신교도를 위하여 노력하였다. 그의 대표작 ≪비창곡(悲愴曲)≫(1577)은 신의 이름으로 악한 짓을 자행하는 구교도들에 대한 분노와 애국의 열정으로 수놓인 것이다. 그리고 이 위대한 선배에게서 배운 다음 세대의 시인들 중에 혼란한 시대의 위험을 피하여 앙리 3세와 귀족들의 보호를 받고 화려한 궁정생활을 보낸 필립 데포르트(1546~1606년)는 궁정 귀족들의 사랑을 노래한 우아하고 섬세한 연애시를 남기고 있다. 그와는 대조적으로 역시 앙리 드 나바르를 시종한 기욤 뒤 바르타스는 신교파에 속하는 시인이며, 그의 ≪성주간≫(1548)은 후에 괴테에게 높은 평가를 받게 될 만큼 그 구상의 웅대함에 서 도비네의 ≪비창곡≫과 쌍벽을 이루고 있다.

도비네와 뒤 바르타스의 시풍에 흔히 나타나 있는 지나친 과장의 이미지, 극적 효과, 단정한 형식을 파괴하는 넘쳐흐르는 생의 약동, 이러한 특징은 이른바 고전적 미학과 어울리지 않는 것이었다. 16세기 말엽부터 17세기 초엽에 성행한 이러한 문학의 장르를, 어원적으로 비뚤어진 진주를 의미하는 바로크란 형용사를 붙여, 바로크 문학이라고 부르고 있다.

관용의 정신

자기의 신앙에 대한 절대성을 믿어 의심치 않는 전투적 문학이 범람하는 가운데, 소수라고는 하지만 냉정한 태도로 현실을 바라보며 유혈의 참극을 막아 보려고 호소한 사람들도 있었다. 근대 정신의 확립에 기여한 그들의 역할은 결코 과소평가할 수 없는 것이다.

개혁파의 신앙을 가지고 칼뱅에게로 갔다가, 그에게서 관용의 정신을 찾을 수 없어서 다시 그를 등지고 이중의 망명 생활을 보낸 세바스티엥 카스텔리용(1515~1593년)의 《고민하는 프랑스에 권함》(1562)은 그 대표적인 것이다. 유혈을 피하는 수단은 '두 개의 신앙을 공존하게 하여 각자가 강제받지 않고 그 어느 것을 선택할 수 있게 하는 것' 이외에는 없다고 하는 그의 주장은, 어떤 의견을 갖든, 개인의 존엄성은 힘으로 침해할 수 없다는 관용의 정신에서 나온 것이었다. 한편 왕의 권력을 강화함으로써 광신적인 구교의 기즈 파와 신교의 칼뱅 파를 누르고 정치와 종교를 분리시켜 유혈을 저지하려고 한 재상 미셸 드로스피탈(1505~1573년), 그리고 몇몇의 합작으로 된 풍자문학, 광신과 이해 타산의 와중에서 정확한 현실 인식을 잊지 않는 시민정신의 표현, ≪사티르 메니페≫(1429)도 잊어서는 안 될 것이다.

어느 길을 택하든간에 성실하면 할수록 그 시비의 판단이 어려운 정치적·종교적 혼란 속에서 끊임없는 호기심을 가지고 고금의 서적을 탐독하고, 인간에 관한 모든 사건과 사실을 고찰하여, 참다운 인간이란 무엇인가, 참다운 문학이란 무엇인가, 참다운 종교란 무엇인가를 묻고 인간을 사색의 중심으로 가져와서 인간을 인간으로서 관찰한 미셸 드 몽테뉴(1533~1592년)는 위마니스트의 전형이며, 그에 의하여 프랑스 모럴리스트의 문학은 기반을 형성했다. 모럴리스트의 문학이란, 우선 여기서는 인간 연구의 문학 내지는 인간성의 분석이라든지, 인간 심리의 탐구에 관한 문학이라고만 말해 두기로 한다. 어쨌든 일체의 요약을 불가능하게 하고, 어느 곳을 열어도 우리들을 자유로운 사색으로 이끄는 그의 ≪수상록≫은 그렇게 하여 우리들에게 남겨지게 되었다.

'수상록'이라고 옮긴 '에세'라는 표제는 시도 내지는 시론이란 뜻으로, 체계적인 고찰과는 별개의 것이다. 문학의 한 장르가 되기 이전에 작가 자신의 판단·방법·경험 등을 써나가며 음미해 본다는 정도의 겸허한 태도에서 그렇게 붙인 것이다. 각 장의 길이도 일정하지 않고 표제도 그 내용과 거의 일치하지 않는데, 그것은 구속을 싫어한 몽테뉴가 규칙도 계획도 없이 그저 자유로이 써나간 것으로 보인다. 따라서 이 흥미 깊은 작품에서 일정한 사상을 꺼내기란 극히 힘든 일이다. 그러나 이 작품에는 하나의 굳건한 기본적인 태도 표명이 있다. 몽테뉴는 자기 자신이 무엇인지를 알기 위해 자기 자신이기를 바라고 있다. 그것은 '사람은 누구나 다 인간이 인간일 수 있는 모든 조건을 갖추고 있는 것'이므로 결국 인간 그 자체를 아는 것으로 된다. 그러기 위해서는 다음과 같은 세 가지가 필요하다.

① 평화: 광신은 싸움을 일으키고, 이성적 회의주의는 평화를 가져온다.

② 자유와 자부: 정념으로부터의 해방을 위해서는 극기주의, 권위에 굴하지 않기 위해서는 개인주의.

③ 고통의 회피: 모든 고통을 피하여 생을 즐긴다는 이 태도는 고통을 구제에의 길로 생각하는 그리스도교에 반한다. 사실, 신앙이 없다고 하지는 않았고 그는 카톨릭의 전례(典禮)에 따랐으나 완전히 그리스도교적은 아니었다. 그 교양의 밑바닥에는 그리스와 라틴의 작가가 있었다.

몽테뉴는 《수상록》 제2권 12장에서 '래몽 스봉의 변호'라는 방대한 수상을 쓰고 있는데, 이것은 부친의 뜻에 따라 번역한 《자연신학》의 저자에 대한 변호를 빙자하여 인간 비평을 한 것이다. 거기서 그는 밑으로는 서민으로부터, 위로는 왕후 및 철학자에 이르기까지 인간 각자가 갖는 그 자그만 자기에 대한 무한한 책임·자부·존대함·자연에서 더 근본적인 것, 이를테면 동물 등에 비교하여 자기가 뛰어나다고 하는 이성, 그 이성의 절대우위성 따위를 철저히 분쇄하려 하였고 다음은 그 이성을 근거로 하여 그 위에 이룩하려고 하는 인간의 문명이 얼마나 공허하고 믿을 수 없는지를 역설하였다.

그리고 마지막으로 "우리들의 존재도, 사물의 존재도 그 어느 것도 항구적인 것은 없다. 우리들이나 우리들의 판단이나, 아니, 사멸하여야 하는 모든 것은 유전(流轉)한다. 판단자든 판단을 받는 자든 다 부단한 동요와 변화 속에 있는 것이니까, 그 상호간에는 무엇 하나 확실한 것은 없다."라고 하여 인간의 가변성과 세계의 상대성이라는 대사상에 도달하고 있다.

이 '래몽 스봉의 변호'의 장을 포함한 그의 《수상록》은 17세기 이후의 모럴리스트, 즉 파스칼, 라 로슈푸코, 라 브뤼예르에게 적지않은 영향을 미쳤다. 뒤의 둘은 의식적으로 몽테뉴를 모방하고 있으며, 파스칼의 경우는 각도를 달리한 몽테뉴다. 여기에 바로 모럴리스트의 계보상에서 몽테뉴가 갖는 위치와 크기가 있는 것이다.

프랑스 16세기 후반의 처참한 종교전쟁에서 관용의 정신은 일견 사라진 듯이 보였으나, 그 소중한 지하수는 몽테뉴의 존재가 암시하고 있는 것처럼 다행히도 고갈되지는 않았다. 한 곳에서는 화려한 르네상스의 꽃이 피고 있는 동안에 또다른 곳에서는 같은 그리스도교들이 같은 그리스도의 이름으로 내일의 이해보다는 오늘의 이익을 중시하여, 로마 교황은 구교파의 원수로서 칼뱅은 신교파의 교황으로서 각각 지령을 내리고 서로 모략을 다하는 유혈의 광란 속에서, 그 수는 적다 하지만 어느 쪽에도 치우치지 않고 정확한 현실인식을 한 시민정신의 표현도 있었다. 그 하나가 ≪사티르 메니페≫(1594)다.

이것은 앙리 3세가 죽은 후 정당한 왕위 계승자인 신교도 앙리 드 나바르(후의 앙리 4세)를 제쳐놓고 로렌 혹은 스페인의 왕자를 맞이하려고 한 앙리 드 기즈를 중심으로 신교도 부대가 거느리는 그리당을 풍자한 것인데, 그 표제의 메니페는 그리스의 풍자가이며 철학자인 메니포스를 딴 것이다. 자크 기요, 피에르 르 르와, 피에르 피투, 질 르 두랑, 장 파스라, 플로랑 크레티엥, 니콜라 라펭 등 7명의 폴리티크당이 공동으로 1593년 2월 10일 루브르 궁정에서 국왕 선거를 위하여 열린 리그당 의회를 비꼰 풍자화다.

그 내용은 처음 로렌 인 펠르페 추기경과 스페인 인 플래장스 추기경이란 두 약장수가 만병통치약의 효능서를 읽는다. 이어, 의원들의 행렬과 6명의 의원의 연설이 묘사되어 있고, 마지막으로 제3계급 도브래의 애국적인 열변이 토해진다. 이러한 풍자를 통하여 필자들은 어느 쪽에도 치우치지 않는 중용의 도와 관용의 정신을 암시하고 있다. ≪사티르 메니페≫는 당시 중용의 길을 걷는 건실한 프랑스 사람들의 주장과 일치하였기 때문에 널리 읽혀졌고 많은 공명자를 낳게 하였다. 그리고 낭트 칙령도 어느 의미에서는 이러한 주장을 부분적으로 받아들이고, 그것을 실현한 것이었다.

어쨌든 16세기 말엽은 궁정의 사치와 사회적인 비참, 그리고 우아와 폭력이 뒤섞이면서 그 그림자를 크게 문학면에 던지고 있었고, 문학은 문학대로 세기말의 분방, 조잡한 분위기 등 여러 가지 왜곡된 면을 내포하면서 17세기의 고전주의를 향하여 착실하고 확고한 걸음을 내딛고 있었다.

고전의 화원

고전주의와 그 문학정신

 현재 우리들은 흔히 17세기의 문학을 고전주의 문학이라고 부르고 있는데, 그것은 로망티즘의 문학운동과 달라서 어떤 적극적인 고전주의의 문학운동이 있었던 것은 아니다. 사실상 고전주의란 명칭은 19세기에 이르러 비로소 생겨난 것으로 로망티즘 운동이 일어나서 그것과 대비시킬 필요가 생겼을 때 그 이전의 문학을 넓은 의미에서 고전주의라 부르게 되었다. 그러나 좁은 의미의 고전주의라고 하면 루이 14세 시대의 문학 및 예술, 특히 몰리에르, 라신, 라 퐁텐, 브왈로 등 1660년대에 출발한 작가들을 가리켜 말하는 것이다. 그 공통된 경향은 고대 그리스·로마의 찬미, 엄밀한 구성, 자연스러움과 참다움의 탐구, 절도에의 취미, 심리의 정확한 분석, 문체의 간결함과 다듬음 등이다. 따라서 고전주의의 작가들은 자기들의 양식—봉 상스—의 대표자라고 생각하고 그것을 자부하고 있었다. 그들의 특질은 이성과 감성의 균형이라는 점에 있다. 그러나 그들은 서로의 가치를 인정하거나 부정하기는 했지만, 의식적으로 문학의 유파를 형성할 생각은 아예 하지도 않았다.

 어쨌든, 루이 14세가 친정을 시작한 1661년부터 약

20년간의 시기는 결코 문학이 안정되지도 않았고, 고전주의의 승리라는 것도 없었다. 따라서 고전주의는 어떤 공동의 계획에 의하여 형성된 것이 아니며, 조직적인 체계를 가지고 있지도 않았다. 그러나 그것이 나타난 데에는 그만한 이유가 있었다. 뒤에서 말하게 될, 프레시오지테에 의한 지나친 과장이라든지 뷔를레스크에 의한 악취미 등에 대한 반동으로서 자연과 이성(理性)을 거기에 대치시키려는 기운이 일어난 것만은 사실이다. 이러한 기운이 무르익어 그 시대의 성격을 특징짓는 하나의 문학정신이 나타났는데, 이것이 곧 고전주의의 정신이다. 그 특질을 들면 다음과 같은 것이다.

첫째, 고대 문학의 존중과 모방이란 것이 고전주의의 커다란 특징이 되었다. 고대의 작가들은 오랜 시대의 시련을 겪고 살아 남아 있으며, 보편적인 영원의 미를 내재시키고 있다. 따라서 고대 문학은 고전주의 작가들에게는 자연스러운 것으로 느껴지고, 또 필연성 있는 것으로 생각된 까닭에 그것을 존중하고 모방하고자 하였다. 라신이 그리스 시대의 작가 에우리피데스(BC 485~406?년)의 작품에 따라서 많은 작품을 썼고, 라 퐁텐이 아이소포스(BC 6세기 중엽)에서 취재하여 ≪파블르(우화)집≫을 쓴 것도 바로 그 때문이다.

둘째, 보편성에 대한 요구다. 작가는 자기의 공상에 몸을 담고 아무렇게나 마음대로 작품을 쓸 것이 아니라, 그 작품과 그것을 받아들이는 독자나 관객 사이에 어떤 조화를 가져오지 않으면 안 된다고 생각하였다. 상상력과 감수성은 사람에 따라 다르지만 이성은 만인에게 공통된 것이므로 이성에 의해 작품을 써야 한다는 것이다. 따라서 이것은 특수한 것보다는 보편적인 것에서 작품의 주제를 취재하여 다루고, 인간을 관찰하는 경우에도 시간과 공간을 초월한 영원불변의 인간 모습을 다루었다. 그리하여 그리스를 무대로 한 라신의 비극이라든지 로마를 무대로 한 코르네유의 비극이 베르사유 궁전의 의상으로 공연되어도 당시의 파리 관객은 누구 한 사람 그것을 의심하지 않았다.

세째, 품위와 절도를 소중히 해야 한다는 것이다. 현실에 존재하는 것은 자연스럽고 진실한 것이며, 모두 예술로써 표현해도 좋은 것은 아니었다. 너무 조잡한 것이나 지나치게 과장된 것은 그것을 피하지 않으면 안 된다고 생각했다. 물론 그것은 예술의 장르에 따라 다소 뉘앙스의 차이는 있었다. 비극의 경우는 고귀한 것, 위대한 것이 아니면 되도록 피했으나 희극의 경우는 그 점에 있어서 상당한 자유가 있었다.

네째, 심리분석에 대한 관심과 노력이다. 보편적인 진리에 의하여 보편적 인간을 그리려고 하는 경우에 인간이란 무엇인지를 항상 묻지 않으면 안 된다. 따라서 구체적인 인간의 심리를 관찰하고 분석하여 거기에서 보편적인 인간상을 만들어 내려는 노력이 필요하다. 이 시기의 문학에서 하나의 지주가 되었던 라 로슈푸코와 라 브뤼예르의 모럴리스트 문학은 인간 사회에 대하여 미묘한 심리적 관찰을 가하고, 인간에 대한 온갖 구체적인 이미지를 재미있게 그리고 있다.

다섯째, 재미있는 문학의 창조다. 이것은 1660년 이후의 이성적이고 합리적인 고전주의 작가에게는 어울리지 않는 것 같지만, 실은 관객의 마음에 들도록 작품을 만들고, 독자를 즐겁게 할 작품을 써서 대중을 교화하고자 하는 경향이 점점 커져 간 것만은 사실이다. 몰리에르가 "희극의 역할은 사람을 즐기게 하면서 그를 교정하는 데 있다."라고 한 것은 바로 그러한 사실을 말한 것이다

위와 같이 다섯 가지의 특징을 통해서 고전주의 문학을 생각할 때, 그것은 한편으론 강력한 이성주의에 의한 수레바퀴와 또 한편으론 사교의 정신 내지는 우아한 취미의 수레바퀴를 갖는 이륜차라고 생각하면 그 윤곽이 쉽게 드러날 것이다.

시법의 통제와 그 반동

르네상스 시대의 프랑스는 위마니즘의 시대였고 이탈리아니즘의 시대였다. 그리하여 밖으로는 이탈리아 전쟁이 계속되고 안으로는 종교전쟁이 벌어지고 있었음에도 불구하고 사치스럽고 쾌락적인 시대이기도 하였다. 그리고 문학에서는 세련보다는 거침이 지배하였고 넘쳐흐르는 풍요함이 풍미하고 있었다. 그러나 그러한 시대도 지나가서 사람들은 옛날과 같은 질서와 안정을 바랐고, 국내의 질서와 안정이 회복됨에 따라 왕권이 강력한 힘을 발휘하게 되었다. 앙리 4세의 즉위와 함께 '낭트 칙령'이 발포되

고 40년간이나 계속된 종교전쟁이 끝났는데, 이것은 결국 왕권의 비약적 강화에 이바지하였다.

사람들의 질서와 안정에 대한 희망은 문학에서 프랑스어의 정리와 순화의 기운으로 나타났다. 그리고 그때 나타난 시인이 바로 프랑수아 드 말레르브(1555~1628년)였다.

앙리 4세와 루이 13세를 시종한 궁정시인 말레르브는 인격으로 말하면 조잡하고 횡포한 데가 있었으나 ≪마리 드 메디시스의 섭정을 축하하는 오드≫(1600)를 비롯한 오드와 스탕스, 그리고 소네 등 그의 시편은 잘 다듬어진 힘차고 완벽한 것으로서, 힘을 잃고 있던 프랑스 시에 딱딱하지만 높은 품격을 돌이켜 놓음으로써 고전시의 길을 열어 주었다. 그런데 그의 시는 오늘날 거의 문제가 되고 있지 않다. 그의 공적은 이미 위에서 언급한 바와 같이 르네상스 시대의 난잡한 프랑스 어를 정리하고 순화하여 고전주의의 위대한 작가들을 위해 그 길을 닦아 준 선구자였다는 점에 있다.

그는 고어·기술어·방언 등 16세기의 언어를 조잡하게 한 요소를 부정하고, 일반적이고 추상적이며 명쾌한, 이른바 오늘날 프랑스 어의 장점으로서 소중히 여겨지는 요소들을 강조하고 주장하였다. 작시법에서는 압운, 앙장브망(다음 시구에 걸치기)을 배제하고, 세주르(각운의 중단)의 어조를 주장하였는데, 그것은 19세기 초엽 로망티즘의 시파가 반기를 들 때까지 작시법의 철칙으로 지켜졌다.

브왈로가 ≪시론≫에서, "드디어 말레르브가 나타났다."

라고 말한 것은 바로 그 때문이다.

그리고 그는 플레이아드의 시파, 특히 롱사르에 대하여 가혹한 비판을 가했다. 그것은 그가 극단적인 고대숭배, 특히 이탈리아니즘을 싫어한 까닭이다. 그리하여 그는 서정시의 시형은 남기면서 서정시 그 자체를 남기지 못하였을 뿐만 아니라 오히려 프랑스에서 서정을 추방해 버렸다.

한편 말레르브의 반대파도 적지 않았다. 그 대표적인 인물로 마튜렝 레니에(1594~1661년)를 들 수 있다. 특히 레니에는 말레르브의 상상력의 부족을 격렬하게 공격하고, '시는 방법이나 반성의 소산이 아니라 영감과 상상력의 산물'이라고 주장하였다. 이들은 말레르브에 의하여 시작된 시법의 통제—그것은 왕권에 의해 통제가 강화되어 가는 당시의 정치적·사회적 정세의 반영에 지나지 않았지만,— 어쨌든 그것에 반항하는 독립파였다. 이 통제파와 독립파의 이론 투쟁은 이후 브왈로가 화해시킨다.

르네상스 시대의 궁정시인 데포르트의 조카 레니에는 사르트르의 시민의 아들로 태어나, 어려서 성직에 몸담고 있다가 그후 즈와위즈 추기경을 시종하여 9번이나 로마에 따라 갔었다.

로마에서나 파리에서나 그는 자유분방하고 거칠 것 없는 리베르탱—무신앙의 자유인—의 생활을 보냈다.

> 나는 아무 생각 없이 살았다.
> 좋은 자연법에 따라서
> 평화롭게 발을 옮겨 놓으며.

이것은 그의 6행 시 ≪묘비명≫의 첫머리 3행의 시구인데, 그의 에피큐리엥의 이질적 인생관을 단적으로 드러내 보여 주고 있다.

 말레르브에서 브왈로로 뻗어나가는 간결과 절제라는 고전주의의 기조는 그 준비기부터 개화기의 60년대까지 곧바로 이어진 것은 아니었다. 이미 위에서 본 바와 같이 레니에는 반말레르브파 내지는 독립파를 대표하였다. 즉 말레르브가 이성에 의한 법칙에 따라서 시를 규제한다고 주장하여 고전주의의 초석을 놓았음에 반하여, 레니에는 시에서의 영감(靈感)과 상상력을 주장하며 양보하지 않았다.

 풍부한 어휘, 자유로운 어법, 격렬한 이미지, 과도한 정열에 의하여 그는 르네상스 서정시의 늦게 핀 마지막 꽃이었고, 말레르브의 논적이라는 점에서 17세기의 시인이었다. 그리고 그는 플레이아드의 시인들이 부활시킬 수 없었던 고대의 사티르—풍자시—의 장르를 조직적으로 살린 시인이었다.

살롱문학과 그 반동

 아카데미 프랑세즈가 언어 순화에 큰 역할을 하는 반면 상류사회에서는 사교계가 생기고 거기서 쓰여지는 용어가 가장 교양 있는 사람들의 말로서 존중되게 되었다.

 이 사교계의 살롱 중에서 가장 유명한 것은 랑부예 후작 부인(1588~1665년)의 '파란 방'이었다. 그녀는 이탈리아 주재 대사의 딸로 로마에서 태어났다. 프랑스로 돌아와 앙리 4세의 궁정에 출입하게 되었는데, 종교상의 대립과 전쟁의 상처가 아직 가시지 않은 당시의 궁정인들은 선진국 이탈리아에 비해 언어나 습관이 아주 조잡하고 거칠었기 때문에 그녀는 여간 실망하지 않았다.

그리하여 생 토마 뒤루부르의 자택에 상류사회의 사람들과 문학자들을 초대하고 좋은 취미를 보급하는 데 힘썼다.

랑부예 후작 부인의 살롱은 1610년 경부터 프롱드의 난(1648~1652년) 전후까지 열렸으나 그 전성기는 1620년부터 1645년까지였다. 주된 손님은 말레르브를 비롯하여 샤플랭(1595~1674년), 브와튀르(1595~1648년), 스큐데리 양(1607~1701년), 라 로슈푸코, 라 파예트 등 당시의 일류 문학자들이었다. 그리고 랑부예 후작 부인이 사교계에서 은퇴한 때를 전후하여 스큐데리 양 등 여러 사람들에 의하여 여러 곳에 살롱이 열렸는데, 이러한 살롱이 프랑스 문학에 적지않은 역할을 하였다.

우선 살롱은 종교전쟁 후 사람들의 조잡하고 거친 마음을 씻으려고 한 욕구와 일치하였고, 다음은 고전주의 정신의 중요한 요소인 절도와 품위를 낳는 데 이바지했다. 그리하여 이 살롱에서 교양 있는 사람이 나오게 되고, 드디어는 살롱이 문학과 예술을 지배하게 되어 국가 정신마저 좌우하기에 이르렀다.

살롱의 손님들은 조잡과 페당티즘을 버리고 섬세한 감정과 말과 태도를 요구하였다. 이것은 르네상스 시대의 사람들이 오랜 혼란 속에서 조잡하고 거칠어진 데 대한 반발이었겠지만, 그 반발이 너무 지나친 결과 프레시오지

테에 빠지고 말았다. 프레시오지테는 귀중함 혹은 소중함
이란 뜻으로 처음에는 조잡한 취미를 버린 '품위 있고 훌
륭함'을 의미했다. 그러나 그것이 너무 지나쳐서 품위도
훌륭함도 아닌 멋부리기 혹은 난 체하는 것이 되어 익살
스러운 요소를 지니게 되고 사람들의 빈축을 사기에 이르
렀다. 그러한 남자를 프레시외, 여자를 프레시외즈라고
불렀는데, 그들의 언동을 그대로 모방하는 사람들은 희극
작가들에게 절호의 소재를 제공하고, 드디어는 몰리에르
에 의하여 희롱을 당하게 되었다.

오노레 뒤르페(1508~1625년)의 감상적 기사도 소설
《아스트레》, 게 드 발자크(1596~1654년)의 《서한
집》, 스큐데리 양의 《대 시류스》 등은 그러한 살롱에
모이는 귀족의 생활과 감정의 이상화된 영상으로서 나온
귀족문학이다.

마르세유에서 태어나, 중부 프랑스 포레 평야를 흐르는
리뇽 강변의 조부의 고성(古城)에서 청년 시대를 보낸,
뒤르페는 일찍이 카톨릭 동맹의 동란에 가담하여 두 번이
나 투옥되었다가, 외가의 사브와 공작 영지에 은거, 고향
포레를 그리워하면서 그 산천을 배경으로 한 소설 《아스
트레》를 집필하였다. 이 작품은 1610년 최초의 2부,
1619년에 3부가 출판되었고, 사후 1627년에는 그의 비
서 바로에 의하여 4부가 출판되었다. 바로는 뒤르페의 유
고에 따라서 5부를 첨가하여 이 소설을 완결시켰다.

    목동인 셀라동은 진정으로 목녀 아스트레를 사랑하고 있었다.

그런데 아스트레는 애인에게 다른 애인이 생긴 줄 오해하고 쌀쌀하게 셀라동을 내쫓는다. 사랑하는 아스트레에게 버림받은 셀라동은 절망한 나머지 리뇽 강에 몸을 던진다. 그러나 다행히 그 모습을 숲속에서 보고 있던 선녀 갈라테에 의하여 구제되어 그 여자 곁에서 살게 된다. 그러는 중에 갈라테는 소박하고 순진한 목동 셀라동에게 마음이 끌린다. 그 여자는 열렬하게 셀라동을 사랑하지만, 그는 자기를 쌀쌀하게 버린 아스트레를 잊을 수가 없어서 집요하게 따라오는 갈라테를 계속 거절한다. 셀라동은 멀리서 아스트레가 그리워질 때면 여자로 변장하여 그녀 모르게 보러 간다. 그때 전쟁이 일어난다. 그는 그녀를 구해 내고 그녀가 자기를 용서할 줄로 생각하여 변장을 벗는다. 그러나 그녀는 다시 그를 내쫓아 버린다. 그리하여 몇 년이 지난다. 어느 날 드디어 그들은 진실(사랑)의 샘에서 만나게 되는데 한 수녀의 중개로 아스트레는 셀라동의 본의를 알게 되고 둘은 화해한다.

이 작품은 그 구성으로 보아 이탈리아와 스페인의 목가 소설의 형식을 취하고 있다. 그러나 작자는 목가의 모습, 그 전원의 생활, 그리고 소박한 풍속을 통하여 그가 속에서 알고 있던 당대의 궁정인들의 생활 감정을 그리려고 하였다.

뒤르페는 그의 ≪도덕 서한≫(1598, 1603, 1608)에서 플라토닉한 연애관을 전개하고 있는데, 그에 의하면 사랑이란 미(美)에 대한 욕구이며, 미와 선은 일체인 것이어서 미를 요구하는 것은 선을 욕구하는 것이 되고 그것은 필경 신을 구하는 것이 된다. 인간은 대사회적으로 이성적이어야 하고 신중해야 하지만, 신성으로 높여 주는 미에 대한 욕구에서는 중용이란 덕은 있을 수 없으며, 그

완수는 오히려 극단에 있다는 것이다. 이것이 그의 사랑의 철학인데, ≪아스트레≫에 일관되어 있는 것은 바로 이 사랑의 철학이다.

어쨌든 이 작품은 살롱을 중심으로 한 교양과 우아의 풍조, 즉 프레시오지테의 초기를 장식한 귀족문학의 대표작이며, 연애심리를 분석한 ≪장미 이야기≫의 계보를 잇고 있다. 그 다음이 스큐데리 양의 ≪대 시류스≫ 속에 있는 애정의 지도를 거쳐 라 파예트 부인의 ≪클레브 공작 부인≫에 이어지는 심리소설이다.

그런데 이러한 귀족문학은 그 반동을 낳았다. 즉, 프레시오지테의 풍조에 대하여 의식적으로 악취미를 갖는 일단의 문학자를 말한다. 폴 스카롱(1610~1660년)과 시라노 드 베르즈락(1619~1655년) 등에 의하여 대표되는 뷔를레스크—익살스러운—혹은 그로테스크의 취미다. 뷔를레스크란 이탈리아 및 스페인에서 처음 생겨난 것으로 '고귀한 것을 비속하게 그린다'는 의식적인 방법을 말한다. 이것은 당시 사교계의 문학자들이 숭배하는 고대 문학의 일체를 비꼬거나 야유하는 일종의 서민문학으로서, 프레시오지테를 조소하는 것을 목적으로 하고 있었다.

프레시외한, 혹은 뷔를레스레한 문학 작품은 고전주의가 승리를 거둔 1660년까지도 많이 쓰여지고 또한 많이 읽혀졌다. 그러나 그 양은 많지만 걸작으로 불릴 만한 작품은 그리 많지 않다.

파리의 법관의 아들로 태어난 스카롱은 부친의 권유로 성직에 몸을 담고, 사교(司敎) 샤를 드 보마느와르의 시복으로 르망에 7년간 체재하다가 1640년 파리로 돌아왔다. 2년 전에 장난으로 인해 생긴 관절염이 악화하여 허리가 구부러져 버렸으나, 쾌활한 성격을 타고난 그는 자기의 불행을 냉소하면서 일체의 것을 익살스럽게 만드는 뷔를레스크 취미의 시파를 만들었다.

그는 자기의 불구마저 우스꽝스럽게 만든 시풍에 의하여 인기를 모았다. 루이 13세 왕비로부터 '왕비의 병자'라는 칭호를 받았으며, 1652년에는 42세로 16세의 미모의 고아인 프랑수아즈 도비녜─아그리파 도비녜의 손녀─와 결혼하였다. 그녀가 후에 루이 14세의 애인이 된 맹트농 부인이지만, 어쨌든 스카롱은 유력한 사람들의 보호를 받고, 아내의 장래를 안전하게 해주려고 애쓰다가 많은 사람들의 존경을 받으며 1660년에 죽었다.

그의 작품으로는 《뷔를레스크 시집》(1643)·《태풍》(1644), 희극 《가장된 비르기리우스》(1648~1655년), 스페인 소설의 번안 《희비극 소설집》(1655) 등이 있는데, 그의 대표작은 《우스운 이야기》(1651~1657년)다.

희극배우 한 무리가 초라한 차림을 하고 르망에 도착한다. 그 배우들과 마을 사람들 사이에 문제가 생겨 싸움이 벌어지고, 여관에서 우스꽝스러운 장면이 전개된다. 제일 젊은 앙젤리크가 유괴되고 만다. 그들은 앙젤리크를 찾으러 나선다. 그녀를 찾자 이번에는 그로테스크한 라고텡이 은근히 사랑하고 있는 다른 여배우 레트왈르가 모습을 감추어 버린다. 르망으로 되돌아온 그들은 사냥하기 위해 모인 사람들 앞에서 연극을 공연하다. 라고텡은 온갖 불행한 일을 당한다. 알라송을 향하여 그들은 출발. 데스텡은 레트왈르와 결혼하고, 레앙드르는 앙젤리크와 결혼한다. 라고텡은 극단에서 떠나려고 하지 않으나 결국 물에 빠져 죽는다.

이 작품은 데스텡과 레트왈르가 한 연적을 피하여 희극 광대가 되어 지방을 순회한 끝에 결혼한다는 극히 단순한 줄거리지만, 그들이 경험하는 세상의 사실적 묘사와 등장 인물들의 성격·표현·태도 등이 잘 표현되고 있어 높이 평가되었고 널리 읽혀진 소설이다.

이성과 정열

고전주의가 개화하기 이전에 뛰어난 두 철학자가 나타나 각자의 분야에서 독창적인 업적을 남기고 있었다. 바로 데카르트와 파스칼이다. 둘은 연령으로 말하면 부자와 같은 차이가 있고, 또 서로 두 번밖에 만나지 않았다. 데카르트는 합리주의자이며 이성을 존중한 데 비하여, 파스칼은 과학자로 출발해 마지막에는 이성을 버리고 종교적 정열에 일체의 것을 맡겼다는 점에서 둘은 크게 다르다.

르네 데카르트(1596~1650년)는 이성과 의지로써 정념을 거느린다는 생각에 의하여 그의 세대를 대표하고, 방법적 회의에 의하여 명증을 쌓고 진리에 도달한다는 수학적 방법으로써 이성주의를 확립하였다. 특히 ≪방법 서설≫은 라틴 어가 아니라 프랑스 어로 씌어진 최초의 사상서이며, 술어와 수식어를 피하고 쉬운 말로 정확하게 사상을 이야기하여 프랑스 어의 산문에 하나의 전통을 세웠다. 사회와의 번거로운 접촉을 피하여 오로지 사색에만 몰두한 그의 조용한 생활은 시민적 작가의 전형이 되었다.

《방법 서설》은 한 철학자의 오랜 사색과 연구 끝에 도달한 사고방법의 총결산이라고 할 만한 작품이다. 거기에서 그는 ① 명증성의 원칙: 방법적 회의에 의하여 분명해진 것밖에는 진실로서 인정하지 않고, ② 분할의 원칙: 분석에 의하여 대상을 되도록 세분하여 정확하게 해명하며, ③ 사고의 순서의 원칙: 단순한 것에서 복잡한 것으로, 용이한 것에서 난해한 것으로 나아가서, ④ 완전 열거의 원칙: 추론·가정·실례를 빠짐없이 열거하여 재검토한다는 사고방법의 4원칙을 확립하였다.

위에서 말한 바와 같이, 그가 이 작품을 학문에는 적합하지 않다고 하여 속어로 다루던 프랑스 어로 저술했다는 것이 일반 교양인의 환영을 받았고, 많은 대학에서 찬동자를 얻었다. 가상디 등 학문적인 반대자도 있었으나, 종교적으로는 신의 존재에 대한 이성적인 설명으로 생각되어져 위험성 없는 것으로 널리 읽혀졌다. 그것이 다음 세기의 유물론적 합리주의의 발전에 영향을 주게 되었다. 일견 카톨릭의 교리에 합리적인 근거를 주는 것 같은 이 작품의 근저에는 이성에 의한 비판 정신이 깔려 있기 때문에, 기존의 신앙이나 개념을 파괴하는 일도 있었다는 것을 그 시대 사람들은 몰랐던 것이다.

블레즈 파스칼(1623~1662년), 이미 10대에 유럽적인 명성을 얻은 이 과학의 천재를 탐구의 길로 몰아넣은 정열은, 신을 만남으로써 자기의 갈 길을 찾고, 인간 존재의 비참함과 위대함을 파헤치는 불후의 걸작 ≪팡세≫를 남겼다. 이성을 넘어선 심정으로 신을 느낀다는 그의 사상은 많은 적을 낳기는 하였으나, 데카르트의 이성과 함께 파스칼의 정열이라고 하는 프랑스 사상의 저류를 흐르는 하나의 사조를 확립하였다.

≪팡세≫(1665)는—① 신을 향한 태도를 결정할 필요: '우리들과 지옥, 또는 천당 사이에는 인생밖에 없다.' 즉, 얼의 구제라는 중대한 문제다. 그러나 인간은 행복을 찾고 또한 그것을 잊고 있다. ② 인간의 비극: 심신이 함께 무한히 위대한 것과 무한히 비소한 것 사이에 부동하며 감각과 이성에 의하여 속고 있는 인간은 죽음에 대한 생각 때문에 행복을 얻지 못하고, '우리들의 비참 중에서 가장 큰 것인 위안'에 몸을 던지고 있다. ③ 인간의 위대함: '인간은 자연 중에서 가장 약한 갈대에 지나지 않는다. 그러나 그것은 생각하는 갈대다.' 인간은 천사도 아니고 짐승도 아니며 바로 인간인 이중적인 존재다. ④ 그리스도만이 인간을 설명함: 인간의 비참은 원죄로, 그 위대함은 그리스도의 속죄로 설명된다. 그리고 영원의 구제를 가져오는 것이니까 이익이 있다. 그리스도교가 진실한 것이라고 내기를 걸지 않겠는가(확률론에 의하여 유명한 '내기의 논증'). ⑤ 그러기에 믿어야 함: '이성이 아니라 마음으로 느끼는 신'을 믿고, '바보가 되어' 기도하며, 미사·성수 등에 의하여 그리스도교로서 살자—로 되어 있다.

물론 파스칼의 위대함은 그 명증의 교묘함에 있다기보다는 오히려 그의 문체에 있다. 그의 문체는 논리와 정열을 겸한 까닭에 신에 대하여 생각지 않으려는 사교계의 사람들에게나 신을 믿기를 완강히 거부하는 사람들에게도 강한 설득력이 있었다. 데카르트가 이성적임에 반하여 파스칼은 정열적이라는 것은 위에서도 말하였지만, 사람들의 마음 속에 있는 여러 가지 모순에 스포트라이트를 대고 그것을 선명하게 비추어 주고 있는 점에서도 파스칼의 ≪팡세≫는 가장 뛰어난 인간 연구의 작품이라고 할 수 있다.

어쨌든 데카르트나 파스칼은 모두 사상가며 철학자다. 전자는 합리적·이성적이며, 후자는 더 감정적·직관적이란 차이는 있다. 데카르트의 ≪방법 서설≫은 프랑스 어의 문체 자체가 명확하고 그 기술도 어떤 추상적 소설을 읽는 맛이 있어 모든 문학사에서 반드시 다루어지는 작품이다. 파스칼의 위대함은 이미 지적했듯이 ≪팡세≫의 내용보다는 오히려 그의 문체의 논리와 정열이 일체가 되어 여러 가지의 진실을 정확하게 비추어 주고 있다는 점에 있고, 그의 시적이고 논리적인 문장은 프랑스 고전주의의 문학 중에서 가장 뛰어난 산문의 하나로 높이 평가받고 있다.

고전극의 개화

고전주의 문학이라고 하면 우선 코르네유, 라신, 몰리에르의 3대 극작가를 연상할 만큼, 고전주의는 주로 고전극에서 그 개화를 보았다. 그것은 위에서 본 고전주의 정신을 담는 그릇으로서 극의 형식이 가장 적합하였기 때문이다.

그런데 고전극과 관련하여 늘 문제가 되는 것으로 3일치의 법칙이란 것이다. 연극이란 소설과 달라서 사건을 무대에 놓고 배우의 대사와 행동에 의하여 한정된 시간에 그것을 결말까지 가져가는 것이므로, 거기에는 자연히 여러 가지 제약이 생기게 된다. 예로부터 시법이 있는 것처럼 극작법이란 것이 존재하는 이유도 바로 거기에 있다. 그 중에서도 가장 현저한 것이 3일치의 법칙이다.

연극에서 제일 중요한 것은 관객이 매혹을 느끼고 감동해야 한다는 것이다. 감동하기 위해서는 무대의 사건이 진실인 듯한 것이 아니면 안 된다. 꾸며낸 것이라는 인상을 주어서는 관객이 감동하지 않는다. 이 진실인 듯한 것이 아니면 안 된다는 이유에서 여러 가지 약속이 생기게 마련이다.

첫째로, 줄거리가 너무 복잡하면 관객은 그것을 이해하지 못한다. 소설에서는 되풀이하여 읽으면 되지만 무대에서는 막이 내리면 그만이다. 따라서 줄거리는 이해할 수 있게 통일될 필요가 있다. 그것을 줄거리의 일치라고 한다.

다음은 관객이 무대를 보는 시간은 기껏해야 몇 시간에 지나지 않는다. 그러므로 진실인 듯한 것이 아니면 안 된다는 점에서 볼 때 무대에 놓인 사건의 시간과 그것이 공연되는 시간이 일치하는 것이 이상적이다. 그러나 그것은 거의 불가능하다. 따라서 사건의 시간을 24시간 정도로 제한할 필요가 생기는데, 이것을 시간의 일치라고 한다.

마지막으로 사건의 장소는 막과 막에 따라 바뀌는 것이 아니라, 일정한 장소가 아니면 안 된다. 따라서 5막을 통해 사건이 한 장소에서 이루어져야 하는데 이것이 장소의 일치다. 그러나 그 장소 안에서 다소 장면을 바꾸는 것은 무방하다. 극작가로서 가장 옹색하게 느껴지는 것이 이 장소의 일치다.

이 '3일치의 법칙'은 아리스토텔레스(BC 384~322년)의 《시론》에서 그 시원을 찾을 수 있다. 어쨌든 그것은 브왈로에 의하여 더욱 다듬어지고, 고전주의 작가들은 일견 옹색하고 거추장스럽게 느껴지는 이 법칙을 충실히 지키면서 많은 걸작을 썼다.

여기서 우선 고전극 이전의 극에 대하여 간단히 살펴볼 필요가 있다. 파리의 극장에서는 거의 현실에서 생각할 수 없는 극을 공연하고 있었다. 한 그루의 나무가 숲을 나타내고, 하나의 물그릇이 바다를 의미하며, 또 한 시간에 주인공이 30세나 나이를 먹는다는 따위의 극들을 예사로 공연하고 있었다. 그러므로 교양 있는 상류사회 사람들은 이러한 극의 표현 형식이 이성의 요구에 맞지 않는다는 것을 통감하였다. 작가들도 시대의 경향이 점점 이성을 존중하고 진실인 듯한 것을 요구하게 된 까닭에, 그 경향에 따라 극을 만들지 않으면 안 되겠다고 생각하게 되었다. 이와 같이 작가와 관객의 생각이 서로 일치하고 있을 때 코르네유가 나타났다.

피에르 코르네유(1606~1684년)는 처음에 극을 쓸 생각은 꿈에도 하지 않았는데, 33세 때 그가 경험한 연애를 테마로 하여 희극 ≪멜리트≫를 쓴 것이 파리에서 공연되어 성공을 거두자 계속 몇 편의 희극을 썼다. 이어 ≪르 시드≫란 첫 걸작을 발표함으로써 일약 그의 이름은 극작가로서 유명해졌다. 따라서 초기의 희극은 ≪르 시드≫ 이후의 비극 작품의 성가에 눌려 그 그림자가 희미해지고 말았다.

≪르 시드≫(1636)는 스페인 극작가 카스트로의 작품에서 소재를 가져온 희비극이다. 코르네유는 3일치의 법칙을 존중하면서도 상당히 법칙에서 벗어난 극을 쓴 까닭에, 리셜리외는 아카데미 프랑세즈에 ≪르 시드에 관한 아카데미의 의견서≫를 쓰게 하였다. 그것은 ≪르 시드≫의 성공이 너무 컸던 만큼 동업자들의 반감을 사고, 규칙을 지키지 않았다거나 미풍양속에 반하였다거나 하는 온갖 비난이 있었기 때문이다. 코르네유는 이러한 논쟁을 피하려는 이유에서인지는 모르지만, 그 이후부터는 3일치의 법칙 범위 내에서 작품을 쓰려고 하였고, 그의 대표작으로서는 ≪르 시드≫ 이외에 ≪오라스≫(1640), ≪신나≫(1640), ≪폴위크트≫(1642)를 들 수 있다. 이것을 흔히 코르네유의 4대 비극이라고 하는데 그의 최초의 비극 ≪르 시드≫는 동시에 프랑스 고전비극의 최초의 걸작으로서 기념비와 같은 의미를 갖고 있다.

제1막. 11세기의 세빌리아가 무대. 첫날 정오. 젊은 귀족 돈 로드리크와 왕녀를 시종하는 돈 시멘은 서로 사랑하는 사이다. 그런데 두 사람의 아버지는 왕자의 사부 자리를 다투다가 결국 선배격인 로드리크의 아버지 돈 디에크로 결정나자, 화가 난 시멘의 아버지 돈 고르마는 궁정에서 물러나는 로드리크의 아버지의 따귀를 갈긴다. 명예를 소중히 여기는 가문으로서 이것은 일대의 수치가 아닐 수 없다. 그러나 왕년의 용사도 이제는 늙어서 검을 잡을 수 없다. 상대자는 장년의 호걸이다. 디에크는 이 모욕에 대한 복수를 아들 로드리크에게 명한다. '로드리크야, 용기가 있느냐?' '죽으라, 아니면 죽여라.' 로드리크의 딜레마. 가문의 수치를 설욕하려면 연인의 아버지를 죽여야 하고, 연인을 잃지 않으려면 가문의 명예가 떨어진다. 그러나 드디어 로드리크는 가문의 명예를 위하여 죽으려고 결심한다.

제2막. 같은 날 저녁. 로드리크는 사과하지도 않거니와 오히려 그것을 거절한 고르마와 결투를 하여 그를 죽인다. 한편 시멘은 로드리크를 사랑하고 있다. 그러나 그 여자도 명예를 위하여 아버지의 원수를 갚아야 하는데 그 상대자가 연인 로드리크다. 따라서 시멘도 로드리크와 똑 같은 딜레마에 빠진다. 결국 그 여자는 왕, 돈 페르낭에게 로드리크의 처벌을 호소한다.

제3막. 같은 날 밤. 아버지의 원수를 갚기로 결심한 시멘 앞에 로드리크가 나타난다. 그는 시멘에게 자기를 죽여 달라고 한다. 그러나 그 여자는 연인을 죽이지 못한다. 로드리크는 시멘의 아버지를 죽이지 않을 수 없었다는 것, 시멘은 로드리크의 처벌을 호소하지 않을 수 없었다는 것, 그렇지 않으면 서로가 존경할 수 없다는 것을 둘은 확인한다. 그리고 둘은 그들의 기구한 운명을 한탄한다. 그때 모르 군이 대거 국경을 넘어 침입해 왔다는 보고가 들어온다. 로드리크는, 지휘관이 되어 출전한다.

제4막. 이튿날 아침. 로드리크는 적을 격퇴하고 그 대장을 포로로 삼아 개선한다. 혁혁한 무공을 세운 로드리크는 영웅이 되고 궁정은 축제 분위기에 들뜬다. 왕은 이제 시멘을 진정시킬 수밖에 없다. 그러나 그 여자는 물러서지 않고 로드리크의 처벌을 요구한다. 왕이 그녀의 마음을 떠보려고 로드리크가 죽었다고 하자 시멘은 실신한다. 그러나 그 사실은 안 그녀는 신의 심판을 요구한다. 곤란하게 된 왕은 결투에 의하여 해결하려고 한다. 시멘의 이름으로 싸우는 용사와 로드리크를 대결시켜, 로드리크가 이기면 시멘은 복수를 단념하고 그와 결혼하고, 로드리크가 지면 시멘은 자기 대신 싸운 용사와 결혼한다는 조건이다. 그녀는 자기를 은근히 사랑하고 있는 돈 상슈를 대신 내세운다.

제5막. 같은 날 정오. 로드리크가 일부러 상슈에게 죽을 결심을 한 것을 안 시멘은 그에게 당당히 싸우도록 당부한다. 검을 떨어뜨리고 돌아온 상슈를 보자 그녀는 그가 로드리크를 죽인 줄 알고 왕에게 로드리크에 대한 자기의 사랑을 고백한다. 그러나 결투는 로드리크의 승리로 끝난다. 시멘은 로드리크를 공공연히 용서하고 그와 결혼하여야 한다. 왕은 죽은 부친에 대한 슬픔이 가실 때까지 그 결혼을 유예하고, 로드리크는 다시 모르 군과 싸우러 간다.

이미 위에서 말한 바와 같이 프랑스 고전극은 그 본보기를 그리스·로마의 고대극에서 구하고 있다. 고대인은 성실하고 선량하여 무엇 하나 나무랄 데 없는 인간 위에 느닷없이 떨어지는 불행을 외부의 어떤 힘, 즉 어쩔 수 없는 숙명의 장난으로 생각하여 그것을 두려워하였다. 그 숙명의 두려움은 왕과 영웅이란 보통 이상의 사람에게 떨어지는 경우 그 효과가 더 크기 때문에, 고대인은 그러한 비참과 불행을 극으로 꾸미고, 관객들은 그것을 보고 자기들이 느끼고 있던 숙명의 두려움에서 해방되었던 것이다. 그러나 프랑스의 고전극에서는 고대인이 숙명이라고 생각한 큰 불행의 원인이 외부에 있는 것이 아니라 실은 인간의 내부에 있다고 생각하였다.

《르 시드》의 경우, 로드리크와 시멘이 놓여진 위치를 고대인이라면 숙명의 장난으로 생각하였을 테지만, 코르네유는 그것을 하나의 지위를 다투는 두 인간의 반목과 질투라는 마음의 갈등, 즉 정열에서 출발한 것으로 보았다. 그 결과 일어나는 로드리크와 시멘의 고통을 각각 그 내부에서 일어나는 반목된 힘, 즉 명예에의 의지와 애정에서 나오는 정열과의 싸움으로 해석하고, 그 정열을 의지에 의하여 극복하는 것으로 극을 처리하였다.

그러므로 이 극의 중심이 된 것은 외적인 사건이 아니라 두 사람의 마음 속에 있는 정열과 의지의 투쟁이며 의지를 가진 인간의 표현이다. 의지를 가진 인간을 그린 까닭에 이 극은 인간적이며, 또 진정한 의미에서 비극이 된 것이다.

코르네유의 작품에 등장하는 모든 주인공들은 정열을 악으로 보고 이것을 의지의 힘으로 극복하지 않으면 안 된다고 생각하고 있다. 섬세한 문체로 여성의 심리를 교묘하게 파헤친, 다음에 나오는 라신에 비하면 코르네유의 작품은 훨씬 남성적이며 그 문체도 웅변적이다. 만년에는 젊은 라신의 인기에 눌리어 별로 행복하지 못하였지만, 그가 창조한 인물들은 시간과 공간을 넘어 사람들의 마음을 움직이고 있다. 그러한 보편적인 인간상을 만들어 낸 데에 코르네유의 고전작가로서의 진면목이 있다.

코르네유가 형성한 비극의 형식을 장 라신(1639~1699년)은 새로 그리스에 그 원천을 둔 문학정신에 의하여 완성시켰다. 즉, 운명의 힘에 좌우되는 인간이라는 그리스 극의 테두리 속에서 정열의 어쩔 수 없는 전개를 자연스러움과 진실인 듯함에 의하여 그려냈다. 심리의 움직임에 따라 변화하는 언어의 음악미를 살리고 있는 라신의 천재성은 음악에서의 모짜르트를 연상시킨다고 일컬어진다.

그는 성직자가 되어야 할 터인데 결국 문학적 정열에 따라 라 퐁텐, 브왈로, 몰리에르 등과 친교를 맺고, 방종한 벗들과 쾌락적인 생활을 시작하였다. 그리하여 1664년부터 1665년까지 ≪테바이드≫(1664)와 ≪알렉상드르≫(1665) 두 작품을 썼는데, 초기의 작품은 별로 반향을 일으키지 못하였다. 그후 라신을 영광의 절정에 앉힌 것은 1667년의 ≪앙드로마크≫의 성공에 의해서였다. 이어 그는 ≪브리타니퀴스≫(1669), ≪베레니스≫(1670), ≪바쟈제≫(1672), ≪미트리다트≫(1674), ≪페드르≫(1677) 등의 걸작을 계속 발표하였다.

≪페드르≫는 라신이 자신을 가지고 쓴 작품이지만, 그의 성공에 질투를 느끼고 그에게 악의를 품은 사람들의 음모에 의하여 흥행적인 성공을 거두지는 못하였다. 그는 그러한 동업자들의 비열한 음모를 견디지 못하여 돌연 극단에서 물러나고 말았다. 그후 그는 한때 멀어졌던 포르르와이얄로 다시 접근하고, 루이 14세에 의하여 수사관에 임명되어 한 가정의 좋은 아버지로서 규칙적인 생활을 보냈다. 만년에 루이 14세의 총애를 받고 있던 맹트농 부인의 요청에 따라 상 시르 수도원—가난한 귀족의 자제를 가르치는 교육기관—의 소녀들을 위하여 종교극 ≪에스테르≫(1689), ≪아탈리≫(1691)를 썼는데, 이것도 격조

높은 문체로 씌어진 걸작이다.

라신의 작품에 등장하는 인물들의 비극성은 코르네유의 경우처럼 의지와 정열의 싸움이 아니라, 그 반대로 어떠한 의무도 명예도 그 앞에서는 무력한 것이 되어 버리는 맹목적인 정열이다. 코르네유의 작품에서 그 모습을 감추었던 고대의 숙명이 다시 나타난 것같이 보이기도 한다. 그러나 라신이 그리고 있는 인물이 지닌 숙명적인 것 같이 보이는 정열은, 고대의 그것처럼 외부의 힘에 의한 것이 아니라 역시 주인공 내부에 있는 것이다. 따라서 라신의 비극의 주인공은 한번 정열의 노예가 되면 자신의 경우를 극한까지 밀고 나간다. 그는 인간 심리의 미묘한 움직임을 있는 그대로의 모습으로 표현하고 있다. 이러한 라신의 특징을 ≪앙드로마크≫를 통해서 보기로 한다.

트로이가 함락되자 헥토르의 아내 앙드로마크는 아들 아스티낙스와 함께 에피로의 왕 피루스의 궁정에 사로잡힌 몸이 된다. 피루스는 이미 에르미온과 약혼하고 있었는데, 잡혀온 아름다운 앙드로마크를 깊이 사랑하게 된다. 그러나 앙드로마크는 그 사랑을 받아들이지 않는다. 그러는 가운데 그리스의 왕들은 사자를 보내 피루스에게 앙드로마크의 아들 아스티낙스를 넘겨 주기를 요구한다. 그런데 사자 오레스트는 피루스와 약혼한 에르미온을 은근히 사랑하고 있다. 오레스트는 피루스가 이 요구를 거절해야 자기가 사랑하고 있는 에르미온을 그리스로 데리고 갈 수가 있다고 생각하고, 겉으로는 아스티낙스를 요구하면서 실은 그것이 아니다. 피루스는 앙드로마크에게 아들, 아스티낙스의 신변에 위험이 다가온 것을 알리고 자기와 결혼한다고 약속해 주면 아스티낙스를 구해 주겠다고 말한다. 그러나 앙드로마크의 마음은 움직이지 않는다. 그리하여 피루스는 오레스트에게 아스티낙스를 넘겨 주고 자기는 에르미온과 결혼할 것을 약속하는데, 역시 마음 속으로는 앙드로마크를 사랑하고 있다. 거기에 앙드로마크가 나타나 에르미온에게 아스티낙스의 구명을 애원하지만 에르미온은 냉정하게 그것을 거절한다. 앙드로마크는 이번에는 피루스의 무릎에 매달려 아스티낙스의 목숨을 살려달라고 애원한다. 피루스는 결국 앙드로마크가 자기의 아내가 되어 주면 아들의 목숨을 살려 주겠다고 말한다. 드디어 앙드로마크는 피루스와 결혼하여 아들의 목숨을 구하고, 그후 곧 죽기로 결심한다. 그 사실을 안 에르미온은 전신을 질투와 증오로 불태우며 오레스트에게 피루스를 죽여달라고 한다. 오레스트는 결혼식 제단 앞에서 피루스를 죽인다. 오레스트가 피루스를 죽였다고 보고하자, 에르미온은 피루스를 향한 자기의 사랑이 모든 것을 초월할 만큼 강한 것을 느끼고, 오레스트에게 감사하기는커녕 이성을 잃고 누구의 명령으로 죽였느냐고 욕설을 퍼붓는다. 그리고 원한과 분노와 자포자기를 억제하지 못하여 피루스의 시체 위에서 자살해 버린다. 알 수 없는 여자의 마음과 사태의 급변에 실신한 오레스트는 이성과 시력을 잃고 산송장처럼 되고, 앙드로마크는 아들 아스티낙스를 안고 서 있다.

위의 줄거리만 읽어도 알 수 있듯이 라신의 비극의 인물은 우리들과 같이 모순과 약점을 가진 인간이다. 이 비극은 4각 관계로 진행되고 있다. 그리고 그 내용을 이루고 있는 것은 주인공들의 미묘한 심리의 교차다. 앙드로마크의 모성애가 강하게 움직이면 다른 세 사람은 각자의 관심에 따라 동요하고, 그 여자의 죽은 남편 헥토르에 대한 사모가 강하게 움직이면 다른 세 사람은 이번에는 반대쪽으로 동요한다. 코르네유의 경우는 비극을 만들어 내는 것이 의지와 정열의 싸움이며, 그 싸움이 치열하면 치열할수록, 바꾸어 말하여 정열이 의지하는 벽에 부딪치면 부딪칠수록 그 비극성은 높아진다. 그러나 라신의 경우에는 그러한 벽이 없어 정열은 주어진 방향으로 걷잡을 수 없이 흘러나간다. 이 벽이 없다는 것이 오히려 라신의 비극을 코르네유의 경우보다 더 삭막하게 하고 있다. 코르네유의 극이 끝난 후에는 그 벽에 부딪힘 때문에 정화된 하나의 세계가 남는데, 라신의 극에는 일체의 세계의 소멸, 인간적 폐허가 남을 뿐이다. ≪페드르≫의 경우에도 이러한 정열의 일향성과 대단원에서의 세계의 소멸은 마찬가지다.

프랑스 고전비극은 인간 내면 세계의 비극이며, 그 비극성을 만들어 내는 원인은 항상 인간 내부에 있다. 그런 의미에서 프랑스 고전극은 심리극이라고 말할 수 있는데, 몰리에르(1622~1673년)의 고전희극에 대해서도 똑 같은 이야기를 할 수 있다.

몰리에르가 나오기까지 프랑스 희극은 중세의 파르스를 기본으로 하여 만들어지고 있었다. 플레이아드에 의하여 고대의 순수 희극이 부활되기는 했지만, 이탈리아 희극, 중세의 파르스에 눌려 그것은 별로 성행하지 못하였다. 파르스는 언제나 똑같은 시튀아시옹을 보여 관객들의 저속한 웃음을 유발하였고, 이탈리아 희극은 어릿광대와 같은 정형의 인물을 등장시켜 관객을 웃기고 있었다. 따라서 희극의 세계에서도 사람을 웃기는 힘이 외부에 있었던 것이다. 코르네유는 비극을 쓰기 전에 많은 희극을 썼다. 그것도 시대의 풍속을 그대로 그린 풍속희극에 지나지 않았으며, 파르스와 이탈리아 희극에 비하여 다소 고급의 것이기는 하나 웃음의 원천을 외부, 즉 시튀아시옹에서 구하는 점에선 다름이 없었다. 그러나 몰리에르의 경우, 물론 파르스와 풍속희극이 없는 것은 아니지만, 그의 뛰어난 작품에서는 그렇지가 않았다.

몰리에르는 부친의 기대에 반하여 1643년 왕실 실내 장식업계 등의 권리를 동생에게 물려주고, 배우로 입신출세할 각오를 하여 베지르 댁(宅)의 형제들과 성명극단(盛名劇團)이라는 어머어마한 이름의 극단을 조직하였다. 그러나 일류 극장에 눌리어 관객이 모이지 않자, 재정난으로 일행은 곧 남불 등지로 순회공연을 떠나지 않으면 안되었다. 그리하여 10여 년 동안 지방 순회를 하면서 겪은 온갖 고생은 몰리에르의 희극작가로서의 재능을 싹트게 하고 길러 주었다. 중세의 파르스를 기본으로 하여 만든 10여 편의 1막 극과 이탈리아 희곡을 번안한 ≪얼간이≫(1655), ≪사랑의 원한≫(1656) 등 5막 운문의 초기 작품은 이 시기에 씌어진 것이다.

1658년에 드디어 파리로 돌아와 루이 14세 앞에서 ≪디코메드≫와 자작의 ≪연애하는 박사≫를 공연해 대성공을 거두고, 1659년에는 풍속희극의 걸작 ≪사이비 재원≫을 발표하여 극작가로서의 지위를 확고히 하였다. 그후 ≪아내의 학교≫(1662), ≪타르튀프≫(1644), ≪미장드로프≫(1666), ≪수전노≫(1668) 등 많은 걸작을 계속 발표하였다.

특히 ≪아내의 학교≫는 중세의 독신 남자 아르놀프가 그 나이에 어울리지 않게 젊은 아가씨 아녜와 결혼하려고 하다가 결국은 아녜에게 속아 광란한다는 내용으로, ≪남편의 학교≫와 함께 여성 혹은 아내의 교육은 어떻게 하여야 하는지에 대한 사회 문제를 다룬 것으로, 몰리에르의 성격희극으로서 최초의 걸작이다. 이 작품의 대성공에 의하여 몰리에르는 극시인이라는 자격으로 국왕의 연금을 받게 되었다. 그러나 이 작품은 여성에게 인간다운 교육을 시키기를 그리 탐탁하게 여기지 않던 당시의 시민들을 비꼰 것으로 생각되어 일반의 반발을 샀고, 게다가 그의 성공을 질투하는 극작가와 비평가의 반감을 샀다.

몰리에르는 자기에게 가해질 공격을 미리 예감하고 ≪아내의 학교 비평≫(1663)이란 1막 극을 써서, ① 희극은 비극에 비하여 결코 뒤떨어지지 않는 장르라는 것을 강조하여 희극에 대한 일반 사람들의 생각을 바로잡음과 동시에 희극 수준을 높였고, ② 모든 규칙 가운데 가장 소중한 규칙은 관객을 기쁘게 하는 것이며, 극의 움직임은 외부적인 것만이 아니라 심리적인 것도 있다는 것을 주장하여 규칙과 움직임에 대한 그의 연극관을 밝혔다.

몰리에르의 희극이 늘 사람을 웃기는 것은, 인물의 성격이나 타입이 극단적이거나 반자연성을 나타내고 있기 때문이다. 위에서 간단히 설명한 ≪아내의 학교≫를 예로 들면 아르놀프라는 인물이 딸과 같은 아녜를 사랑하고,

그 소녀를 자기 아내로 만들기 위하여 소녀에서 젊은 여자로 자연스럽게 성장해 나가는 자발성을 구속하려고 하는 망집이 그려져 있는데, 이 반자연성이 바로 몰리에르의 희극성이 되고 있다. 그러면 보편적인 위선자 타입을 창조하고 있는 몰리에르의 희극 중의 걸작 ≪타르튀프≫를 보기로 한다.

파리의 부유한 시민인 오르 공은 프롱드 난 때 국왕을 위하여 싸운 용기와 분별이 있는 사람인데, 이제는 어떤 망집에 사로잡혀 분별을 잃고 타르튀프라는 한푼 없는 사나이를 덕을 갖춘 성자로 생각하여 자기 집에 드나들게 하고 있다. 오르 공과 그의 어머니 페넬르 부인을 제외하고 아들 다미와 딸 마리안느, 그리고 미모의 후처 엘미르, 하녀 도린느는 타르튀프가 위선자며 진실한 신앙의 미덕을 가진 자가 아니라는 것을 알고 있다. 오르 공은 젊은이들에게 야단을 치고, 가정의 평화는 깨어지고 있었다. 게다가 딸 마리안느와 발레르의 교제를 이미 허락하고 있었음에도 불구하고 결혼을 금하고 그녀를 타르튀프에게 주려고 한다. 얌전한 마리안느는 아버지에게 반항하지 않으면 안 되는 고통 때문에 오히려 발레르와 다투게 되는데, 그것을 하녀 도린느가 진정시켜 준다. 아들 다미는 동생 마리안느와 타르튀프의 결혼을 인정할 수가 없어 계모이지만 친절한 엘미르에게 부탁하여 마리안느와의 결혼을 단념하도록 타르튀프에게 이야기해 달라고 호소한다. 엘미르는 그 때문에 타르튀프를 만나러 가는데, 타르튀프는 위선자의 본성을 드러내어 "아! 독신가라고 하여 인간이 아니라는 법은 없습니다" 등 신비스러운 말로 아름다운 유부녀 엘미르를 유혹하려 든다. 엘미르는 물론 그것을 거부하고 마리안느와 발레르의 결혼을 돕는다면 이 이야기를 남편에게 하지 않겠다고 약속한다. 그 장면을 보고 화가 난 다미가 타르튀프의 면전에서 그 사실을 아버지에게 알린다. 그러나 "그렇소, 형제여! 저는 악인입니다. 저의 생활의 어느 순간도 더럽혀져 있습니다." 라고 역습하는 타르튀프의 겸허한 태도에 감격한 오르 공은 아들 다미가 오히려 악인이라고 하여 내쫓아 버리고, 타르튀프에게 전재산을 주기로 결정하여 마리안느와의 결혼을 서두른다. 마리안느는 수녀원에 들어가기로 결심한다. 급해진 엘미르는 남편에게 부탁하여 테이블 밑에 숨게 하고 타르튀프를 불러 그의 사랑에 응할 듯이 보인다. 그러자 그는 예의 감언이설로 엘미르에게 사랑을 속삭인다. 이 광경을 보고 있던 오르 공이 뛰어나와 타르튀프를 쫓아내려고 한다. 그러나 본성을 드러낸 타르튀프는 증여증서를 구실로 집달리를 불러 오히려 자기 집이라고 우겨대고, 게다가 오르 공의 서랍에서 음모의 비밀문서를 발견하였다고 헌병을 부른다. 그러나 헌병이 체포한 것은 오르 공이 아니라 타르튀프다. 왕은 오르공의 충성을 알고 있었고 타르튀프는 당국이 수사하고 있던 죄인이었기 때문이다. 그리하여 마리안느와 발레르의 결혼.

독자나 관객은 오르 공이란 호인물에 대해서도 웃음을 터뜨리지만, 동시에 타르튀프의 위선이 벗겨져 가는 과정에서 몰리에르의 위선 비판과 성직 비판을 보고 쾌감을 느낀다. 따라서 사람들을 웃기면서도 그들의 시선을 인간성의 왜곡에 못박게 하고, 악의 소재를 지적하여 그것을 비판하게 하면서 그들을 가르친다는 데에 몰리에르 희극의 진수가 있다.

라신의 인물의 비극성이 정열에 사로잡혀 파국이 올 때까지 그 정열에 끌려가는 일향성에 있었고다고 한다면,

몰리에르의 인물의 희극성도, 인간성의 왜곡 내지는 약점을 지니고 있으면서 그것을 의심하지 않고 관객에게 비판과 반성을 맡긴 채 종국까지 나아가는 그 일향성에 있었다고 할 것이다.

시론과 우화시

니콜라스 브왈로(1636~1711년)는 ≪시론≫에서 클라시시즘의 문예이론으로써 프랑스뿐 아니라 영국 등 유럽 여러 나라에 적지 않은 영향을 끼친 시인이다. 그 규칙에 의하여 문예작품을 재단하는 도그머 비평을 대두시킨 창시자임에는 틀림없으나, 그의 업적의 독창성과 문학 사상에서의 역할에 대한 평가는 사람에 따라서 그 의견이 반드시 일치하고 있지는 않다.

그는 파리의 시민 법률가의 아들로 태어나 신학을 공부하였으나 문학에 더 마음이 끌려, 라신, 몰리에르와 사귀며 평온무사한 시민 생활을 보냈다. 그 역시 위대한 예술가적 소질을 가지고 있었으나 고전주의 개화기의 라신, 몰리에르, 라 퐁텐에 비하면 평범한 시인에 지나지 않았다. 그러나 브왈로만큼 진정으로 문학을 사랑하고, 시를 즐겼던 작가는 달리 없었다.

그의 작품에는 ≪풍자시≫(1660~1705년), ≪서간시집≫(1665~1695년), ≪보면대≫(1672~1683년) 등이 있는데, 특히 중요한 의미를 가지고 있는 것은 ≪시론≫(1674)이다.

이 ≪시론≫에는 위에서 이미 설명한 고전주의의 문학 정신이 잘 요약되어 있다. 그 밑바닥에 깔려 있는 원리는 역시 이성의 존중과 자연의 모방이다. 프랑스의 시에 이성이 되살아난 것은 말레르브에 의해서였다. 여기서 말하는 이성이란 데카르트 철학의 출발점이었던 '올바르게 판단하고, 진실과 허위를 분별하는 능력'인 양식이다. ≪시론≫ 제1의 시 37~38행에서 브왈로는, "그러기에, 작품은 항상 그 빛과 값을 이성에서만 빌려오도록 이성을 사랑하라."고 이성의 존중을 역설하고 있다. 그리고 이성을 만족시키는 것은 진실이며 "진실인 듯한 것 이외에 미는 없다."는 것이다. 그런데 이 진실인 듯한 것이란 자연스러움이란 것도 된다. 따라서 그는 자연의 모방을 최고의 법칙으로 세우고 있다. "그러기에 자연이 우리들이 배울 유일한 것이 되도록……"

이 자연의 모방이란 고대의 모방에 지나지 않는다. 고대의 문학 작품에 있는 자연스러움, 그 자연스러움이 빚어내는 진실, 혹은 미를 본보기로 하여 작품을 쓰라는 말이다.

그러나 여기서 중요한 것은 고대 작가를 본보기로 하여 진실만을 미로 생각하고 식별하는 것이 이성이라고 하는 인상이 후세에 주어졌지만, 브왈로에 의하면 이성 그 자체는 시적 능력이 아니라는 것이다. 좋은 규칙의 적용에서만 좋은 시가 나온다고 생각한 것은 아니다. 그는 "만약 태어나면서 저 별이 그를 시인으로 만들지 않았다면 그에게는 시신도 귀를 기울이지 않는다."라고 ≪시론≫의 첫

머리에서 말하고 있다.

어쨌든, 그러한 원리에 입각해 그는 '사람을 기쁘게 하고 사람을 감동시키는 것'이 이성적 비극의 이상이라고 주장하며, '다만 한 장소에서, 단 하루 동안, 그저 한 사건이 일어나게' 해야 한다는 극에서의 3일치의 법칙을 말하는 등 고전주의의 문학 이론을 집대성한 공로자였다.

한편, 프랑스의 소년 소녀들의 인기를 독차지하고 있는 ≪파블르(우화집)≫의 작가가 왜 시인일까? 거기에는 많은 지혜가 담겨져 있기 때문이라고 하면 그 답은 반밖에 되지 않는다. 문제는 그 표현력에 있는 것이다. '백막으로 된 대희극'이라고 작자 자신이 명명하고 있는 이 ≪파블르≫는 우스꽝스러움에서 슬픔에 이르기까지의 모든 요소가 가득 차 있다. 고전주의가 이상으로 하는 자연스러움이 보편적 인간성의 표현이라는 데 있다면, 동물을 주인공으로 하는 세계는 인간 생활 세부가 없는 만큼 고전적 표현의 절호의 장소일지도 모른다. 어쨌든 라 퐁텐(1621~1695년)은 몰리에르가 희극의 형식으로 한 것과 똑 같은 일을 우화시라는 형식을 빌려 실현하였다.

샹파뉴 지방 샤토 티에리의 부유한 삼림 감독관의 아들로 태어난 라 퐁텐은, 공립 중학교에서 라틴 어를 공부하고 파리로 올라와 1년 이상 오라트와르 교회에 속한 신학교에 재학하였다. 그러나 주로 오노레 뒤르페의 ≪아스트레≫ 등의 문학서밖에 읽지 않았고, 곧 법률로 전향하여 변호사 자격을 얻었으나 그 길도 마음에 들지 않아 오로지 문예에만 전념하였다. 1644년 23세 때, 고향으로 돌아와 결혼을 하고 부친의 뒤를 이어 삼림 감독관 직업을 갖기는 하였으나, 여기저기 돌아다녀서 상사에게 힐난을 당하며 13년간 보냈다.

14세에 그에게로 시집 온 그의 아내도 살림살이보다는 책을 더 좋아하였다고 하니 그들 부부는 책만 읽고 있었던 셈이다. 그래서인지는 모르지만 그들은 아들 하나를 낳고 이혼하고 말았다.

1657년 36세 때 그는 재무대신 푸케의 신임을 받고 그가 보호하는 문학자의 한 사람이 되어 안락한 생활을 보내고 있었는데, 그가 실각한 후 한때 불우하기도 하였다. 그러나 이번에는 사블리에르 부인이라는 돈 많고 교양 있는 미망인의 보호를 받아 즐거운 생활을 보내게 되었다. 그는 어떤 의무나 도덕이나 예의에도 무관심하고, 직무도 처자도 돌보지 않는 에고이스트였다. 그러나 이 에고이즘은 그의 천진하고 자연스러운 본성의 발로였던 까닭에 그와 같은 소박하고 아름다운 시가 나왔던 것이다.

라 퐁텐의 많은 작품 가운데 특히 사랑의 여신 비너스와 아도니스의 비련을 노래한 ≪아도니스≫(1658)와 ≪파블르≫(1668~1694년)가 걸작이다. 전 2권 239화로 되어 있는 ≪파블르≫는 매미와 거미, 까마귀와 여우, 늑대와 염소 등 누구나 다 알고 있는 교훈 이외에, 인도나 동양의 이야기에서 그 소재를 구하고 거기에다 작자의 주관을 섞어 그것을 서정적 시구로 읊어 놓았다.

그 예를 다음의 까마귀와 여우에서 보기로 한다.

까마귀님, 나뭇가지에 앉아 주둥이에 문 것은 치즈 하나,
여우님, 맛있는 냄새에 끌려와
까마귀를 향하여 우선 이렇게,
"여보, 안녕하시오, 까마귀님,
참 멋있군요! 정말 반할 만하군!
거짓말 아니오. 당신의 노랫소리 그 옷에 어울리기만 하면,
당신은 숲에 사는 짐승들의 봉황."
칭찬받은 까마귀 좋아라 자기를 잊어,
아름다운 목소리 들려주려고 커다란 입을 열고 먹이를 떨어뜨려.
여우는 덤벼들어 물어 올리곤
"마음 착한 까마귀님, 아셔야 하오.
추종자란 놈, 그걸 받아 주는 이를 먹이로 삼소.
이 교훈에 치즈 하나 값은 충분하지요?"
까마귀는 부끄럽고 면목이 없어
다시는 속지 말자 하였으나, 그만.

 이 장르는 끝에 교훈이 따르지만 그것보다 중요한 것은 거기에 이르기까지의 극적인 전개와 시적 표현이다. 교훈적 면을 중요시한 루소는 시정을 사랑하면서도 어린이들에게 이해될 수 없는 것이므로 무의미하다고 비난하였다. 그러나 그러한 견해는 잘못이다. 각 행의 음절 수를 갖추지 않는 변화운(變化韻)을 창시하고, 동물들의 자유로운 의인화 동작의 간결하고 객관적인 표현, 그리고 미묘한 심리 묘사가 부드러운 시구에 담겨있다. 위에 든 시에, 칭찬을 받고 아름다운 목소리를 들려주려고 까마귀가 '커다란 입을 열고 먹이를 떨어뜨려'라는 시구를 루소는, 열린 커다란 주둥이가 보이고 치즈가 떨어지는 소리가 들린

다고 칭찬한다.

'치즈가 떨어진다'라고 하지 않고 마치 일부러 떨어뜨린 것처럼 우스꽝스러움이 드러나고 있다. 우스꽝스러움에서 측은한 것, 비극적인 것에 이르기까지의 다양성이 ≪파블르≫의 특징이다.

그리고, 자연의 관찰자 라 퐁텐은 동물 하나하나의 특성을 잘 파악하여 그 하나하나에게 각각 인간이 갖는 정열 하나하나를 부여하고 있다. 즉, 사자에게는 오만을, 여우에게는 꾀를, 당나귀에게는 어리석음을, 토끼에게는 경솔함을 부여하고 있다. 따라서 라 퐁텐이 그리는 동물 세계는 그대로 이해관계에 따라 움직이는 인간 세계의 축도를 보여 준 것이었다.

그리고 다음에 설명하게 되겠지만 그것은 모럴리스트들이 그리는 인간관과 사회관과 직결하는 것이다.

모럴리스트의 문학

몽테뉴를 이야기할 때 간단히 모럴리스트의 문학에 대한 정의를 내린 것으로 기억하고 있는데, 여기서 좀더 자세히 검토해 보기로 한다.

모럴리스트라고 불리는 사람들은 인간이란 것에 특별한 관심을 기울여 언제나 그것을 관찰의 대상으로 하며, 그 관찰에서 인간에 관한 어떤 초상을 그려내거나 그 내부의 복잡한 움직임을 일게 하는 것이 무엇인지를 찾아내고, 그 시대의 사람들에게 생활의 규범과 행동의 기준을 주려고 한다. 16세기에는 몽테뉴가 그랬고, 지금 문제삼고 있는 17세기에서는 파스칼, 라 로슈푸코, 라 브뤼예르가 그랬고, 또한 18세기로 들어가서는 보브나르그가 그랬다.

모럴리스트라고 하면 프랑스 문학의 특징을 말할 때 이미 언급한 것처럼, 프랑스 문학자는 무엇보다도 먼저 인간과 인간의 내부를 그리고 있는데, 그것은 그들이 인간의 삶이란 것에 특별한 관심을 갖고 인간이라고 하는 이 정체불명의 괴물을 파악하고자 하는 욕구에서 나온 것이다.

그러한 의미에서는 프랑스 문학자는 전부 모럴리스트라고 말할 수 있다. 그러나 그것은 모럴리스트라는 말을 넓은 의미에서 본 경우에 지나지 않는다.

따라서 모럴리스트 문학이란 프랑스 사람의 심리적 관찰 습관과 모랄에 대한 관심, 구체적인 인간의 성정(性情)을 알려고 하는 독특한 국민적 기질이 만들어 낸 작가군의 문학이다.

그러므로 예술과 상상력과 정열의 이탈리아 문학, 감수성과 시의 영문학, 몽상과 형이상학의 독문학에 비하여 인간의 연구를 주제로 하는 문학이라는 점에 프랑스 문학의 정신이 있다면, 그 정신을 확실히 부각시켜 주는 문학자가 즉 모럴리스트인 것이다.

라 로슈푸코(1613~1680년)는 대귀족의 명문에서 태어났다. 16세 때 궁정 생활로 들어갔는데, 그때 리셜리외 추기경이 귀족의 권력을 억압하려고 한 까닭에 그는 이에 대항하여 슈브뤼즈 공작 부인 등과 함께 '반 리셜리외' 음모에 가담하였다. 그리고 프롱드 난이 일어났을 때는 애인 롱드빌르 공작 부인과 함께 반 마자렝의 투사로서 활약하였다. 그러나 1652년 파리 교외의 전투에서 얼굴에 총탄을 맞고 부상을 입어, 모든 것을 단념하고 진정으로 그를 아껴 주는 소수의 사람들, 즉 사블레 부인, 세비녜 부인, 라 파이에트 부인 들의 따뜻한 우정을 받으며 오로지 한담과 독서와 창작으로 그날그날을 보냈다.

그 당시 사블레 부인의 살롱에는 많은 문예 애호가들이 모여 여러 가지 한담을 하고, 그것이 끝나면 그날 이야기한 문제를 압축하여 촌평식으로 격언을 만들어 내는 습관이 있었다. 라 로슈푸코는 그것을 의식적으로 시도하였는지, 혹은 그의 취미가 살롱에 그러한 분위기를 조성하였는지 알 수 없지만, 그의 ≪격언집≫(1665~1678년)이 그 살롱에 출입한 사람들의 협력으로 만들어진 것만은 사실이다. 그것은 한마디로 말하여, 사회의 통념에 반한 역설적인 인간관으로 구성되어 있다. 즉, 라 로슈푸코의 염세관 말이다.

"자존심이란 어떤 추종자도 감출 수 없는 현저한 것이다."라고 하여 세상에는 순수한 의미에서 사랑이나 미덕은 없는 것이며, 그 밑바닥에는 반드시 자존심이라는 이기심이 깔려 있다고 지적하고, "미덕이란, 강이 바닷속으로 사라지듯이 이해타산 속으로 사라지는 것이다."라고 말하고 있다.

따라서 라 로슈푸코는 인간의 모든 행위는 자존심 내지는 허영심과 이기심, 혹은 이해타산에서 나온다고 한다.

이 인간 본성에 대한 멸시는 몽테뉴보다는 오히려 파스칼에 가깝다. 18세기에 들어 이러한 인간의 성악사상은 점점 변하여 루소는 인간의 성선사상을 역설하는데, ≪격언집≫에 나타난 라 로슈푸코의 그리스도교적 성악 관념은 바로 그 반대의 극을 이루고 있는 것이다.

라 브뤼예르(1645~1696년)는 파리의 연금 감사관의 아들로 태어나서 가난한 소년 시절을 보냈으나 그 생활은 파리 소년답게 활달하고 풍자에 찬 것이었다. 그리스・라틴 어를 배우고 익혔을 뿐만 아니라, 그 당시로서는 드물게 독일 어에도 능하였다. 20세 때 오를리앙 대학에 논문을 제출하여 법학사의 학위를 받아 부친의 사망 후 파리 최고법원의 변호사가 되었으나, 원래 고독을 좋아한 그는 별로 법정에 서지 않았다. 1673년 백부의 유산으로 캥시 재무부 출납관의 직위를 사서 수입의 길을 열고, 1686년까지 파리를 떠나지 않은 시정의 서재인으로서 독서와 사색과 한담을 하며 생활하였다. 만년에는 보쉬에의 소개로 콩데 공의 손자 부르봉 콩데 공의 사부(1684~1687년)가 되었고, 그후에도 오랫동안 시종의 자격으로 콩데 가의 도서계를 맡아 귀족들의 생활과 그 생리를 몸소 보고 느끼는 체험을 하였다.

라 로슈푸코가 반평생의 괴로운 경험을 토대로 궁정인과 살롱 사람들을 관찰하여 그 격언을 도야한 것처럼, 라 브뤼예르도 그가 지닌 날카로운 통찰력으로 파리의 시민들과 궁정인들을 관찰하여 그것을 초상으로 만들고 ≪레 카라테르≫(1688~1696년)에 담았다. 포르트래란, 격언과 마찬가지로 살롱에서 유행한 일종의 문학 장르이며, 인간을 외부에서 포착하여 간결하고 명쾌하게 표현하는 데 그 특색이 있는 것이다.

≪레 카라테르≫의 정확한 표제는 ≪그리스 어에서 옮긴 테오프라스트의 성격론, 부록, 현대인의 성격론 및 풍속론≫이다.

≪레 카라테르≫는 라 로슈푸코 이후의 격언 형식을 빌리고 있기는 하지만, 라 브뤼예르는 인간의 내면보다는 오히려 그 외면의 움직임을 사실적으로 생생하게 그리고 있다. 그리고 그는 개인적 도덕에 관한 문제만을 다루지 않고, 그 당시의 사회를 좀먹고 있는 병폐를 대담하게 파헤치는 데 관심을 모으고 민중의 비참함에 대하여 깊은 동정을 하고 있었다. 게다가 "나는 민중으로 있고 싶다." 라고 하여 귀족이든 평민이든 그리 큰 문제가 아니라는 결론을 내리고, 특권과 금력에 의해서가 아니라 지성과 덕에 의하여 질서가 잡힌 사회를 바라고 있었다. 이 모럴리스트에게는 벌써 18세기적인 꿈이 있었고, 그 문체도 이미 정확함과 광채를 구하는 18세기적인 것에 속해 있었다.

심리소설과 서간문학

소귀족의 딸로 파리에서 태어난 마들렌 필로쉬드 라 베르뉴는 1655년에 프랑수아 드 라파예트 백작과 결혼하였다고 하는데, 그녀의 전기는 확실하지 않으며 추리에 의

한 부분이 많다. 그녀는 필립 도를레앙 공비의 시녀였다고는 하지만, 궁정을 비교적 멀리하고 있던 그 시대의 명사 스그래, 미래의 맹트농 부인, 세비녜 부인, 레츠 추기경, 라 로슈푸코와 친교를 맺고 있었다.

특히 라 로슈푸코와는 결혼 직후부터 깊은 애정으로 맺어져 그의 죽음까지 25년간에 걸친 사교계 공인의 관계였다. 그리고 그의 페시미즘이 부인의 영향으로 누그러졌다고 할 정도였다. 그녀는 위엄이 있고 엄격한 여성이었으나 자기 자신과 타인의 존경을 일게 하는 고귀한 품위를 가지고 있었다.

《몽팡시에 공작 부인》(1662)·《자이드》(1670)·《클레브 공작 부인》 등의 작품이 있는데, 특히 《클레브 공작 부인》 1편에 의하여 문학사상에 그 이름을 남기게 된 것이다.

앙리 2세의 궁정에 출입하고 있는 사르트르 양은 그 미모로 소문이 대단하여 그 여자를 보자마자 젊은 클레브 공작은 반하고 만다. 그녀는 그에게 별로 사랑을 느끼진 않았으나 모친의 권유로 클레브 공작과 결혼을 한다. 공작이 점잖고 친절한 귀공자인 까닭에 부인은 마음 속으로 존경은 하지만 사랑하지는 않는다. 그러는 중에 오랫동안 궁정에 나타나지 않던 느무르 공이 외국에서 돌아와 무도회 석상에서 공작 부인을 만난다. 처음부터 부인의 마음 속에는 느무르 공의 인상이 박혀지는데 부인은 그것을 의식하지 못한다.

어느 날 기마시합에 나간 느무르 공이 낙마하여 상처를 입는다. 그때 자기도 모르는 사이에 부인은 그의 간호를 하게 된다.

그것이 부인에게 사랑을 하고 있다는 것을 의식하게 한다. 궁정 안에서 어떤 사랑의 간계(奸計)가 있었는데, 잘못하여 공작 부인과 느무르 공이 거기에 말려든다. 그때 부인이 본 편지에는 그에게 연인이 있는 것처럼 씌어져 있다. 그 쪽지를 읽은 부인은 괴로운 질투의 감정에 사로잡혀 자기가 느무르 공을 분명히 사랑하고 있다는 사실을 알게 된다. 그때부터 부인의 마음 속에서는 느무르 공에 대한 생각이 점점 더 커가기만 하였으나, 집안도 집안이려니와 높은 교양을 가진 부인으로서 그런 기미를 조금도 밖으론 나타내지 않는다. 자기는 의무밖에 느끼지 않고 추호도 사랑하고 있지 않지만 마치 연인을 사랑하듯이 사랑해 주는 남편, 자기의 사랑에 못지않는 깊은 사랑을 기울이며 괴로워하는 연인, 그 연인의 사랑을 느끼면 느낄수록 사랑을 감추는 자기.

공작 부인은 그러한 딜레마에 빠져 어느 날 드디어 마음의 비밀을 남편에게 고백해 버린다. 공작 부인은 이 고백으로 다소 마음이 가벼워졌으나 반대로 공작은 여간 고통받지 않는다. 그리하여 그 마음의 고통이 원인이 되어 죽게 되는데, 임종시에 공작은 부인에게 말한다.

"당신의 자유로 되는 것이었다면, 다른 사람에게 갖는 그러한 감정을 내게도 가져 주었던들 그것은 얼마나 다행한 일이었을까."라고. 그후 공작 부인은 느무르 공의 절실한 희망에도 불구하고 결혼을 거절하고, "클레브 씨에 대한 생각을 하고 느끼는 감정도 제 자신의 편안한 생활을 생각하는 것이 아니라면 그렇게 강한 것이 아닐지도 모릅니다." 라고 말하며 마지막까지 육체적 순결을 지킨다.

그러나 결혼 생활에서 남편에게 최후까지 정열을 기울이게 하는 비결은 '소유를 넘어 무언가 기대하는 여지를 남긴다는 것'인데 남편이 자기에게 그러지 못하였던 것은 '제 마음 속에서 그것을 발견하지 못하였기 때문'이라고 그 여자는 고백한다. 그리하여 그 여자는 수도원으로 들어가 끝까지 느무르 공작의 방문을 거절하고 외로이 죽는다.

라 파예트 부인은 그전의 두 작품도 그러하였듯이, 이 작품에서도 기혼 남녀의 사랑을 테마로 하고 있다. ≪아스트레≫를 전후하여 유행했던 감정소설이 주로 미혼 남녀의 사랑을 그리고 있는 데 반하여 이것은 큰 변화이다. 그리고 그 뒷받침이 되고 있는 사회의 변화라는 것도 생각할 수 있다.

그리고 작자는 남편에 대한 정열과 의무에 대해서도 여자로서의, 아내로서의 이기심의 그림자를 날카롭게 의식하고 있다. 그것은 작자가 라 로슈푸코의 친구로서 꼭 알맞는 사람이었다는 것을 생각하게 하며, 자기 분석의 결과를 솔직하게 연인에게 고백하는 클레브 부인의 태도에서도 작자의 인품을 엿볼 수 있다. 어쨌든 이 작품은 고전주의의 문학 가운데 가장 뛰어난 소설이며 프랑스 심리소설 최초의 걸작이라고 할 수 있다.

14세기 이래의 무용(武勇)으로 이름 높은 부르고뉴의 오랜 명문의 아버지와, 1대에 거부가 된 평민 집안의 어머니 사이에서 태어난 마리 드 다뷰텡 상탈은 일찍 그 부모를 잃었다. 외가에서 즐거운 소녀 시절을 보내며 라틴어·이탈리아 어·스페인 어를 공부했다. 18세 때 세비네 후작과 결혼하여 세비네 부인(1626~1696년)이 된 그녀는 1남 1녀를 낳았으나, 부친이 결투의 상대자를 죽이고 한때 망명했던 것과는 반대로, 남편은 그녀가 25세 때 다른 여자 때문에 결투를 하다 죽었다. 도박과 바람을 피운 이 사나이는 실은 후작도, 아무것도 아니었다. 후세 사람들이 오랫동안 믿어 온 후작 부인이란 칭호는 의례적인 호칭에 지나지 않았다.

건강하고 발랄한 그녀도 남자에게는 싫증을 느껴, 재무대신 푸케 등 많은 유혹의 손을 뿌리치고 오로지 자제의 교육에서 위안을 얻으며 궁정과 랑부예 후작 부인의 살롱에서 여류 명사가 되었고, 정치와 문학에는 손을 대지 않았다. 역시 바람둥이인 아들에게 남모르는 애정을 쏟기는 하였으나 특히 딸을 사랑하였다. 1669년에 딸이 그리냥 백작과 결혼하여 1671년 남편의 임지 프로방스로 떠났기 때문에, 세비녜 부인은 25년간—실제의 이별은 8년간—계속 딸에게 편지를 써보냈는데, 그것이 1655년 이후 다른 사람들에게 보낸 편지와 함께 1천5백 통이 넘는 ≪서간집≫(1671~1696년)이 되었다.

1673년 10월 5일의 편지는 다시 만난 딸과 헤어진 그 날에 쓰어진 것인데,

"마음도 공상도 너의 생각으로 가득 차 있다. 눈물 없이는 너를 생각할 수가 없구나. 너만을 생각하고 있는 셈이다."
라고 한 애정의 표현이 마지막에는,

"한 마디로 말하면, 애야! 나는 너만을 위하여 살고 있는 것이다. 언젠가 하나님이, 내가 너를 사랑하는 것처럼 하나님을 사랑하도록 해주신다면 얼마나 좋겠느냐!"
라고 그 어조를 높이고 있다. 어쨌든 세비녜 부인의 이

≪서간집≫은 지성과 애정과 상상력에 찬 어머니의 기록이며, 동시에 17세기 후반의 뛰어난 연대기다.

위기의식과 자유정신

1685년이란 해는 앞으로 올 오랜 위기를 예고한 해고, 그 의식이 싹튼 해였다. 루이 14세는 앙리 4세가 신교도에게 종교의 자유를 주었던 1598년의 낭트 칙령을 폐지하여 종교 통일 정책을 취하고 카톨릭교를 전국민에게 강요함으로써 절대군주제의 강화를 꾀하였다. 그러나 그 절대군주제를 중심으로 하는 국가의 세력을 유지하고 확대하기 위해 역시 절대군주제와 근대국가 제도를 갖추기 시작한 유럽 각국과 끊임없는 전쟁을 한 결과, 국민 전체의 희생이 결코 적지 않았다. 국가의 지출과 수입의 균형이 깨져 한때 그 권력을 자랑하던 루이 14세의 절대군주권이 점점 흔들리기 시작하였다.

게다가 국왕 및 귀족들의 사치와 방탕, 종교상의 대립, 왕권과 법왕권의 싸움으로 질서 안정은 서서히 무너지고 국민의 궁핍은 나날이 격심하여져, 결국 사회의 불안이 17세기 말엽을 짙게 물들이기 시작하였다.

17세기 말엽의 이러한 사회적 불안의 시대에 이르러 데카르트의 철학이 침투하여 그의 합리주의 사상과 방법은 종교나 정치에 적용되어 과학의 발달과 함께 자유 정신의 대두를 촉진시키는 힘이 되었다. 그리하여 몽테뉴에서 비롯한 자유사상은 왕권이 흔들리고 사회가 불안해진

이 시기에 드디어 머리를 들고 종교에 대한 비판으로 그 모습을 나타내었다.

피에르 베일(1647~1706년)은 유명한 ≪역사적 비평적 사전≫(1697)에서 스콜라 철학에 대한 신뢰를 무너뜨리고 무신론자가 만드는 사회의 존재가 가능하다는 것을 역설하였다. 베르나르 드 퐁트넬(1657~1757년)은 ≪신화의 역사≫(1687)에서 신화의 허망함을 부르짖고, 다음 세기를 지배하게 될 철학적·반종교적 정신을 조금도 주저하지 않고 투철하게 설명하고 있다.

이 시기의 문학적 사건으로 유명한 것은 문학사상에 남아 있는 신구 논쟁이다. 고전주의 시대의 문학은 고대 문학에 대한 예찬과 고대 정신의 부활과 개화를 이루었으나, 위에서 말한 바와 같이 사회적 상황에서는 그 반동이 마땅히 일어나지 않을 수 없었다.

그 반동이 표면에 나타난 것이 신구 논쟁인데, 그것은 고대인—그리스·로마 인—과 근대인—주로 17세기 유럽 내지는 프랑스—중에 어느 쪽이 우월한지를 갑론을박한 사건이다. 일견 우스꽝스러운 사건이기는 하지만 17세기에서 18세기로 넘어가는 과도기의 프랑스 문학을 배경으로 한 전통과 진보의 문제를 내포하고 있으며, 문학 사조에서도 중요한 의미를 지니고 있다.

1687년 1월 27일 아카데미 프랑세즈에서, 중환에 걸린 루이 14세의 완쾌를 축하하는 〈루이 대제의 세기〉란 시를 샤를 페로(1628~1703년)가 낭독하였다. 물론 이 긴 시는 루이 14세에 대한 예찬이 목적이었으나, 페로는 루이 14세를 예찬한 나머지 루이 대제의 시대는 로마의 아우구스투스 대제(AD 63~BC 14년)의 시대보다 뛰어나고, 라 퐁텐을 비롯한 17세기의 시인들은 로마의 시인들보다 훨씬 뛰어났다고 말하였다. 그런데 페로에게 칭찬을 받은 고전주의 대작가들은 브왈로의 이론을 존중하고 고대를 모범으로 하여 작품을 쓴 사람들이었기 때문에 페로는 자기의 의견에 반대하는 사람들을 칭찬하는 결과가 되었으며, 칭찬을 받은 사람들도 칭찬받고 화를 내는 기묘한 결과가 되었다. 그 자리에 있던 브왈로는 화를 내고 낭독이 끝나기도 전에 "아카데미의 수치다!"라고 외쳤다고 한다. 그는 그후 페로를 공격하는 풍자시와 논문을 써서 근대인의 우월성을 주장하는 천박함과 배은망덕을 나무랐으나, 파스칼·코르네유·라신·몰리에르·라 퐁텐·라 브뤼예르 등 그 당시 뛰어난 작가가 많이 나와 있는 이상 근대인의 열등성을 주장하는 근거는 극히 희박하였다.

브왈로와 페로의 신구 논쟁은 한없이 계속될 듯한 기세를 보였으나 1694년 말 경에 앙트완느 아르노(1612~1694년)의 조정으로 화해하였고, 결국 브왈로도 17세기는 그 어느 시대에 비해서도 우월하다는 것을 인정하였다.

신구 논쟁은 18세기에 이르러 또 재연되는데, 어쨌든 근대파가 논거로 한 진보의 관념은 18세기를 지배한 관념이며, 그 전조(前兆)가 이미 예의 논쟁에 나타나고 있었다.

계몽의 횃불

계몽의 빛과 카르테지아니즘

편의상 18세기를 계몽주의 시대라 하고 그 문학을 계몽주의 시대의 문학이라 부르고 있으나 프랑스는 그 본고장임에도 불구하고 영어나 독일어와 달리 계몽주의라는 말이 없다. 편의적으로라도 18세기의 문학은, 17세기의 문학에 씌어진 고전주의와 같은 세기 전체를 총칭하는 형용어를 가지고 있지 않다. 보통 18세기를 시에클르 데 뤼미에르—계몽의 세기, 계몽시대—라고 부르거나 시에클르 드 라 필로조피—철학의 세기—라고 부른다. 그것은 뒤에서 설명하는 바와 같이 18세기 중엽부터 약 30년간에 개화한 사상의 문학이 18세기 문학의 중추를 이루고 있다는 것, 그리고 거의 세기 전체에 걸쳐 대담하고 낙천적인 독특한 철학, 즉 계몽에 의하여 인간이 지상에서 행복할 수 있다는 가능성을 믿는 사조가 풍미하였던 까닭이다.

따라서 계몽과 철학이라는 말은 18세기를 규정하는 두 개의 열쇠가 되는 귀중한 말이다. 그러나 18세기의 용어로서 철학이란 말은, 종교적 계율에서 벗어난 자유로운 사고라는 뜻과 과학적 지식을 포함한 일반지식이란 뜻을 가지고 있었다. 따라서 철학자라는 말도 리트레의 사전에 의하면, "18세기에는 철학을 연구하고, 낡은 의견을 전복하기 위해 그 철학을 소용되게 하는 사람들에게 주어진 명칭이다."라고 하였다.

18세기의 철학자들은 종래와 같이 형이상학이나, 인간의 운명・심리・도덕을 연구하여 인간의 내면적인 개선을 바란 명상적인 사람들이 아니라 인간의 조건, 즉 사회제도의 개선을 지향한 사람들이었다. 그러므로 세기의 철학은 낡은 의견 내지는 구제도를 전복하기 위하여 계몽의 빛을 가져오는 구실을 하였다.

이러한 철학정신이 널리 보급되어 세기 전체를 움직이게 되었지만, 철학의 세기라고 하면 너무 거추장스러울 뿐만 아니라 우리들의 현대적 감각으로는 다소 기이하게 느껴질 수도 있어서 여기서는 계몽시대라는 명칭을 사용하기로 하였다.

1715년에 루이 14세의 죽음은 프랑스의 전성기에 종지부를 찍었다. 문학의 분야에서도 그렇게 볼 수 있다. 라신・몰리에르・라 퐁텐을 배출하여 프랑스 문학의 역사에 하나의 고봉을 이룬 시대도 지나가고, 18세기로 접어들면서 큰 변화가 일어나기 시작하였다. 우선 18세기를 17세기와 비교해 보면, 하나의 대조를 그릴 수 있다. 17세기는 어쨌든 질서와 통제의 시대였고, 하나의 이상을 내세워 그 실현에 자신을 가지고 노력하며 또한 그 뒷받침이 된 전통의 존중이란 것을 잊지 않았다. 그러나 18세기는 그 전통을 부정하여 신구논쟁을 전개시킨 결과 근대의 승리를 구가하였다. 그리고 17세기는 극히 종교적이었으나, 18세기는 반종교적이며 동시에 무신앙을 내세우기까지 하였다. 17세기는 문화의 모든 면에서 종합적임에 반하여 18세기는 과학정신에 의한 분석적 비판의 시대였다.

요컨대 18세기는 데카르트의 분석적 비판정신이 강하게 작용한 시대였다. 데카르트의 분석적 비판정신이란 데카르트의 사상 속에서 그 분석의 방법만을 꺼내어 그것을 휘두르는 데카르트의 제자들, 즉 카르테지엥의 정신이며, 창조보다는 비판에 역점을 둔 것이다. 데카르트의 분석적 비판정신이 처음으로 그 비판의 대상으로 한 것은 신권사상 내지는 신권적 사회관이었다. 이것은 보쉬에를 대표로 하는 카톨릭교적 절대관의 사상인데, 인간은 신에 복종하도록 창조되어 있다는 것이다. 그리고 신의 의사는 교황과 국왕을 통해 전달되며, 교황과 국왕은 신에게만 속하는 절대권의 대행자인 까닭에 그들도 절대자라고 한다. 교도는 성직자에게서 자기의 생활을 규제하는 엄격한 계율을 받아 그것을 실천하지 않으면 안 되며, 국왕은 국민의 군주로서 그 생명과 재산 위에 절대적인 권리를 갖는다. 따라서 교황과 국왕은 신의 의사를 행사하는 자이기 때문에 교도와 국민은 교황과 국왕에게 어떠한 일이 있어도 항의하거나 반항할 수 없다는 것이 바로 그 사상이다.

분석적 회의정신이 이러한 신권사회를 처음으로 의심하게 한 것은 그러한 사회의 존재를 가능하게 하는 신앙, 그 신앙을 설교하는 계시의 종교, 그 종교의 신비성 그리고 그 앵톨레랑스(불관용)였다.

종교는 사람들에게 복종하고 고통을 받으면서도 체념

하기를 강요한다. 파스칼은, "인간의 모든 불행은 단 하나, 즉 방 속에 편안히 머물러 있는 것, 그것을 모르는 데서 온다."라고 가르쳐 일체의 쾌락을 금하고, 다만 신에게 기도하라고 한다. 그러나 그 쾌락이 정당한 것이라면 왜 그것을 즐겨서는 안 되는 것인가?

"지상의 1주일은 사후의 8백 년보다 나은 것이며, …… 유일한 안내자인 이성이 숭배해서는 안 된다는 것을 숭배하는 것은 우상숭배가 되는 것은 아닌가?"

18세기는 우선 이와 같은 종교에 대한 소박한 회의와 반항에서 출발하였다.

법의 정신의 보급

이상과 같이 18세기 중엽까지는 이 시대의 지성들, 즉 철학자들의 공격 대상은 종교와 그 종교를 조직하는 교회의 정책이었다. 그런데 교회는 그 정책을 추진하는 데 국가의 정치권력과 필연적으로 결탁하지 않을 수 없었다. 따라서 종교와 교회 정책을 공격하려면 동시에 당시의 정치적 권력과 싸우지 않으면 안 되었다. 그런데 정치권력에는 루이 14세 만년부터 여러 악이 누적되어 있었다. 재정의 궁핍, 특권자의 발호, 지방의 황폐, 인심의 불안 등등.

이러한 정치적 빈곤에 대하여 직접 공격하고 비판하기에 앞서 우선 정치에 대한 학구적 연구가 필요하였다. 신권 정치사상에 자연법을 대립시켜 전통에 이성을, 권위에 자유 검토를 들이대어 지금까지와 같은 복종과 체념에 의

한 정치가 아니라, 새로운 정치 도덕을 학문의 분야에 수립하려는 노력이 나타났다. 그 대표적 인물이 몽테스키외며, 대표적 작품이 ≪법의 정신≫(1748)이다.

몽테스키외(1689~1755년)는 적어도 그의 죽음을 전후한 시기에는 볼테르보다 큰 존재였다. 생시몽보다 1세대밖에 늦지 않기 때문에 시대적으로는 귀족 개혁자의 계열에 속하지만 18세기 계몽철학의 문을 처음으로 연 철학자이며, 풍자와 비판의 눈을 정치체제로 돌려 정치학과 법률학을 처음으로 문학과 결부시킨 작가다. 모험을 싫어하고 권력과의 충돌을 피하여 조그만 저작생활의 행복을 사랑하였다. 보르도에 가까운 라 브레드 성의 스콩다 가에서 태어나, 쥬이의 오라트와르회 학교에서 고전 문학을 공부하고 이어 보르도 대학에서 법률을 연구하여 1714년 보르도 고등법원의 판사가 되었다.

그는 법이론은 좋아하였으나 법수속에는 흥미를 느끼지 못하였다. 1716년 숙부 몽테스키외 남작이 독자(獨子)를 잃어 그에게 이름과 영지, 그리고 고등법원장의 직위를 물려주었다. 그는 그 해 보르도의 아카데미 회원이 되고, 조수의 간만과 음향 등에 관한 논문으로 빛나는 지성을 발휘하였다.

1721년, 네덜란드 암스테르담에서 검열을 피하기 위해 익명으로 ≪페르시아 인의 편지≫를 발표하여 대성공을 거두었다. 그 때문에, 터키 인·샴 인·중국 인의 편지 등 모방 작품이 많이 나왔고, 몽테스키외는 일약 유명해져 파리의 살롱에서도 환영을 받게 되었다. 1726년에 고등법원장의 직위를 팔아 버리고 파리로 올라와 이듬해는 아카데미 프랑세즈 회원으로 뽑혔다. 그러나 그는 아카데미의 자리에 1년쯤 머무르고는 느닷없이 외국여행에 나서 버렸다. 그리하여 끊임없이 메모를 하여 많은 자료를 수집하였다. ≪페르시아 인의 편지≫에서 보인 상대주의를 본격적으로 더 밀고 나가기 위해서였다. 1728년부터 3년간 정치의 실제를 관찰하고 연구하기 위해 오스트리아·이탈리아·독일·네덜란드를 거쳐 영국으로 가서 2년간을 지내며 근대 정치의 운영과 헌법의 기능 등에 대한 자료를 수집하고 돌아왔다. 귀국 후, 파리로 나가는 외에는 라 브레드 성에서 저술에 몰두하였다. 1734년 ≪로마 인의 흥망 원인론≫을 발표하여 역사의 발전에서 신의 섭리를 배격하였다. 1748년에는 오랫동안 준비한 ≪법의 정신≫을 발표하여 정치적 자유를 구하는 시대의 지성에게 전유럽적인 환영을 받았다. 특히, 이 저술 때문에 59세의 그의 눈은 거의 실명 상태가 되고 머리는 백발이 되었다고 한다.

≪페르시아 인의 편지≫는 페르시아 인의 눈으로 프랑스 사회를 비평한 것이다. 작자가 청년 시대에 목격한 루이 14세의 만년부터 섭정시대까지의 프랑스 사회를 대상으로 하고 있는데 그 농담조의 표현 속에는 진지하고 날카로운 풍자가 깔려 있다. 그리고 여러 가지 정사와 배반 등이 섞여 관능적이고 로마네스크한 흥미가 있고, 그것이 날카로운 풍자를 부드럽게 하는 구실도 하고 있다. 그것은 이 작품의 가장 중요한 소재가 된 마리나의 ≪터키의

간첩≫(1684)을 비롯하여 17세기 말엽부터 유행한 동방의 것이 일으킨 이국 취미를 교묘하게 이용한 것이다. 또 이 작품은 전제주의적인 17세기의 위선적 금욕이 강요한 무거운 분위기에 대한 반동으로, 자유롭고 향락적인 섭정 시대의 풍조에 따라 별로 부담 없이 널리 읽혀져 자연히 작자의 이름을 높여 주게 되었다.

≪법의 정신≫은 몽테스키외의 대표작인데, 이는 그가 정치학자·역사가로서 다년간 연구한 결과였다. 그는 이 작품에 일생을 바쳤다고 해도 좋을 만큼 온 정력을 기울여 완성하였다. 그것은 위에서 말한 바와 같이 작품을 완성시키고 난 다음, 거의 실명 상태에 있었다는 것을 보아도 알 수 있다. 그런데 이 작품은 몽테스키외가 청년시대부터 그 모순과 불합리와 혼란에 주목해 온 프랑스의 정치제도에 대한 비판의식에서 쓰여진 것이며, 원래는 국민이 정치적 자유를 누릴 수 있는 국가 구성을 위한 이론적 연구를 의도한 것이다. 그러므로 법 일반의 원리적·실증적 연구로서 도움이 되었을 뿐만 아니라, 절대군주제의 제도상의 결함에 대한 사람들의 비판적 눈을 길러 주는 데도 도움이 되었다. 법이란 사물의 본성에서 끌어낼 수 있는 필연적 관계라고 하는 근원적 즉 보편적 이성의 반영일 터인데, 실은 나라에 따라 시대에 따라 천차만별이며, 때로는 부조리와 혼란을 띠게 되는 이유를 추구하고 있다. 그리하여 우선 각국의 법을 특수하게 하는 원인은 정체의 구조, 국토의 자연적 상태·풍토, 주민의 기질과 생활양식·풍습·종교·인구·경제력 등에도 있기는 하

지만, 특히 정체에 있다고 했다. 이것들과 법 사이에는 필연적 관계가 있으므로, 바로 거기에 나라마다 법이 다른 이유가 있다고 하여 상대성을 주장했다. 다음은 법이 전체주의처럼 부조리와 혼란에 빠지고 국가가 쇠퇴하는 것은 정체의 원리와 그 성질의 부패에 의한 것이라 하여, 그 부패를 방지하고 국민의 자유를 억압하는 전제를 불가능하게 하기 위하여 삼권분립의 세력 균형이란 이론을 내세우고, 그 본보기로서 의회정치에 의한 영국의 헌법을 이상적인 것이라 하였다.

어쨌든 몽테스키외는 볼테르가 저널리스트 생활을 시작하는 1775년에, 이미 위에서 말한 18세기 계몽철학의 문을 크게 열어 두고 파리에서 죽었다. 그의 ≪법의 정신≫은 루소가 계승하여 ≪사회계약론≫으로 발전시켜 나갔다. 그리고 그것은 ≪사회계약론≫과 함께 대혁명의 정신적 원류를 이루었을 뿐만 아니라, 근대의 정치학·법률학·사회학·역사학에 학문적으로 크게 기여하였다.

고전주의의 여백

위에서 말한 바와 같은 철학자들이 성립시킨 18세기의 문학을 계몽시대의 문학이라 하더라도 그것은 조금도 부자연스러운 것은 아니지만, 엄밀히 따진다면 그 명칭은 형식보다 내용에 치중한 것이어서 형식을 주로 문제삼는 경우에는 의고전주의, 혹은 후기 고전주의라는 명칭을 사용하기도 한다. 이 명칭이 18세기 문학 정신과 표현 형식의 변화를 과소 평가하는 위험이 있기는 하지만, 세기 후반의 개혁이 짙게 나타난 문학도 실은 고전주의의 규범 내지는 형식에서 그렇게 크게 벗어나지 못했으므로 이미 창조력이 고갈한 고전주의란 뜻에서 의고전주의, 혹은 후기 고전주의란 용어가 사용되어 나쁠 것은 없다. 18세기 최대의 작가의 한 사람이라고 불리는 볼테르만 해도 고전주의 취미에 대한 개혁자이기보다는 옹호자로서의 면이 농후하다. 디드로 등의 비판이나 새로운 문학 형식의 주장에도 불구하고 고전극의 규칙, 이를테면 3일치의 법칙은 로망티즘 시대의 연극에까지 살아 남아왔다.

그러나 고전주의의 규범 내지는 형식을 답습하면서도 17세기의 그것에 비하여서 많은 발전이 있었던 것도 숨길 수는 없다. 마리보는 몰리에르 희극의 형식에서 벗어나 연애심리를 세밀히 분석하여 새로운 희극을 썼고, 르사주는 풍자의 방법으로 소설을 썼으며, 프레보는 시대적인 경향을 반영시켜 정열의 사랑을 묘사하였다. 그리고 보브나르그는 페시미즘이 아니라 옵티미즘의 관점에서 인간의 자연성과 고귀한 정열을 믿고 인간을 위하여 선을 행하는 것이 인생의 목적이라고 주장하는 인간성의 복권과 자유를 향한 행동적 정열을 나타냈다.

마리보(1688~1763년) 극의 연애에는 육체가 없다. 섬세한 사랑이 우아한 말로 이야기되고 있다. 그러나 그 형식주의의 밑바닥에 성실을 향한 강한 지향이 있다. 소설의 경우도 마찬가지다. 그리하여 그 당시의 계몽철학자들에게 공격을 받았다. 그러나 그는 다음 세기의 뮈세와

스탕달에 의해 존중되어 마침내는 복권되었다. 그는 법률을 공부하기 위해 파리로 돌아와 랑베르 부인의 살롱에 드나들다가 퐁트넬과 라 모트 우다르와 친교를 맺고, 그들의 환심을 사려고 신구 논쟁 때는 근대파에 가담하였다. 1720년 ≪사랑으로 연마된 아를르랭≫으로 크게 성공하고, 극작가로서 ≪사랑의 기습≫(1722)·≪이중의 변심≫(1723)·≪사랑과 우연의 장난≫(1730)·≪허위의 고백≫(1737) 등의 명작을 발표하고 소설에서도 독자적인 재능을 발휘하였다.

여기서 ≪사랑과 우연의 장난≫의 줄거리를 살펴보자.

실비아와 도랑트라는 두 젊은 남녀는 부모가 정해 준 약혼자 사이다. 그러나 그들은 서로 얼굴을 모른다. 실비아는 약혼자 도랑트의 마음을 떠보려고 하녀로 변장한다. 도랑트도 똑 같은 생각으로 하인으로 변장한다. '여왕과 같은 하녀', '재치있는 하인'. 둘은 서로 반해 버린다. 실비아가 먼저 상대가 누구인지를 눈치 챈다. 그러나 그 여자는 여전히 그 장난을 계속하며 자기의 신분을 묻지 않고 결혼하겠느냐고 다짐한다. 그리고 결국 둘은 서로의 신분을 밝힌다. 그리하여 두 사람의 결혼.

마리보의 극은 이 작품뿐 아니라 다른 작품에서도 그 테마는 격정적인 사랑이 아니라 깨끗하고 아름다운 연애이며, 작자의 세심한 극작의 배려, 즉 감정 분석의 묘미와 세련된 대사로 관객을 즐겁게 하고 있다. 라신의 흐름을 이은 여성 심리의 해부는 18세기에서는 유일한 존재이며 다음 세기의 뮈세를 연상케 한다.

그리고 소설에는 ≪마리안느의 생애≫(1731~1734년)와 ≪벼락부자가 된 시골뜨기≫(1734~1735년)란 장편이 있다. 전자는 16부로 된 미완성 작품으로, 작자 미상의 12부가 있으나 이것은 마리보하고는 관계가 없으며, 또 리코보니 부인이 그 속편을 쓰고 있었으나 이것도 위작이다.

어쨌든 극작가인 마리보가 무대라는 제약을 떠나 복잡한 인간 심리의 움직임을 여지없이 그려내고 있는 점에 이 작품의 매력이 있다. 그리고 당시 각 계층에 속하는 사람들의 생활에 대한 풍속 묘사도 뛰어나지만 그것보다 마리보의 극에서는 드문, 눈물나는 장면이 많은 것도 특색이다. 이것은 당시 유행한 니벨르 드 라 쇼세(1692~1754년)의 눈물의 희극의 영향이겠지만, 어쨌든 사랑을 하는 마리안느가 실성한 나머지 여자의 마음을 고백하는 마리보다운 필치는, 다음에 나올 같은 시대의 프레보의 직선적 정열의 묘사와 대조적이다.

"제가 예쁘다고 해서, 단지 그것만으로 저를 좋아해서는 안 됩니다. 그럴 필요는 없는걸요."

의리 때문에 헤어져야 한다고 타이르는 눈물 속에서도 자기의 아름다움에 시선을 던지게 하는 여성 심리의 복잡함을 잘 보여 주고 있다.

윤리성의 결여가 극에서나 소설에서나 르 사주(1668~1747년)의 특색이며 매력이라고 하는데, 그것은 그의 낙천적인 레알리즘의 결과다. 그의 작품에는 신앙이 깊어진 만년의 루이 14세 치하의 답답한 위선과 그후의 부드러워진 풍기가 자아낸 섭정시대의 기풍이 스페인의 악한 소설의 형식에 의하여 선명하게 그려져 있다.

르 사주는 브레타뉴의 법률가의 아들로 태어났으나, 15세 때 고아가 되고 후견인에게 재산을 빼앗겨 파리로 나와 법률 연구를 하기까지 이미 많은 잡다한 일을 경험하였다. 변호사로 일을 하면서 그는 처음에는 스페인의 극을 번역하다가 스스로 극작품을 쓰기 시작하여 1707년 ≪주인과 다투는 크리스팽≫으로 성공하였다. 이미 자식이 넷인데다가 연금도 보호자도 없이 변호사에서 작가로 전향한 가난한 생활을 꾸려 나가기 위하여, 그는 그 시대로서는 드문 직업적 문필업가로서 100여 편의 극과 몇 편의 장편소설을 썼다. 그 중에서 그의 이름을 후세에 남긴 작품으로는 위에 든 ≪주인과 다투는 크리스팽≫과 ≪튜르카레≫(1709)라는 극, ≪절름발이 악마≫(1707)와 ≪질 블라스 이야기≫(1715~1735년)라는 소설이다.

≪질 블라스 이야기≫는 그의 대표작인데, 무대는 스페인이다. 젊은 질 블라스는 살라망카 대학으로 공부하기 위하여 떠나는 도중 산적을 만나 가진 것을 모두 빼앗기고 마침내는 노예가 되나, 거기서 벗어난 그는 성직자·의사·사기꾼·백만장자 등 온갖 가정의 주인들을 시중하며 세상풍파를 겪는다. 그러다가 대신의 비서로 출세하고 그 지위를 악용하여 뇌물을 받아 호화로운 생활을 한다. 결국 법에 걸려 감옥생활을 하다가, 그후 자기의 과거를 뉘우치고 진실한 사람이 되며 시골로 돌아가 조용한 생활을 한다.

≪절름발이 악마≫가 그 시대의 생활을 횡적 내지는 공간적으로 보여 주고 있다면, ≪질 블라스 이야기≫는 사회 각층의 생활을 종적 내지는 시간적으로 보여 주고 있다. 횡적으로 종적으로 보여 주는 그 각계 각층의 인간이 각각의 고유한 말과 태도로써 제 나름대로의 연기를 하는 일종의 인간희극이다. 그 인간희극, 즉 인간사회가 빚어 내는 기쁨과 슬픔을 통해 작자는 언제나 하나의 인생 철학을 이야기하고 있다. 그것은 인생감수의 철학이다. 누구에게나 무엇에나 절망해서는 안 된다, 선도 악도 교체하고 공존하고 있다, 인간은 있는 그대로 살아야 한다, 시간은 흐르는 대로 흐르게 하여라, 하는 철학. 이것은 그리스도교의 모럴에 반드시 배치되는 것은 아니지만, 18세기 후반에 나타나는 인간 관용사상에 가까운 것이다.

  르 사주와 함께 18세기 전반에 그 시대다운 정감을 담은 소설을 쓰고 감성 예찬의 문학에의 길을 연 작가로서 아베 프레보(1697~1763년)의 이름은 너무나 유명하다. 그는 북불의 귀족 출신으로 제주이트 파의 학교에서 성직자로서의 수업을 쌓다가 세속적인 야심에 사로잡혀 1716년에 군대에 들어갔다. 그러나 루이 14세 말기의 전쟁엔 별로 활기를 느끼지 못하여, 1720년에 다시 종교생활로 돌아와 1726년에는 정식 사제가 되어 훌륭한 설교로 신자의 인기를 얻었다. 그러나 또다시 세속적인 자유를 찾아 교단에서 추방될 각오를 하고 영국으로 건너갔다가 네덜란드로, 네덜란드에서 또 영국으로 왕래하며, 마농을 연상케 하는 랑키라는 여성에게 반하여 방탕한 생활을 하다 중년에 이르러 겨우 고국으로 돌아와서 정착하였다. 그간 ≪마농 레스코≫(1728~1731)를 비롯하여 많은 소설을 발표하였다.

프레보를 유명하게 한 것은 그의 반평생의 자서전 ≪한 귀인의 회상≫의 제7권에 해당하는, 정확한 표제로는 ≪기사 데 크리외와 마농 레스코의 진실한 이야기≫다.

데 크리외는 아미앵에서 공부를 마치기 바로 전날, 좋지 못한 행동을 하여 수도원으로 보내진 마농을 만나, 격렬한 연정에 사로잡혀 마농과 함께 파리로 도망가 버린다. 세상을 하나도 모르는 둘 사이에 파리의 꿈과 같은 세월이 흘러간다. 생활이 곤란해지자 마농은 자기의 미모를 이용하여 B씨를 알게 되고 거기에서 생활수단을 찾는다. 마농의 데 크리외에 대한 사랑은 변함없지만 그것이 그의 마음을 괴롭힌다. 그러나 데 크리외는 부친 생각도, 집 생각도, 우정도, 사회도 완전히 잊고 오로지 정열에 모든 것을 맡기고 있다. B씨의 밀고에 의하여 데 크리외는 사랑의 보금자리에서 부친에게로 끌려가게 된다. 마농의 배반인 줄 알고 할 수 없이 성직자가 되려고 수업을 쌓는데, 삭발식 때 마농을 다시 만나자 정열이 되살아나 또 그 여자와 함께 도망한다. 마농의 매력에 사로잡힌 데 크리외는 마농의 오빠에게 착취당하고 마농을 빼앗기지 않으려고 도박에도 손을 대며, 마침내는 둘이 사기를 치고 살인과 탈옥을 할 정도까지 타락해 간다. 결국 마농은 미국으로 송치되는데, 그는 그 여자의 뒤를 따른다. 마농은 미국의 자연 속에서 점점 정화되어 간다. 그런데 마농의 미모가 원인이 되어 데 크리외는 추장의 조카와 결투하게 되고, 또 도망쳐 마농과 함께 광야를 방황한다. 결국 그 여자는 지쳐 죽어 버리고, 그는 넋을 잃은 채 벗에게 인도되어 귀국한다.

이 작품은 두 사람의 비련이 그 상황 설정에서부터 극히 자연스럽게 진행되고 있다는 점에서는 고전주의를 따르고 있다. 그러나 감성에 대한 예찬, 감정적인 것에 대한 중요시라고 하는 새로운 인간 묘사의 방법이 쓰여졌다. 정념을 위해서는 몸의 파멸도 개의치 않는다는 연애 이야기인데, 종교와 도덕보다는 정열이 우월하다는 새로운 테마를 감동적으로, 게다가 사실적으로 그리고 있다. 그 작품의 심리묘사는 아주 뛰어난 것이다. 따라서 ≪마농 레스코≫는 프랑스 문학의 심리소설 중 걸작의 하나로 평가받고 있다. 그리고 이 작품은 다음에 말할 루소의 ≪라누벨 엘로이즈≫보다 20년 전에 씌어진 소설임에도 불구 거기에는 로망티즘의 경향과 그 요소가 이미 짙게 담겨져 있다.

새로운 윤리의 등장과 계몽철학의 전개

 18세기의 대표적인 철학자는 볼테르·디드로·루소다. 그들이 우선 수립하려고 한 것은 새로운 윤리, 그리스도교에서 벗어난 세속적 도덕이었다.

 그리스도교적 윤리관에 의하면 윤리란 교회 속에 포함되어 있었다. 교회의 가르침에 따라 생활하는 것이 선이며, 그것을 배반하는 것은 악이었다. 종교적 덕, 윤리적 선도 구별하지 않거니와 부덕도 악도 구별하지 않았다. 거기에는 종교만 있을 뿐, 거기에서 독립된 윤리는 없었다. 18세기의 철학자들에게는 그것이 이상하게 생각되었다. 왜냐 하면 입으로는 선을 부르짖으면서 악을 행하는 그리스도 교도가 있는가 하면, 무신론자 중에서도 많은 사람들이 선을 행하고 있기 때문이었다. 그리스도 교도가 아니더라도 유덕자일 수 있고, 반대로 유덕자가 아닌 그리스도 교도가 있는 것이므로 종교와 윤리는 분리하여 생각하지 않으면 안 된다는 것이 그들의 생각이었다.

그러면 종교에서 벗어난 세속적 윤리에 어떠한 내용을 담을 것인가? 윤리의 기준을 어디에다 둘 것인가? 18세기의 철학자들은 그것을 사회에 두어야 한다고 생각하였다. 그들은 세계가 상대성에 의하여 지배되고 있다는 것을 알고 있었다. 그것은 몽테뉴 이후 서서히 발전해 온 사상이며, 이미 ≪법의 정신≫으로 그 윤곽이 드러나고 있었다. 그러므로 지상에 절대적인 선도 없거니와 악도 없었다. 다만 인간이 사는 사회의 안녕과 질서는 어떠한 희생을 치르더라도 지키지 않을 수 없었다. 그리하여 새로운 윤리의 기준을 사회에 두려고 하였다. 사회의 안녕을 위한 행위가 선이며, 그것을 해치는 행위가 악이었다. 덕은 인간이 생활하는 환경에 안전과 행복과 기쁨을 가져오기 때문이다. 사람들은 선악의 기준을 사회에 두고, 덕을 실천하여 악을 물리치는 새로운 윤리를 자각하기 시작하였다. 이미 신은 없는 것이니까, 비록 있어도 이제는 인간의 행위를 규제하는 것이 아니니까, 인간은 서로 사랑하자, 서로 선을 행하자는 18세기의 비엥프장―선을 행함―이라는 사상은 이렇게 하여 생긴 것이었다.

18세기는 그렇게 하여 윤리를 종교에서 분리하였으며,

신에 대한 관념도 그리스도교적인 생각을 버리려고 하였다. 18세기의 철학자들에게 신이란 벌써 파스칼이 말한, '아브라함의 신, 이삭의 신, 야곱의 신'이 아니라 반대로 '철학자의 신, 기하학자의 신'이었다. 그러면 이 철학자들의 신이란 무엇인가? 그것은 세계를 지배하고 있는 우주의 지성이다. 그들은 그것을 보편적 존재, 보편적 원인, 영원의 조물주 등 여러 가지 이름으로 부르고 있지만 실은 같은 말이다. 이러한 생각을 이신론(理神論)이라고 하며, 그 대표적인 사람이 볼테르였다.

"신이란 무엇인가, 어떻게 신은 벌하는가, 어떻게 신은 보상하는가, 그것은 알 수 없다. 그러나 그것이 최고의 이성이며, 최고의 공평함이어야 한다는 것은 여러분도 알고 있을 것이다. 그리고 그것으로 족하다."

라고 볼테르는 말하고 있다. 그에게 신은 우주의 지성이다. 그리고 "우주의 지성과 인간의 지성은 원래 하나이므로 신과 인간은 동격이다."라고 생각한다. 따라서, "우리들이 믿어야만 하는 유일한 종교는 신을 숭상하여 성실한 인간이 되는 종교다."라거나 "그렇다. 우리들도 종교를 필요로 한다. 그러나 그것은 단순하고 공명정대한, 가장 신에게 어울리는, 그리고 가장 우리들을 위해 주는 종교다. 한 마디로 말하여 우리는 신과 인간에게 종사하고자 하는 것이다."라는 말이 나오게 마련이었다.

디드로도 볼테르와 같은 생각을 하였다. 그는 처음엔 볼테르와 마찬가지로 우주의 지성을 인정하고 그것을 신으로 보는 이신론을 생각하고 있었는데, 이어 무신론으로, 그리고 무신론에서 철저한 물질주의자로 옮겨 갔다. 즉, 신은 벌써 없는 것이니까 사회에서 인간의 최대 의무는 그 사회의 안녕을 유지하고, 인간에게 행복을 가져오도록 행위하는 것, 될 수 있는 한 사랑하고 관용하며 덕을 쌓도록 노력하는 것이라고 그는 말하고 있다.

다만, 볼테르와 다른 점은 그 인생관의 차이다. 이미 설명한 바와 같이 16세기의 라블레나 몽테뉴는 인간성에 대하여 낙관적인 생각을 가지고 있었다. 그것이 17세기에는 장세니스트와 모럴리스트들에 의하여 인간성이 악과 타락이라고 여겨지게 되었다. 볼테르는 그리스도교의 가르침과는 반대로 인간의 진보를 긍정하고, 인간을 신과 동격으로 끌어올리면서도, 인간성에 대해서는 낙관적이 아니었다. 오히려 인간을 약한 존재로 보고 자유의사의 존재마저 부정하였다. 그런데 디드로는 단연코 낙관적이다. 그에 의하면 인간은 무한히 향상하고, 무한히 진보하는 존재다. 이와 같이 인간성을 선으로 보고 있는 점은 다음에 문제삼을 루소와 비슷하다. 그리고 루소와 마찬가지로 그는 인간의 양심의 소리를 믿는다. 인간 사회에 불행이 있다면 그것은 인간 관용의 성질이 무엇에 의하여 저해되었기 때문이라고 한다. 그러나 그 저해를 사회에서 오는 것이라고는 생각하지 않는다. '빛의 결여' 때문이라고 한다.

"덕은 자주 불행과 죄악의 구름에 싸인다. 그 구름에 빛을 던져 그것을 걷어 버리도록 하지 않으면 안 된다."

그리하여 그 광명의 전달이라는 것이 ≪백과사전≫이란 사업으로 발전하였는데, 이 사업은 그와 함께 또 하나의 철학자 달랑베르를 감수자로 하여 1751년부터 1772년까지 20여 년의 세월에 걸쳐 완수된다.

이상과 같이 18세기의 철학자들은, 디드로는 다소 다르다 하겠지만, 거의 합리주의자들이며 또 자유사상가들이었다. 그들은 인간의 이지를 존중하여 그 이지를 근거로 하고, 미신이나 그 밖에 인간의 세속적 행복을 가로막는 것을 타파하며, 어두움에는 빛을 던져서 인간을 행복하게 할 수 있다고 믿었다.

그런데 그와 다른 또 하나의 흐름도 있었다. 그것은 인간의 감정, 인간의 양심의 소리를 소중히 하지 않으면 아무리 계몽을 부르짖어도 그 의도하는 목적을 달성할 수 없다고 하는 이성파에 대한 감성파의 사람들이었다. 인간은 단지 이성으로만 움직이는 것이 아니며 오히려 인간을 움직이게 하는 것이 감정이라는 생각은 이미 17세기에도 있었다. 파스칼은 기하학적인 정신과 함께 섬세한 감정을 소중히 생각하였고, 페늘롱은 신앙에 관한 문제에서는 그 심정의 논리에 귀를 기울여야 한다고 하였다. 18세기에 들어와서는 영국의 영향, 특히 셰익스피어의 작품에 영향을 받아, 이미 말한 바와 같이 프레보는 정열에 뒤흔들리는 인간의 이야기를 써서 행동의 세계에서 감정의 우위를 나타냈다.

이와 같이 인간의 내면 깊은 곳에 있으면서 이성보다도 더 강하게 인간을 움직이는 본능의 순수한 소리를 듣고 자연에 귀를 기울이라고 주장한 사람이 바로 루소였다. 그러므로 시대의 영향과 개인의 차를 유보하여 생각한다면, 자연이라는 것을 크게 문제삼고 인간의 교육 내지는 계몽에 커다란 관심을 가진 점에서 루소의 소리에는, 멀리 몽테뉴의 소리가 울리고 있다고 생각할 수 있다.

그러면 18세기의 대표적 철학자 볼테르·디드로·루소를 통하여 계몽철학이 어떻게 전개되었는지를 살펴보기로 하자.

계몽철학자로서 세기 전반을 대표하는 몽테스키외에 비하여, 같은 시기에 출발하는 볼테르(1694~1778년)는 세기 후반에 그 성가를 발휘하고, 시·소설·극·평론·역사·서간 등 모든 형식에서 폭넓은 활동을 하며 18세기를 대표했다고 해도 좋을 대작가다. 본명은 프랑수아 마리 드 아루에, 부친은 부유한 공증인으로서 상류계급과의 교제가 있었다. 볼테르는 파리의 명문 루이 대왕 중고등학교에서 고전을 공부해 소년시절부터 조숙한 재능을 발휘하였다. 부친의 희망에 따라 처음엔 법률을 공부하다가 후에 문학에 몰두하게 되었다. 이와 같이 처음부터 도회인의 기질, 고전적 교양, 자유사상, 부르주아적·법률가적 실제 감각 등 후년에 발전하게 되는 여러 가지 요소를 갖추고 있었다. 1717년 섭정 필립 도를레앙을 풍자한 시를 쓴 혐의로 바스티유에 투옥되었는데, 옥중에서 비극 ≪에디푸스 왕≫(1718)을 쓰고 그것이 출옥 후에 공연되어서 일약 그의 문명을 높이고 사교계의 인기를 독차지하게 했다. 그후 평범한 귀족과 싸움을 하였기 때문에 평민이었던 그는 다시 투옥되었다가 망명을 조건으로 석방되어 영국으로 건너갔다. 그리하여 봉건적인 신분제, 사회적인 불평등, 언론의 압박이라는 전제사회의 악폐를 몸소 체험한 것과, 이미 시민사회의 길을 걷기 시작하고 있던 영국에서 이후 3년간의 견문이 그를 사교계의 총아에서 계몽철학자로 탈바꿈하게 하였다.

1726년부터 29년까지 그는 영국의 의회정치, 언론의 자유, 종교적 관용 등의 제도와 풍습뿐만 아니라 뉴턴(1642~1727년)의 자연철학, 로크(1632~1704년)의 경험론, 셰익스피어의 문학에서도 깊은 감명을 받고 프랑스 문화에 대한 비판정신이 크게 자극되었다. 영국에서 발표한 장편 서사시 ≪앙리야드≫(1728)로 프랑스 최대의 서사시인으로 지목되었고, 귀국 후 ≪철학서간≫ 일명 ≪영국통신≫(1734)으로 프랑스 정치체제를 비판했다. 그 반향이 커서 신상의 위험을 느낀 그는 애인이었던 샤틀레 후작 부인의 영지 시리로 피신하였다.

그후 10년간(1734~1744년) 그곳에 체재하며 부인의 영향으로 자연과학의 실험과 시작 및 극작에 정진하였다. 비극 ≪마호메트≫(1742)·≪메로프≫(1743), 철학시 ≪인간론≫(1738) 등은 그때 씌어진 것이다.

1744년 학우 다르장송이 외무대신에 취임한 것을 계기로 궁정의 정세가 일변하여 볼테르는 궁정시인·수사관으로 임명되었고, 아카데미 회원에도 당선되었으나, 그의 자유로운 정신과 파괴적인 기질은 다시 궁정을 떠나지 않을 수 없게 했다. 1749년 샤틀레 부인도 죽고 궁정복귀에 대한 희망도 끊어져 실의의 상황에 있던 그는 늘 현명한 군주의 이상으로 여겼고 또 자신에게도 경의를 표해 주던 프로이센의 프레데릭 2세의 초청에 응하여 굉장한 환영을 받았다. 그러나 이 강렬한 개성과 현명한 전제군주의와의 관계도 1753년까지밖에는 계속되지 않았다.

1755년 프로이센을 떠난 볼테르는 드디어 궁정적 사교생활을 단념하고, 스위스 제네바에 저택을 사서 일락장이라 명명하고 ≪백과사전≫에 협력하여 적극적인 사회활동을 하는 한편, 그의 대표작 ≪캉디드≫(1759)를 쓰는 등 정력적으로 일하였다.

1760년에는 스위스 국경에 가까운 페르네로 옮겨 겨우 정착하게 되었는데, 이후 죽을 때까지 18년간 과감한 정치 및 사회비판과 종교 및 교회비판의 논진을 폈다. 또 모든 장르, 즉 소설·풍자·논문·익명 및 저명의 팜플렛과 편지를 구사해 시대의 악폐를 공격하고, 칼라스 사건(1762), 시르방 사건(1764), 바르 사건(1748) 등 종교적 편견과 불공평한 재판의 희생자들에게 언론을 통한 구제의 손을 내밀었다. 그는 페르네의 원로라고 불리며 전 유럽에 널리 알려져, 모든 사람의 존경을 받고 그 영광의 절정 속에서 죽었다.

볼테르의 극작품 중에서 특히 유명한 것은 ≪자이르≫(1732)다. 그의 극은 결국 의고전주의란 말에 알맞은 것이다.

그러나 고전주의의 모든 작품에서는 거의 볼 수 없는 동양적인 것, 때로는 아프리카나 미국의 것까지 받아들이고 있다. 그것은 몽테스키외에게도 있었던 이국취미이며, 이것도 그 시대의 특색이다. 어쨌든 그의 극은 전체적으로 보아 고전주의 시대의 극형식을 모방하고 그것을 계승하고 있다. 그리고 인간이라는 것을 외부에서 포착하려고 한 까닭에 그의 극에는 심리적인 상상력이 부족하다. 외국의 극을 소개한 사람으로서 프랑스에 셰익스피어를 들여온 공적은 크지만, 고전주의에 구애된 나머지 이 영국의 대작가를 정당하게 평가하지 못하고 그의 영향을 크게 받지도 못하였다.

시작품으로는 서사시 ≪앙리야드≫, 철학시 ≪사교인≫(1736)이 있다. 전자는 종교전쟁의 종결과 앙리 4세의 즉위를 노래하고 종교적 관용을 주장한 것이며, 후자는 물질문명의 진보에 대한 변명으로 사치는 쾌적한 생활과 동시에 노동의욕을 증진시키는 것인 까닭에 필요하다고 하고 있다. 그에게는 이러한 철학시와 짧은 풍자시가 특유한 경쾌감을 살려 비극이나 서사시보다 알맞은 형식이었다.

소설에는 풍자적 콩트 ≪자디그≫ 부제 '운명'(1741), 철학적 콩트 ≪캉디드≫ 부제 '낙천주의'(1759) 등이 있다.

그의 단편 및 중편엔 극히 18세기적인 비판정신, 합리주의 정신이 짙게 나타나 있다. ≪자디그≫는 '운명'이란 부제가 붙어 있는 것처럼 행복이란 반드시 되돌아온다는 것을 믿고 인생의 여러 가지 악을 감수하는 것이 현자라고 가르치고 있다. 걸작 ≪캉디드≫도 그와 같은 사상을 갖는 것으로 캉디드의 인생편력을 그리고 있다. 특히 이 작품은 그의 소설 중에서 가장 신랄한 풍자에 차 있는 것인데, 그것은 라이프니츠의 낙천주의에 대한 풍자다. 볼테르의 소설은 자유자재의 재치, 명쾌하고 우아한 문체, 절도와 중용의 취미 등 온갖 장점을 갖추고 있어 그런 점에서는 아나톨 프랑스와 비교되고 있다.

철학 작품 ≪철학 서간≫(1734, 영어판 1733년)은 ≪영국 서간≫이라고도 불리는 것으로, 25편의 편지로 되어 있다. 영국을 소개하면서 프랑스의 사회제도를 비판하고, 영국의 정치제도를 이상화하고 있다.

"영국 국민은 왕권에 항거하여 그것을 제한하고, 노력을 거듭하여 드디어 현명한 정치를 확립한 이 지상에 유일한 국민이며, 거기서는 선을 행하는 데에는 전능하지만 악을 행하는 데에는 손이 묶여 움직이지도 못한다."

≪인간론≫(1738)은 볼테르의 철학 원칙이 수록되어 있는 것인데, 7부로 되어 있다. 인간의 조건은 평등해야 하며 행복은 스스로 만들어 나가는 것이지만, 완전한 행복은 없으므로 중용을 지키는 것이 행복에 이르는 길이라고 역설하고 있다. 덕이 높다는 것은 선을 행하는 것이지 고행을 하는 것이 아니라는 점이 종교적 광신에 대한 비판이다. 그리고 인간의 행복이라는 것이 계몽철학의 큰 과제라고 한 데에 주목하여야 할 것이다.

역사적 작품으로는 ≪샤를 12세전≫(1731)과 ≪루이 14세의 세기≫(1751)가 있다. 전자는 영웅적인 국왕의 비극을 더듬어 가면서 전제군주를 둔 국민의 비참함이 암시되어 있으나 국왕의 역사가 아니라, '인간정신(문화)의 역사'로서 짜여져 있다. 후자는 작자가 처음으로 루이 14세 시대를 칭찬하여 그 당시의 루이 15세의 치세의 비참함을 간접적으로 풍자할 의도로 씌어진 것이다. 그러나 역사가로서 엄정하게 자료를 다루는 가운데 처음의 계획이 변경되어 객관적인 문화사를 짜게 되었다. 특히 이것은 전체의 묘사뿐만 아니라 문명에 대한 기술에 힘쓰고 있다는 점, 그러기 위해 몽테스키외가 착수하지 못했던 문헌에 대한 비판적 고증을 하였다는 점, 그리고 설명 방법이 합리적이라는 점, 이러한 여러 면에서 진정한 근대 역사학에의 선구적 역할을 한 작품으로서 높이 평가받고 있다.

마지막으로, 볼테르는 서간으로도 유명하다. 다른 작품과 마찬가지로 그의 문체는 언제나 명쾌하고 간결하며 생생한 재치에 빛나서 서간의 작자로서는 유럽 문학사상 로마의 키케로(BC 106~43)나 17세기의 세비녜 부인보다 뛰어난 명수였다.

이상과 같이 모든 방면에서 활약한 볼테르의 사상을 개관해 보면 거기엔 결코 계통적인 학설 같은 것은 없다. 그것은 그가 사회를 근본적으로 개혁하려는 생각은 없었기 때문이다. 그러나 근대 유럽 시민사회의 제원리라고 하는 사상의 자유, 개인의 행복, 사회를 합리적으로 개혁하려는 정신 등이 기본적인 모습으로 나타나 있다. 이런 의미에서 그는 근대 부르주아와 민주주의의 선구자였다.

귀족적인 사회에서 악취미를 예사로 보일 만큼 서민적이고 쾌활했던 디드로(1713~1784년)는 ≪백과사전≫

의 간행이라는 너무나 위대하고 엄청난 업적 때문에 중편소설에서는 뛰어난 소질을 발휘하지 못하였다.

랑그르의 칼붙이 판매인의 아들로 태어난 그는 제주이트 파 학교에서 교육을 받고 파리로 나와 파리 대학에서 1732년 문학사가 되었다. 부모의 신용을 잃어 송금이 끊기자 가정교사와 번역 등의 일로 생계를 유지하고 있었다. 이때의 보히미안적 생활은 후년의 ≪라모의 조카≫에 뚜렷이 나타나 있다. 문학에 정진하는 한편, 자연과학과 영국의 경험철학을 연구하여 1745년 영국의 철학자 새프츠베리의 도덕론의 자유역 ≪진실과 미덕에 관한 시론≫으로 문학계에 데뷔하였다. 이어 범신론적인 ≪철학사색≫(1746)을 발표하여 고등법원에서 추방당하였다. 같은 해에 월 100프랑이란 우대를 받으며 ≪백과사전≫ 28권의 기획을 하고, 출판업자 브리앙송에게서 영국 챔버즈의 ≪백과사전≫(1728) 번역을 의뢰받았다. 그러나 디드로는 단지 사전의 번역이 아니라, 야심적이고 독창적인 백과사전 편찬을 기획하여 달랑베르(1717~1783년), 루소 등 그 시대의 진보적인 학자 및 사상가를 집필자로 맞이하고, 부족한 곳은 자기 혼자 써내여 1772년 완성할 때까지 25년 동안 온갖 박해를 참으며 전력을 다하였다. 그간 ≪맹인서간≫(1749)이 유물론에 달하였기 때문에 뱅샌에 투옥되었고, ≪백과사전≫을 지키기 위하여 그리고 거기에 넣을 수 없는 주제에 대하여 많은 논문을 발표하는 한편, 극·이야기·서간을 썼는데 그것도 거의 인쇄에 돌리지 않고 친구 사이에서 나눈 회람과 사본의 형식으로 남겨 두었다.

 박해에도 굴하지 않았던 디드로도 딸 앙젤리크의 결혼 비용을 위해 1765년, 장서를 러시아 여제 예카테리나 2세에게 팔지 않으면 안 되었다. 여제는 그를 사서로 임명하여 앞으로 50년간의 급료를 선불하고, 그 장서를 그의 생존시엔 그대로 사용하도록 하였다. ≪백과사전≫ 완성 후 그는 감사의 뜻을 표하기 위하여 페테르부르크로 가서 7개월간 체재하였다. 그리고 1784년 예카테리나 여제가 제공해 준 파리의 호화로운 아파트에서 많은 미간행 원고와 잡지 기사를 썼다. 그의 최대의 걸작 ≪라모의 조카≫는 그의 친지 그림의 비공개 ≪문예통신≫에서 괴테가 읽고 감격하여 독역으로 공개하였고, 1821년 그 불역이 나와 1891년에 비로소 원작이 발견되었다고 하는 문학사상의 한 드라마를 낳았다.

 디드로의 초기, 특히 ≪철학사색≫ 사상에는 볼테르의 영향 외에도 위에서 간단히 언급한 영국의 경험론과 이신론의 영향이 눈에 띄었으나, ≪맹인서간≫에 이르러서는 이신론을 청산하고 독특한 유물론에의 첫걸음을 내디뎠다.

 디드로의 철학은 그후 독자적인 무신론, 에너지론적인 유물론으로 발전되고 완성되었다. 그는 실험과 관찰을 중히 여겼을 뿐만 아니라 과학적 가설을 세우는 근대적 방법론을 지지하고 그 시대의 사상가의 모순을 해결하려고 노력하였다. 즉 당시 한쪽에서는 과학적·유물론적인 세계 해석이 형성되고 있으면서도, 도덕론·인간관·심미관이란 점에서는 최고 존재라는 유심론적인 원리가 채용되는 모순을 그는 일원론적인 원리로 해결하려고 하였다. 그의 일원론적인 원리를 여기서 길게 설명할 수는 없으나 그에 의하면,

"모든 동물은 다소간은 인간이며, 모든 광물은 다소간은 식물이며, 모든 식물은 다소간은 동물이며…… 자연에는 어느 것이나 다른 것과 구별되는 것이 없다."

≪달랑베르의 꿈≫

그리고,

"인간은 절대적인 죽음에서 생으로 이행하는 것이 아니다. 생에서 일시적인 죽음으로 또, 그 반대로 이행하는데 지나지 않는다."

≪생물학 요강≫

라고 말하고 있듯이 물질과 정신의 연쇄와 함께 생물과 무생물의 연쇄, 그리고 일체의 것의 연쇄와 상호 침투를 인정하고, 세계의 일원론적 종합 가능성을 확신하였다.

극에서도 디드로는 이론적 개혁가였다. 그 당시 고전비극의 장르는 이미 시들고 있었는데 부르주아극으로서 아직 힘이 약한 니벨르 드 라 쇼세 풍의 눈물의 희극이 행해지고 있을 뿐이었다. 그리하여 그는 이를 한 걸음 전진시켜 새로운 시민극으로까지 높이려고 했다. 이러한 그의 노력으로 근대적인 형식, 드라마의 관념이 생겨나게 되었다. 그의 시작인 ≪사생아≫와 ≪가장≫은 볼 것은 없으나 그의 연극 이론은 바로 고전주의의 이론을 크게 개혁한 것으로 ≪극시론≫, ≪사생아에 대한 대화≫ 일명 '도르발과의 대화'(1757), 배우론인 ≪역설, 배우에 대하여

≫(1773)엔 혁신적인 견해를 피력하고 있었다. 그 주장은 고전주의의 장르에 따르는 비극·희극으로서는 현실을 표현할 수 없고, 그 중간의 진지한 극이라는 새로운 장르를 만들어야 하며, 주제는 진실하고 자유스러운 일상적인 현실과 일반 시민 생활에서 취재하여, 고전극처럼 추상적이고 보편적인 성격이 아니라 현실의 사회적인 인간의 개성과 계급적 신분을, 등장인물의 행동과 정신상태를 신분과 직업의 특질과 가정의 상황에서 끌어내어 대사도 음률이 없는 자연스러운 일상 용어를 써야 한다는 것이다.

소설에서도 그는 똑 같은 이론을 주장하여 이 장르의 발전에 기여하였다. 프레보 등이 소개한 리처드슨(1689~1761년)·필딩(1707~1754년) 등 영국 소설가는 루소·디드로 등의 심미관과 소설관에 결정적인 영향을 끼쳤다. 이후 18세기 소설가 레티프·라클로·사드에까지 영향을 주었는데, 디드로는 특히 리처드슨에 열중하였다. 리처드슨의 소설에서는 중간계급의 평범하고 단순한 가정 생활 속에 드라마의 중심이 놓여지고, 로맨틱한 감동적인 연애를 통하여 시민 도덕이 설명되고 있다는 데 감명받았다.―≪리처드슨 예찬≫(1762)―그러나 소설가로서의 디드로는 이 시민적인 미덕의 강화와 정념에 대한 예찬 이상으로 생리와 심리의 연관, 외적 환경의 내면에의 투영을 문제삼는 레알리즘과 동시에 모럴리스트적 통찰에서 그 역량을 발휘하고 있다. 소설에는 ≪수녀≫(1760~1761년), ≪운명론자 자크와 그의 주인≫(1772~1774년), ≪라모의 조카≫ 외에 두세 편의 뛰어난 단편이 있다. 최대의 걸작 ≪라모의 조카≫는 생전에는 발표되지 않았고 그 원고의 존재조차 모르고 있었는데, 위에서 본 바와 같이 괴테가 비로소 독역으로 세상에 알린 것이다.

이것은 대화 형식으로 된, 풍자문도 아니고 소설도 아닌 작품으로, 철학자(디드로)와 유명한 음악가 라모의 조카가 카페에서 몇 시간 동안 나눈 이야기다. 라모의 조카는 보호자의 집에서 쫓겨난 화풀이와 예술·철학·사회제도 전반에 걸친 이상한 의견을 전개한다. 그는 사교계의 유명한 살롱을 돌아다니는 방랑자며, 실은 디드로를 중심으로 한 앙시클로페디스트 내지는 철학자들의 비열한 논적의 일원인데, 쫓겨난 화풀이로 자기 무리와 보호자들의 내막, 즉 전력과 금력의 기만적인 술책과 그들의 정신적인 비참함을 악에 대한 예찬과 대악당이 되지 못한 소악당의 슬픔을 섞어 가면서 여지없이 폭로하고 있다.

이상과 같은 내용의 소개만 갖고는 잘 이해하기 어렵겠지만, 이 소설은 풍자소설로서 뛰어날 뿐만 아니라 라모의 조카라는 독창적인 개성 내지는 문학적 전형으로 발자크의 레알리즘과 연결되며, 괴테에게도 영향을 줄 만큼 아주 특이한 작품으로 높이 평가받고 있다.

디드로는 미술 비평의 분야에서도 위대한 선구자적 역할을 하였다. 그가 그림의 ≪문예통신≫(1753~1791년)에 발표한 전람회 비평 ≪살롱≫(1759~1781년)은 근대 미술 비평의 효시이며, 스탕달과 보들레르, 공쿠르의 비평에 영향을 주었다. 그의 미학론 ≪미의 기원과 본성에 관한 철학적 연구≫(1752)와 ≪회화론≫(1765) 등도 근대적인 실증주의 미술 이론의 중요한 원칙을 소묘하고 있다. 그는 루소와 함께 당시의 음악 논쟁, 어릿광대의 싸움에 참가하여 궁정음악을 비평하고 선율을 강조하는 음악론을 쓰고 있다.

마지막으로 감성의 철학자 디드로는 위와 같은 생생한 면모로 다음에 문제삼을 감성파의 문학에 접근하고 있다.

고전주의 이후의 이성과 감성의 균형이 장 자크 루소(1712~1778년)에 의하여 감성 쪽으로 기울어진 것은 사실이지만, 이성 존중에서 그는 역시 앙시클로페디스트와 다름이 없었다.

루소는 제네바의 프랑스 계통 신교도의 집에서 태어났다. 그의 부친은 시계공이었고 모친은 그를 낳고 이내 세상을 떠났다. 어린 루소에게 눈물을 흘리며 모친에 대한 추억을 이야기하거나 전세기의 감상적 소설을 읽어 주며 밤을 지새우는 부친에 의해 그는 타고난 공상벽을 발전시켰고, 몸소 연애소설과 플루타르코스에 열중하여 조숙한 감수성이 자극되었다. 10세 때 부친이 실종되어 가정을 잃고 친척집에 맡겨져서 머슴 생활을 했다. 16세 때에는 고향을 떠나 방랑생활에 들어갔다. 소년시절 칼뱅의 도시에서의 생활, 알프스의 산악 풍경, 청교도적인 풍속 등의 분위기가 그의 정신 형성에 적지 않은 영향을 주었다.

16세 때 안시의 바랑스 부인(1699~1762년)의 권유로 토리노 수도원에 들어가 카톨릭교로 개종한 후 시복·비서·음악교사·사기꾼의 조수 등을 하며 방랑생활을 하다가, 샹베리에 옮겨 살고 있던 바랑스 부인에게로 되돌아와 1731년부터 약 10년간 부인과 함께 살며 독학으로 방대한 학식을 체득하였다. 롤랑·플루쉬 등의 교육학자들, 브왈로·르 사주·볼테르 등의 작가, 피에르 베일·데카르트·라이프니츠·몽테뉴·로크 등의 철학자와 모럴리스트의 저서를 탐독하고, 그 밖에 라틴 어·역사·수학·천문학·화학·물리학을 공부하며, 부인의 살롱에 드나드는 진지한 문화인에게서 여러 가지 것을 배웠다. 그 동안 자유롭고 방종했던 부인은 루소를 사랑하게 되어 그 여자는 루소의 상상력 속에서 영원한 여성이 되고 그의 감정교육에 중대한 역할을 하게 되었다.

부인의 사랑이 그에게서 떠나자, 루소는 1742년 출세의 꿈을 실현하기 위하여 파리로 갔다. 그리하여 디드로·마리보·퐁트넬·그림 등과 친교를 맺고 사교계의 여류명사 데피내 부인에게 소개되어 디드로가 편찬하는 ≪백과사전≫에 협력하였다. 1745년에는 생애의 반려자가 된 여관의 하녀 테레즈 르 바쉬르와 부부 관계를 맺고, 이후 둘 사이에서 태어난 어린애 다섯을 차례로 양육원에 보내어 일생의 후환과 비난의 씨를 뿌렸다.

1750년 옥중의 디드로를 만나러 가는 도중 디종의 아카데미 현상 논문 모집을 알고 응모, '학문과 예술의 진보는 풍속의 순화에 공헌하는가?'의 물음에 농 부정적인 답—이라고 대답한 ≪학문 예술론≫(1750)으로 일등에 당선되어 일약 이름을 높이고 반향을 불러일으켰다. 이후 그는 귀족사회에 순응하는 사교생활을 단념하고, 자기의 생활과 신조를 일치시키는 자기 개혁을 의도하여 검소한 생활에 노력하며 악보를 필사하는 일을 생업으로 삼았다. 그리고 국왕 앞에서 공연한 오페라 ≪마을의 점쟁이≫(1752)의 대성공에도 등을 돌리고 1754년에 제네바로 돌아가 신교에 복귀하였다. 1755년에는 역시 디종의 아카데미 현상 논문에 제출하여 낙선한 ≪인간 불평등 기원론 및 근거론≫(1755)을 발표하여 시당국을 자극, 또다시 고향을 떠나 파리로 되돌아왔다.

1756년 데피내 부인의 보호를 받고 파리의 교외 몽모랑 시의 별장, 이른바 레르미타쥬에서 조용한 전원생활을 하였는데, 부인의 시누이 두드토 부인에게 정열을 기울였기 때문에 문제가 되어 중개에 나선 그림과 디드로와도 절교해 버렸다. 이듬해 레르미타쥬에서 나와 역시 몽모랑 시의 룩상부르 원수가 제공한 집에서 살았다. ≪라 누벨 엘로이즈≫(1761), ≪사회 계약론≫(1762), ≪에밀≫(1762) 등 중요한 작품을 계속 발표하여 감성의 존중과 자연에의 감정 이입의 풍조를 일게 하였는데, 파리 고등법원은 ≪에밀≫을 소각하고 루소의 체포를 명하였다. 1762년부터 제네바·프로이센·스위스·영국 등지로 전전하며 안식처를 찾아 방황하다가 1770년에야 파리로 돌아올 수가 있었다. 그간 ≪고백≫(1765~1770년)을 써서 개인적인 심정을 토로하고, 그후 여전히 악보의 필사로 생계를 유지하며, 1776년부터 ≪고독한 산책자의 몽상≫을 쓰다가 1778년 지라르댕 후작의 초청으로 에르메농빌르로 옮긴 후 갑자기 세상을 떠났다.

≪학문 예술론≫은 루소의 사상적 출발을 뜻하는 중요

한 작품으로, 그는 학문과 예술의 발달이 인간을 타락시키다는 것을 증명하고 있다. 여기에 벌써 루소의 자연사상에 대한 최초의 소묘가 나타나 있으며, 그것은 새로운 가치의 예고로서 사람들에게 충격을 주었다. 이 자연은 그의 자기 비판과 자각이 계기가 되어 생겨난 것으로, 그 후부터 루소는 귀족사회에 순응하는 사교생활을 단념해 버리는데 그것은 위에서 말한 바와 같다.

《인간 불평등 기원 및 근거론》은 디종의 아카데미에서 1754년도 현상의 과제 '인간 사이의 불평등의 기원은 무엇이냐, 그것은 자연에 의해 시인될 수 있는가'에 답한 논지의 과격함 때문에 낙선된 논문인데, 제네바 공화국에 대한 헌사를 붙여 발표하였다. 격렬한 이성의 타락의 역사, 인류의 낙원 상실에 대한 분석은 넌지시 전제사회라는 현실을 가리키면서 다음의 정치적 대작 《사회 계약론》의 중요한 부분을 예고하고 있다. 이 작품을 쓰기까지의 루소는 오로지 사회 비판으로 일관하고, 자연을 잃은 현대사회의 인간의 비참함을 호소하였다. 그리고 그 타락한 인간과 황폐한 사회의 회복이 사상가로서의 그의 과제였다. 그 해답은 《줄리》 부제 '라 누벨 엘로이즈', 《사회 계약론》 부제 '정치 권력의 제원리', 《에밀》 부제 '교육론'으로, 그의 3대 대표작이다.

《라 누벨 엘로이즈》는 당시 유행하던 서간체의 장편소설로 '알프스 산 기슭의 자그마한 도시에 사는 두 연인의 편지'라는 단서가 붙어 있는데, 이 작품이 중세 신학자 아벨라르와 엘로이즈의 정신적 사랑의 서간에서 딴 것임은 물론이다.

 이 소설은 지금은 낡은 설교가 많이 눈에 띄어 루소의 유명한 작품 중에서도 가장 읽혀지지 않게 되고 말았지만, 도시 악을 떠난 전원생활의 행복이 묘사되어 프랑스 문학에서는 볼 수 없었던 자연묘사, 특히 그 감상성과 연애의 이상주의가 폭발적으로 환영을 받았다. 그 때문에 파리를 중심으로 한 도시적인 문화에 몸을 담고 추상과 추리에 권태를 느끼고 있던 당시의 사람들은 이 소설을 다투어 읽었다.

 ≪사회 계약론≫의 첫머리에서,

 "사람은 자유로운 존재로 태어난다. 그런데 도처에서 철쇄에 묶여 있다. 자기를 다른 사람들의 주인이라고 생각하는 사람도 역시 그 사람들 이상으로 노예인 것이다." 라고 말하고 있듯이, 이 작품은 정치제도상에서나 정신적·도덕적인 면에서나 자유를 빼앗기고 있는 사회에서의 인간의 자연을 회복하는 이론을 제공하려고 한 것이다.

 위에서 본 바와 같이 이 작품은 양보할 수 없는 주권 등에 대한 주장이 있어서, 국민의 주권을 기본으로 한 민주주의 정치이론으로서 근대의 정치사상에 적지 않은 영향을 미치고 프랑스 혁명의 인권선언에 이론적 근거를 제공하였다.

 ≪에밀≫은 에밀이라는 고아가 요람에서 결혼까지 이상적인 가정교사의 면밀한 계획에 의한 지도로 성장해 나가는 과정을 교양 소설의 형식으로 쓴 것인데,

 "조물주의 손에서 떠날 때는 모든 것이 선하고, 인간의

손에 넘어가면 모든 것이 악하게 된다."
라고 말하고 있듯이, 그 의도는 어린이를 외적 환경이나 관습·편견의 나쁜 영향에서 지키고, 어린이가 갖는 자연의 싹, 즉 본질적 선성을 최대한 한 길러 주는 데 있다. 어린이의 천성을 선한 것으로 생각하여 그 자유로운 발전을 존중하는 이론은 그후의 교육 이론에 커다란 영향을 미쳤다. 그러나 이 작품에서 말하는 교육 방침을 그대로 실행하라고 강조하지는 않았다. 루소 자신이 테레즈에게서 낳은 어린애 다섯을 전부 양육원으로 보냈기 때문일 것이다. 어쨌든 당시의 교육은 이와 정반대였다. 어린 시절이란 무의미한 시기로 빨리 지나가 버리도록 하는 것이 좋다고 생각하였다. 어른과 같은 어린이를 영리하다고 보았던 것이다.

≪고백≫·≪루소가 장 자크를 재판한다≫(1772~1776년)·≪고독한 산책자의 몽상≫(1776~1778년) 3편은 만년의 작품으로 전부 사후 출판된 것인데, 문학적으로 가장 중요한 가치가 있다. ≪고백≫과 ≪고독한 산책자의 몽상≫은 전편·후편의 구실을 하는 것이며, 이 두 편의 작품은 후세에 대한 영향 면에서 ≪라 누벨 엘로이즈≫와 비교할 정도가 아니었다. 특히 ≪고백≫은 근대 소설에 고백의 성격을 부여하였고, 자아의 탐구를 향한 흥미를 가르쳤으며, 자연감정과 자연묘사라는 점에서도 로망티즘의 길을 열었다. 작자 자신의 출생부터 53세까지의 자서전이라기보다는 박해에 대한 자기 변호가 주된 동기지만, 상상력이 풍부한 루소가 회상을 통해 자기의

과거 생활을 재생시켜 시적으로 재현한 것이므로 오늘날 사람들은 허구로서 일종의 소설로서 읽고 있는 것이다. ≪고독한 산책자의 몽상≫은 파리 교외를 산책하는 작자 신변에서 회상과 사색으로 발전하고 있는데, 과거에 대한 무의지적 상기라는 프루스트적인 테마가 보이는 아름답고 감동적인 작품이다.

새로운 장르의 모색

이러한 루소의 소리는 당시 시대적인 사상의 변화를 배경으로 한 새로운 주정적인 면에 반향되어 프레로망티즘—적기 로망티즘—이란 경향으로 나타나고, 다음 세기의 문학의 길을 열어 주게 되었다.

이미 세기 전반에 마리보에 의하여 연애의 미묘한 감정에 대한 분석으로 새로운 심리분석의 경지가 열리고, 특히 프레보에 의하여 감정의 마력이 다루어져 고전주의의 윤리와 미학의 범위를 넘는 새로운 세계가 출현하기 시작했다. 그러나 디드로와 루소의 세대를 지나자 베르나르뎅 드 상 피에르의 작품에는 시민적인 새로운 인간, 감정과 상상력에 몸을 담고 부끄럽게 여기지 않는 자아의식이 강하며, 자기를 고백하는 근대인이 등장하게 되었다. 즉, 자아의 의식과 감정의 유로라고 하는 로망티즘의 2대 요소가 싹트기 시작한 것이다. 철학자와 함께 옴므 상시블르—감정이 풍부한 인간—가 모든 사람들이 동경하는 대상이 되었다.

로망티즘에 가까운 이러한 경향에 대한 생각은 고전주의 시대의 라신·라 로슈푸코까지 거슬러 올라갈 수 있으나, 18세기에 있어서의 그것은 감정과 상상력을 악의 원천으로 보지 않았다는 점이 다르다. 게다가 이러한 경향을 조장한 데는 한 걸음 더 빨리 시민사회로 발을 들여놓은 외국의 철학과 문학예술의 영향이 가해졌다는 것을 잊어서는 안 된다.

프레로망티즘 경향의 하나로는 종교 감정, 신비감이 있지만 그것보다 중요한 것은 자연미의 발견, 자연 감정의 각성이었다. 그것은 주로 루소의 소리에 의하여 각성되었음은 물론이지만, 루소의 정신적 혈연자라고 불리는 베르나르뎅 드 상 피에르의 ≪폴과 비르지니≫와 ≪자연의 연구≫에 두드러지게 나타나고 있다. 그것은 레알리즘의 창시자로 알려진 디드로의 소설과 비평, 뷔퐁의 자연 과학적 저서에서도 이미 나타나고 있음이 지적되었다.

이국취미에 대한 발아도 18세기 초엽에 나타나고 있었다. 이는 근동과 동양에 대한 취미이며, 유토피아적 여행기가 교회 선교사의 보고서와 수기에 자극되어 일어났다. 특히 중국의 제도와 문화는 몽테스키외·볼테르 등의 주의를 끌었고, 그것이 그들 작품 속에 자주 언급되어 있다. 몽테스키외의 ≪페르시아 인의 편지≫는 근동에 대한 이국취미를 교묘하게 이용해 위험한 풍자를 요리하였고, 볼테르는 위마니즘과 국면을 바꾸는 기교의 방편으로 ≪자디그≫와 ≪중국의 고아≫에서 근동과 중국의 인물과 무대를 선택하였으며, 상 피에르는 열대 풍물의 회화적인 묘사로써 문학에 다채로운 이국적 미를 투영시켰다.

이와 같이 감성파에 의한 새로운 취미는 있었으나, 18세기의 문학은 장르를 대별하는 입장에서 볼 때 산문 예술의 시대로서, 특히 소설 형식 확립의 길을 모색하고 있었다. 낡은 장르의 왕좌에 있었던 고전극은 신시대의 사상적 내용을 담을 수도 없었고 그러한 재능도 없었다. 라신을 스승으로 생각한 볼테르가 무대를 고전극의 그리스·로마에서 극동과 동양으로까지 넓히거나 사상극과 풍자극을 만든 데 지나지 않았다. 고전극의 전통은 오히려 뛰어난 시민극의 작가 마리보와 사실적인 풍자극의 작가 보마르셰 두 사람에 의하여 계승되고, 동시에 19세기 근대극으로 이어졌다.

시는 이 철학과 비평의 세기에서는 고갈되었을 뿐만아니라고 산문보다 가볍게 다루어졌다. 생전에는 대시인으로 주목되었던 볼테르도 지금은 근대 산문의 창시자 중 한 사람으로서 유명한 데 지나지 않는다. 시는 재치와 기지를 자랑하고 설교를 담는 그릇이 되어, 짧은 풍자시에서 일종의 지적 유희의 흥미를 느끼게 할 뿐, 유명한 《오드》의 작자 장 바티스트 루소 등의 약소한 서정시인보다는 오히려 장 자크 루소의 산문에서 풍부한 무운(無韻)의 시가 흐르고 있었다. 단지 세기 말엽에 앙드레 셰니에라는, 로망티즘의 시인들에게 영향을 미친 참다운 시인만이 빛나고 있을 따름이었다.

그러나 아직 소설은 명확한 장르로서의 형식을 갖고 있지는 못하였다. 그럼에도 불구하고 소설은 어느 장르보다도 여유가 있고, 고전주의의 정통에 구애되지 않는 자유로운 형식이었던 까닭에 커다란 비약을 약속하고 있었고, 신흥 부르주아지의 취미에도 맞거니와 서민의 산문적인 생활이라는 폭넓은 테마를 다룰 수 있는 형식은 소설밖에 없었다. 이 장르는 이미 서민 문학의 중요한 형식으로 된 영국 소설에서 커다란 자극과 영향을 받아 크게 성장하게 되었다. 그리하여 그것은 19세기 초엽에 비약적으로 확대하는 새로운 독자층에 의하여 근대 문학의 지배적 장르가 되는데 그 기초는 여기서 이루어진 것이었다. 18세기의 작가들은 이 형식을 여러 가지로 시도하여, 19세기에 비하면 미분화 상태기는 하였으나 어느 정도 성공을 거두었다.

베르나르뎅 드 상 피에르(1737~1841년)는 열렬한 루소 숭배자며, 흔히 루소의 정신적 제자라고 불리고 있다. 몽상적이고 정열적인 점에서 루소에 가깝고, 프레로망티즘에 직접 연결되는 작가다.

그는 영불 해협을 바라보는 센 강 하류의 항구 르아브르에서 태어났다. 모험심에 사로잡혀 젊어서부터 각국을 돌아다니고 인도양의 고도 모리스 섬—프랑스 섬—에도 체류한 일이 있었다. 그 섬에 대한 회상을 토대로 하여 쓴 것이 처녀작 ≪프랑스 섬 여행≫(1773)이다. 1772년 루소를 알게 되고, 그에게 공명하여 그 영향을 크게 받았다.

1784년에는 대작 ≪자연의 연구≫ 3권을 발표하였다. 이것은 자연계의 과학적 연구가 아니라 그의 소박한 범신론적인 신앙을 시적으로 표현한 것이며, 자연의 조화적

미에 의하여 신의 존재를 증명하고 자연계에 나타난 신의 섭리를 밝히려고 한 것이다. 이 열렬한 자연 예찬과 자연 묘사는 루소의 영향이며 샤토브리앙을 예고하고 있다.

 이 작품의 4권이 유명한 ≪폴과 비르지니≫(1787)인데, 루소와 같은 자연 상태를 연상시키는 자연 속에서의 순진하고 소박한 소년과 소녀의 연애 이야기다.

 인도양의 고도 프랑스 섬의 아름다운 자연에 싸여 자란 소박한 소년 폴과 소녀 비르지니는 어느 사이에 순결한 사랑을 맹세한다—사랑의 발생과 연애의 표현은 극히 언어적이지만 감성적은 아니다—소녀는 부자인 숙모에게서 초대를 받고 프랑스로 간다. 그러나 유럽의 문명 생활에 환멸을 느끼고 폴과의 약속을 지키기 위하여 돌아오는데, 배가 그리운 섬이 바로 눈앞에 보이는 곳에서 난파한다. 귀부인처럼 성장하여 긴 드레스를 입은 그 소녀는, 한 수부가 구하려고 물에 들어갈 수 있도록 옷을 벗어 달라는 부탁을 수치 때문에 거절하고 반쯤 미친 폴의 눈앞에서 배와 함께 물 속으로 침몰한다.

 자연과 선량한 본성에 의한 행복은, 문명사회의 악인 금력이나 사회적인 편견, 습관에 의해 파괴된다는 테마는 단순한 것이지만, 전편이 소박하고 신성한 자연 감정에 넘쳐 있으며, 순결한 인물들의 초상과 함께 대자연의 모습이 선명하게 묘사되어 있고, 열대의 풍경과 이국취미와 회화적인 미가 강하게 독자를 매혹하여 로망티즘의 작가들에게 깊은 영향을 주었다.

 18세기 후반 극분야의 공백을 혼자 도맡아 메워 나간

유일한 존재 보마르셰(1732~1799년)는 혁명 전후의 혼란과 에너지 시대를 체험한 다재다능한 기술자요, 생활력이 강한 모험가며 천재적인 희극작가였다.

그는 처음에는 그 시대에 유행했던 진지한 극작품을 쓰기로 하여 ≪위제니≫ 일명 '절망의 미덕'(1766)과 ≪두 친구≫(1770)를 발표했으나 실패하고 말았다. 그의 문학적 역량이 충분히 발휘된 때에 이르러서야 비로소 18세기 최대의 극작품이 쓰어졌다. ≪세빌랴의 이발사≫(1775)와 ≪피가로의 결혼≫(1785)이 그것이다. 이 두 작품은 그후의 ≪죄 많은 어머니≫(1792)와 함께 3부작을 이루고 있는데, 후자는 초기의 진지하고 감상적인 도덕적 교훈을 담고 있어 다소 박력이 모자란다.

≪세빌랴의 이발사≫는 부제 '필요 없는 조심'으로도 알 수 있듯이 자기가 기른 양녀와 결혼하려는 노의사의 시도가 실패한다는 내용으로, 몰리에르의 ≪아내의 학교≫와 같은 테마다. 몰리에르의 경우는 노인의 비애와 익살이 주제이지만 여기서는 노의사는 단지 조소의 대상이 되는 데 지나지 않는다. 이 줄거리를 가지고서는 잘 이해할 수 없을 것이다.

여기서의 중심 인물은 이발사인 피가로인데 그는 종복의 모습을 벗어난 개성적 인물상으로, 작자의 파란 많던 과거를 언뜻 느끼게 할 만큼 어떤 난관도 극복하고 마는 재치와 도량이 있는 타입이다.

≪피가로의 결혼≫에 '광기의 하루'라는 부제가 붙은 이 작품은 1780년에 이미 쓰어져 공연이 준비되었으나 금지

당한 상태였다. 그러니만큼 더욱 널리 알려져서 공연 첫 날에는 부상자가 날 정도로 관객이 모여들었고, 종복의 입에서 토해진 귀족에 대한 항변으로 인해 피가로는 혁명 전야의 시민계급의 챔피언이 되었는데, 귀족들도 웃으며 보고 있었다고 한다. 그러나 작자는 혁명을 바라고 이 극을 쓴 것은 아니었다.

16세기에 그렇게도 화려한 꽃을 피웠던 서정시도, 이후 150년간 불모의 시대를 지나고 있었다. 18세기 말엽 앙드레 셰니에(1762~1794년)가 나타나지 않았던들 이른바 고전주의―넓은 의미에서의 고전주의―의 시대에는 한 사람의 서정시인도 출현하지 못한 채 19세기 로망티즘의 시를 맞이했을 것이다.

앙드레 셰니에는 독특한 사상을 가진 대시인은 아니었다. 그는 무신앙가였으며, 진보적 사상을 가지고 그것을 시에 담는 의욕을 보였다. 그는 또 관용의 정신을 가지고 있었다. ≪미신≫이라는 시를 써서 광신이 얼마나 무서운 것인지를 설명하려고 하였다. 이러한 사실에 비추어 볼 때 사상적으로 그가 얼마나 철학의 시대인 18세기의 아들이었나 하는 것을 알 수 있다. 따라서 시대 사조를 말하는 입장에서 보면 그는 독특한 사상을 가진 대시인이라고는 할 수 없다.

그가 적어도 18세기가 낳은 최대의 시인이라고 하는 이유는 당시의 흔해빠진 사상을 새로운 형식으로 나타내려고 한 데에 있다. 그의 시형식은 당시의 고갈된 시인들의 그것에 비하면 놀라울 만큼 생생하다. 그 부드러운 운율, 대담하고 풍부한 압운, 애절한 화폭, 청신한 감정 등, 셰니에의 시를 읽으면 독자는 곧 다른 세계로 끌려들어가는 인상에 사로잡힌다.

셰니에는 이런 시형식을 어디서 배웠는가? 그는 그것을 그리스의 고전시에서 배웠다. 셰니에는 콘스탄티노플의 무역상인 부친과 그리스 인인 모친 사이에서 태어났다. 그러므로 그는 그리스의 피를 이어받고 있었다. 그리고 그리스를 여행하여 직접 그리스 풍경과 접하였고, 당시 성행하고 있던 그리스학을 충분히 이용할 수가 있었다. 타고난 그리스적인 감수성이 그리스의 고전시에 접하여 촉발되었던 것이다. 이러한 의미에서 그의 시는 단지 그리스나 로마의 고전시의 모방이 아니다.

그는 ≪젊은 타랑트의 여인≫·≪맹인≫·≪거지≫ 등 그리스적 주제에 의한 몇 편의 아름다운 시를 남겼는데, 죽음을 눈앞에 두고 생 라자르 감옥에서 지은 ≪풍자시집≫(1764)은 자유와 정의를 구하는 비통한 부르짖음을 전해 주는 최대의 걸작이다.

> 황혼의 남은 빛, 남은 미풍의
> 하루의 마지막을 숨쉬게 하듯
> 나, 형대 아래서 지금도 시의 하프를 잇나니,
> 나의 처형의 시간도 가까워지는구나.

셰니에의 시집이 1819년 처음으로 발표되었을 때, 로망티즘의 시인들은 그의 시풍의 자유로움과 용어의 구체적인 아름다움에 감동하였다. 빅토르 위고와 같은 시인은 거기에서 '새로운 시의 탄생'을 보았다.

그러나 셰니에는 새로운 시의 "창시자라기보다는 오히려 멸망하려고 하는 예술적 종국의 출현이다. 18세기의 취미와 이상과 사상이 그에게로 귀결되고 있다. 그는 시인 중에서 가장 로맨틱하지 못한 시인이다."

—아나톨 프랑스—

사실 셰니에는,

"새로운 사상 위에다가 고대적 시를 만들자꾸나."
라고 ≪창의≫라는 시에서 노래하고 있는데, 이것은 그의 시인으로서의 신조를 표현하는 유명한 시구다. 로망티즘의 시인들은 그를 자기들의 선구자로 보았으나, 그는 오히려 고전주의의 마지막 시인이었다. 그리고 그는 몽상·우수·죽음의 상념이란 테마를 다루고 있으나 그것을 로망티즘의 시인들처럼 개인적인 정열에 의하여 다루고 있지는 않다. 그러한 시의 소재를 비개인성에 의하여 간결하게 노래하고 있다. 그러므로 그는 오히려 고답파의 선구자라고 하여야 할 것이다.

그는 생전에 두 편의 시를 발표하였을 뿐, 남겨진 작품도 대부분 미완성의 단편들이다. 대혁명이 32세라는 그의 젊음을 앗아가지 않았던들 아마도 그는 롱사르에 의하여 시작된 고전시의 이념을 완전히 실현할 유일한 존재였었는지도 모른다.

로망티즘의 구가

망명의 격정과 프레로망티즘

프랑스 혁명의 추이와 제정으로의 이행에 따라서 망명자들은 입헌왕정파, 온화혁명파, 그리고 반나폴레옹의 자유사상가로 바뀌어졌다.

그런데 그들은 정도의 차는 있지만 외국인들의 사상과 감정을 자기 나름대로 이해할 수 있을 만큼의 연륜을 망명지에서 쌓고 돌아왔다. 스탈 부인은 이탈리아와 독일에서 그 독특한 이미지를 지니고, 샤토브리앙은 영국의 정치와 미국의 원야를 알고 돌아왔다. 그들은 '다름이 아닌 자기 나라에 뿌리를 뻗치고' '우리들의 개인적 인상을 가지고 우리들을 감동시키는' 문학에 따라 로맨틱함의 개념을 창시하고 클래식함의 개념과 대립시켰다. 그리하여 스탈 부인은 로망티즘을 낳은 어머니로서 그 문학이론을 준비하고, 샤토브리앙은 로망티즘을 낳은 아버지로서 그 감수성의 면을 준비하였다. 이러한 로망티즘으로의 이행을 프레로망티즘이라고 한다.

사실 프레로망티즘은 18세기 말엽부터 19세기 초엽까지 문학에 나타난 하나의 경향인데, 프랑스 문학의 일부는 이미 18세기에 고전주의의 이념에서 로망티즘의 이념으로 이행하고 있었다. 위에서 본 바와 같이 18세기에는

17세기의 뒤를 이어 이성의 우위를 주장하는 이성파의 흐름과 그와 다른 감성파의 흐름이 있었다. 그러나 이성파가 주류를 이루어 외부세계는 물론 인간 전체의 복잡한 기구도 이성의 빛을 던짐으로써 제거할 수 있으며, 따라서 인간의 행복을 실현할 수 있다고 생각하였다. 한편 감성파는 이성의 빛은 좋지만 인간이 진정으로 행복하게 되는 것은 서로가 이해하고, 남을 위하여 선을 행함으로써 느끼는 바로 그것이므로 느낀다는 것이 추리한다는 것보다 소중한 것이라고 생각하였다. 그런데 그와 같은 생각은 일찍부터 있었다. 정확하게 말하면 17세기 말엽부터 그러한 생각이 나타나, 시대의 흐름에 따라 점점 강하게 되어 1760년 전후 루소가 작품을 쓸 무렵에는 이성파와 맞설 정도가 되었다.

그러나 무엇을 느끼는 마음 내지는 느끼기 쉬운 마음이란 것의 내부를 좀더 자세히 살펴보면, 일상적이고 외적인 것이라든지 쾌락으로는 도저히 채울 수 없는 마음 속 어느 구석에 공허한 데가 있어서 무엇으로든 채우고 싶은 동경, 우울한 것에 대한 갈망, 영문 모를 불안, 마음의 동요·초조 따위가 있다는 것을 알 수 있다. 이것은 새로운 마음 상태이며, 오히려 후의 로망티즘에 가까운 정신 상태다. 이러한 18세기 정신의 변화를 나타내는 현상을 프레로망티즘이라 부르는데, 근대인은 거기서 태어나게 되었다.

왜 이러한 감성의 일렁임이 그 시대에 생겨났는지를 그 이후 문학사가들은 여러 가지로 생각하고 있다. 18세기에 들어서면서부터 외국 문학, 특히 영문학의 영향이 전부는 아니지만 그 유력한 원인이라고 보고 있다. 최근, 비교문학 연구가 성행하여 이 프레로망티즘 시대 유럽에서의 문학 교류의 모습이 밝혀지고 있다. 이에 의하면 18세기 초엽부터 셰익스피어의 작품이 프랑스 사람들의 눈앞에 계시되고, 이어 리처드슨 등이 프랑스에 소개되었다. 이 영문학은 이지와 균형의 프랑스 문학 앞에, 즉 자연과 정열, 가정생활의 순화와 감동, 문명 이전의 소박함과 밤의 명상 등을 구하게 된 정신에 절호의 양식을 부여하였다. 그리고 스위스의 자연 시인들의 목가라든지 영국의 자연 시인들이 계절을 노래한 시 등이 수입되어, 자연과 명상과 고독을 좋아하는 사람들을 만들어 내는 데 알맞은 문학이 프랑스에 널리 퍼지게 되었다. 이러한 변화를 쉽게 받아들일 바탕이 이루어진 프랑스 정신 위에 가해진 외국 문학의 영향으로, 위에서 말한 바와 같은 마음의 상태가 형성되었다. 그 새로운 불안한 마음이 그것에 알맞은 표현을 구하고 모색하던 시기가 바로 프레로망티즘의 시대다.

이 시기에 문학 이론의 보급자로서 그 이름과 재치를 전 유럽에 떨친 스탈 부인(1766~1817년)은, 스위스의 은행가며 루이 16세의 재무부 장관이었던 네케르의 딸로 파리에서 태어났다. 모친은 프랑스 계의 신교도였으며, 파리에서도 가장 지적인 살롱을 열고 있었다. 프랑스의 관습에 반한 제르멘느 네케르는 어릴 적부터 모친의 살롱에서 디드로·뷔퐁 등 18세기 후반의 유명한 철학자·문학자들의 이야기를 듣고 다감한 소녀 시절을 보냈다. 20세 때 17세 연상의 파리 주재 스웨덴 대사 스탈 홀스타인 남작과 결혼하고, 젊은 나이에 스스로 사교적인 살롱을 열었다. 그러나 혁명의 영향으로 그 살롱은 정치적인 색채가 짙게 되어 드디어 나폴레옹과 충돌하게 되고, 1803년에는 파리의 주위 40리 이내에 거주해서는 안 된다는 명령을 받았다. 그후 스탈 부인은 오랫동안 스위스에 체재하면서 독일·이탈리아·러시아 등지를 여행하였는데, 그러한 일생이 부인의 문학자로서의 저작 생활에 적지 않은 영향을 주었다.

스탈 부인의 작품에는 ≪문학론≫(1800), 소설 ≪델핀느≫(1820)와 ≪코린느≫(1807), 그리고 ≪독일론≫(1814) 등이 있다.

스탈 부인은 ≪문학론≫에서 몽테스키외가 ≪법의 정신≫에서 주장한 상대성의 사상을 문학에 적용하였다. 18세기의 프랑스가 문학 내지는 문화 일반을 창조하거나 비판할 때 그 기준으로 하였던 취미와 미라는 것에는 공통성이나 보편성이 있는 것이 아니며, 문학 내지 문화 일반은 그것이 만들어지는 풍토와 사회제도의 관계에서 고찰되지 않으면 안 된다고 하였다. 이것은 환경과 시대에 따르는 미의 여러 가지 모습을 인정하였다는 점에서, 절대적이고 일률적인 미를 이상으로 하고 있던 고전주의의 미학과 대립되는 생각이다. 또 부인은 이 작품 속에서 새로운 시대에는 상상력과 감정에 호소하는 문학이 필요하다고 말하고 있는데, 이러한 생각은 이후 로망티즘의 가장 두드러진 특징의 하나가 되었던 것이다.

《독일론》은 부인이 나폴레옹과 충돌하여 독일로 망명여행을 한 뒤에 나온 작품이다. 부인은 거기서 《문학론》을 응용하여 문학을 남방 문학과 북방 문학으로 나누어 설명하고, 북방 문학의 대표인 독일 문학의 사상과 철학을 그 풍속·관습·풍토와 함께 자세히 소개하며, 그때까지 프랑스 사람들이 멸시하고 있던 독일학의 우수성을 역설하고 있다. 프랑스의 고전주의가 그리스·로마 문학을 이식하여 모방하고 있는 데 반하여, 독일 문학은 민속의 정신 그 자체에서 생겨난 로맨틱한 것이라고 하여 그것을 권장하였다. 이와 같이 한때 유럽을 풍미한 프랑스의 고전주의에 대립하는 로맨틱한 문학을 제기하였다는 점에서 이 작품은 로망티즘 작가들에게 강렬한 이론적 지주가 되었다.

그리고 부인은 소설 《델핀느》에서 '규칙을 벗어나서 연애하는 부인에게 여론이 가하는 시련과 투쟁'을 그리고 있는데, 이것은 이후 여성 해방을 위한 문학과 사회소설의 선구로서 조르주 상드에게 계승된다.

《코린느》는 이탈리아를 배경으로 그 나라의 천재적인 여류작가의 연애를 그린 재능의 독립성이라는, 역시 로망티즘의 선구적 구실을 한 작품이다.

주인공 코린느는 두말할 것도 없이 스탈 부인 자신인데, 재치있고 독립심이 강한 여성은 반드시 세론의 대상이 된다는 생각을 이야기하고 있다. 이 작품의 부제 '이탈리아'가 말하듯이 그 나라의 풍속과 특질을 묘사하여 《

문학론≫에서부터의 주제인 북방 문학과 남방 문학의 비교, 카톨릭과 프로테스탕트를 자세히 비교하며, 부인의 중심사상인 문학상의 코스모폴리티즘을 충분히 그려내고 있다.

스탈 부인과 함께 로망티즘을 낳은 어버이라고 불리는 샤토브리앙(1768~1848년)은 브레타뉴의 상말로에서 귀족의 아들로 태어났다. 엄격하고 침울한 부친, 병약한 모친, 그리고 병적일 만큼 신경질인 누님 등의 가정환경과 브레타뉴의 황량한 자연 환경 속에서 고독하고 몽상에 잠긴 소년시절을 보내고, 육군 소위가 되어 군대생활을 시작해 파리의 궁정과 사교계에 진출하였다. 그러나 혁명이 일어나자 과격한 민중의 행동에 불만을 느끼고, 게다가 타고난 모험심에 사로잡혀 23세 때 미국으로 건너갔다. 그런데 루이 16세가 체포되었다는 소식을 듣고 곧바로 귀국하여 반혁명군에 가담하였으나 부상당하고, 이어 영국으로 피신해 그곳에서 비참한 망명생활을 보냈다. 1800년에 혁명의 혼란이 가라앉자, 다시 귀국하여 이듬해에는 영국 선물인 ≪아탈라≫(1801)를 발표하여 대성공을 거두고, 그 다음 해에는 영국 선물인 ≪그리스도교 정수≫(1802)를 발표하여 일약 유명해졌다. 1803년 나폴레옹에게 등용되어 로마 주재 서기관에 임명되었으나, 얼마 지나지 않아 사표를 제출하고 근동의 성지 방문길에 올랐다. 그 여행의 선물인 ≪순교자≫(1809)와 ≪파리에서 예루살렘의 여행≫(1811)을 발표하였는데, 그의 문학자로서의 생활은 이 시기에 거의 끝났다. 그후 왕정이 복고되자 그는 정치가로서 화려한 활약을 하다가, 1830년 7월혁명 이후 은퇴하여 미모와 재치로 알려진 레카미에 부인의 살롱에서 조용한 만년을 보내며, ≪무덤 너머에의 회상≫(1840~1848년)의 집필에 전념하였다.

그의 주요 작품은 ≪아탈라≫와 ≪르네≫를 포함한 ≪그리스도교 정수≫ · ≪무덤 너머에의 회상≫이다.

전자는 18세기의 무신론적 철학사상에 대항하여 그리스도교의 옹호와 재건을 위하여 씌어진 것으로, 교의와 교리 · 시학 · 미술과 문학 · 제사(祭祀)의 4부로 되어 있다. 그리스도교야말로 '지금까지 존재한 모든 종교 중에서 가장 시적이고 인간적이며 자유, 모든 예술, 그리고 문학에 가장 적합한 존재임'을 증명하고 있다. 역사적 · 철학적인 관점에서 보면 다소 주관적인 견해에 치우쳐 있기는 하지만 근대적인 영감이 필요하다는 것을 역설하고, 중세나 고딕식 예술, 프랑스 역사로 사람들의 눈을 돌리게 하였다. 또 이탈리아 문학과 영국 문학, 그리고 독일 문학의 아름다움을 표현하고 있다. 요컨대 이 작품은 서정의 새로운 원천을 밝혀 주고, 문학의 목적을 미의 표현으로 되돌렸다는 점에서 스탈 부인의 ≪문학론≫과 함께 프레로망티즘의 문학 중에서 최대의 걸작으로 평가받고 있다.

이 그리스도교 옹호 정신의 실례로서 씌어진 ≪아탈라≫에는 미국의 대자연을 배경으로 하여 늙은 인디언 추장의 청년 시대의 비련(悲戀)이 그려져 있다. 마찬가지로 그리스도교 옹호 정신의 삽화로서 씌어진 ≪르네≫에는 미국으로 건너간 젊은 프랑스 인 르네의 메울 수 없는 권태로움이 그려져 있다.

이 두 작품에서 샤토브리앙은 신대륙의 모습을 소개함으로써 로망티즘의 특징의 하나인 이국취미를 표현하고, 괴테의 ≪젊은 베르테르의 슬픔≫ 등의 계보에 속하는 르네, 혁명의 심연과 새로운 혼란 사이에서 자기의 힘을 살릴 줄 모르는 젊은이의 고독감과 권태로움을 여지없이 그려내고 있다. 이것은 로망티즘 시대의 세기병인 페시미즘을 낳게 한 원천이 되었다.

18세기 계몽철학의 영향을 받아 신에 대하여 비교적 냉담하였던 샤토브리앙이 모친과 하나뿐인 누님의 죽음으로 또다시 열렬한 그리스도교도가 된 것은 그의 영국 망명생활 때였다. "나는 울었다. 그리고 나는 믿었다."라고 ≪무덤 너머에의 회상≫에서 술회하고 있듯이 이성에 의해서가 아니라 감성에 의하여 신을 믿은 그의 내부에 이미 로망티즘의 경향이 나타나 있음을 볼 수 있다.

로망티즘의 성립과 그 구가

프랑스 문학에서의 로망티즘이란, 거의 1820년부터 1850년까지 계속된 문학운동을 말한다. 프랑스 역사에서 이 시기는 왕정복고 시대(1814~1830년)와 7월 왕정시대(1830~1848년)에 해당한다. 그리고 왕정복고 시대를 그 운동의 성립기, 7월혁명 이후의 7월 왕정시대를 개화기로 볼 수 있다. 그것은 프랑스 혁명 이후부터 대두한 시민계급이 점점 세력을 뻗치던 시대이며, 그 사이에 7월혁명을 끼고 있는데, 2월혁명(1848)을 거의 그 종막으로 보고 있다.

고전주의의 배경을 이루었던 사회가 절대군주제였음에 비하여, 로망티즘의 시대는 시민사회가 여러 가지 모순을 안으면서 성립되어 더 민주적인 현대를 향하여 힘찬 출발을 한 시대라고 하여도 좋을 것이다. 이러한 의미에서 사회의 주류가 된 시민계급의 정신적 앙양과 보조를 맞춘, 자아의 해방이 행해지던 시대다. 로망티즘의 시대부터 근대적 시민의 감정을 노래한 서정시는 드디어 개화하고, 새로운 장르인 소설이 비약적으로 발전하여 극도 새로운 방향으로 나아가게 되었다. 로망티즘은 18세기의 감성적인 문학뿐만 아니라 중세와도 깊은 관계를 맺고 있다. 이를테면 로망티즘에 커다란 영향을 미친 샤토브리앙은 그 작품 속에서 중세와 그리스도교를 찬미해 그리스·로마를 숭배한 고전주의와 대립시키고 있다. 원래 로망틱이라는 형용사는 중세의 로망이 가지고 있었던 분방하고 환상적인 것에 차 있다는 뜻이다. 그런데 로망틱이라는 말은 영국과 독일에서 수입된 것임을 잊어서는 안 된다. 뒤에서 자세히 설명하겠지만 로망티즘은 발생 당시에 중세 및 18세기의 프랑스 문학, 즉 자국의 문학과 영국 및 독일을 위주로 하는 외국 문학의 영향을 받고 생겨난 문학이다. 고전주의의 문학은 이성·절도·보편성을 그 기조로 하고 있으나, 로망티즘의 문학은 고전주의와는 이질적인 프랑스 문학과 외국 문학을 그 영양소로 하여 감성·서정·개성들을 풍부하게 담은 시민적 문학이다.

스탈 부인과 샤토브리앙이라는 19세기의 두 선구자에 의하여―전자에게서는 앞으로의 문학의 원리적인 것이, 후자에게서는 그 모델과 형식이 계시되었는데―그것이 혁명중의 혹은 제정시대의 거칠고 화려한 시대에 태어난 젊은이들에게 큰 영향을 주고, 게다가 한두 세대 정도 그 개화가 앞선 영국과 독일의 새로운 문학이 자극을 주어 새로운 경향의 문학이 태어났다. 이것이 이른바 로망티즘 문학이다.

로망티즘 문학은 위에서도 말한 바와 같이 문학의 자유주의를 표방한 것이다. 그것은 개성의 해방이 우선이며, 따라서 18세기의 고전주의 문학의 추종자들이 가졌던 문예 제작상의 법칙이라든지 규정을 파기하여 각자가 각각의 개성에 따라 문학하는 것을 제일로 삼았다. 그러므로 거기에는 중세나 고전주의 시대에서 본 양식의 획일이라든지 내용의 유사성은 없어지고 각자의 개성을 발휘한 수많은 꽃이 피어났다. 그렇게 하여 해방된 자아는 18세기의 프레로망티즘의 경향에 의하여 자라나서 감정의 유로를 존중히 여기며, 영국인에 의하여 자연 앞에 서고, 신과 인간의 운명과 사회에 대하여 명상할 줄 알게 되었다. 고전주의 문학이 대상으로 하던 인간 내부의 세계를 단지 분석하고 그리는 것만으로는 만족하지 못하게 되었다. 외부뿐만 아니라, 내부를 그리는 경우에도 묘사로써가 아니라 특정한 장소와 시간이 주어진 특이하고 유니크한 인간으로 그리려 하였다. 즉, 구체성의 도입이다. 이 구체성은 시간이 지남에 따라 더 확실해지는데 이것이 새로운 문학의 방법이다.

다음에 해방된 개인은 루소에게서 자기가 신이라는 것을 배우고 있었다. 그들이 사는 사회는 새로운 승리를 거둔 부르주아지의 사회였다. 로망티즘의 문학자들 중에는 귀족 출신도 있기는 하였으나, 그러한 계급 의식에서뿐만 아니라, 자기를 신으로 보고 천재라고 생각하는 그들에게는 부르주아 사회의 풍속과 현금주의적 현실의 기질이 참을 수 없는 것으로 비쳐졌다. 부르주아에 대한 혐오는 마침내 그들을 반사회적·반현세적으로 만들고, 저널리즘의 등장에 따른 독자층의 확대에도 불구하고 그들과 부르주아 대중들 간에 거리가 생기게 되어 문학을 사회에서 유리시키는 결과가 되었다. 이것이 새로운 문학자의 태도다.

로망티즘의 이론적 무기로서 위고가 발표한 것이 그의 극 ≪크롬웰≫에 붙여진 긴 서문이다. ≪크롬웰≫이란 극 자체는 공연하기에 적당한 것이 못 되지만, 그 서문은 고전파의 연극관에 대한 반박문으로서 프랑스 문학 사상 중요한 위치를 차지하고 있다. 그에 의하면, 인류사에서 시의 발전은 3단계로 나누어지는데, 원시시대의 시를 리리슴, 고대의 시를 에포페, 중세 이후의 시를 드라마라고 하여 새로운 로망티즘의 문학은 드라마가 아니면 안 된다는 것이다.

드라마란, 그에 의하면 비극미와 희극미를 종합한 작품이다. 인간은 자신이 얼과 육체로 되어 있다는 것을 중세 이후의 그리스도교에서 배우고 있다. 그러한 두 요소로 된 인간을 표현하는 데 알맞은 양식, 즉 중세 이후의 근대적 양식은 이 드라마 이외엔 없으며, 따라서 고전주의의 작가들처럼 비극과 희극을 엄격하게 분리하여, 비극 중에서 미와 숭고함만을 그린다는 사실은 넌센스라는 것이다. 인간의 모습을 종합적으로 그리기 위해서는 희극미와 비극미, 미와 추, 숭고함과 기괴함 등의 양극을 작품 속에 총합하여 담지 않으면 안 된다는 생각이다. 동시에 고전주의가 중시한 시간의 일치와 장소의 일치 등 3일치의 법칙도 비현실적인 것으로서 공격하고 있다. 이러한 연극관은 18세기 디드로의 부르주아 극 및 스탈 부인의 문학 정신을 이어받은 것이다. 그 서문은 로망티즘의 선언으로서—물론 그 이외의 작가들에 의한 선언도 있지만—젊은 작가들에 의하여 신성시되었다. 그리하여 그들은 위고를 통솔자로 삼았던 것이다.

고전주의의 타도를 부르짖은 ≪에르나니≫의 투쟁을 에워싸고 신구파가 대립한 사실은 빨간 조끼와 파란 바지에다 기다란 머리를 늘어뜨린 젊은이들을 지휘한 고티에에 대한 추억과 함께, 그 자신은 물론 뒤마 등 몸소 이 투쟁에 참가한 사람들의 기록 속에 아주 선명하게 나타나 있다. 그 투쟁은 이 작품의 초연 당일—1830년 2월 26일에 비로소 발발한 것은 아니었다. 그 선전은 1827년 ≪크롬웰≫의 서문에 의하여 포고되었고, 1825년에 이미 메리메의 ≪클라라 가줄의 희곡≫ 등에 의하여 새로운 극이 어떤 것이어야 하는지에 대한 시위 운동이 전개되었던 것이다. 그리고 일찍이 조그만 싸움은 벌어지고 있었는데 그것도 ≪에르나니≫ 공연보다 꼭 1년 전 1829년 2월, 뒤마의 ≪앙리 3세와 그의 궁전≫이 공연되었을 때 일어났다. 즉, 초연이 있던 다음날, 7명의 아카데미 회원이 국왕 샤를 10세에게 연서한 서신을 보내어 그러한 어리석은 극을 즉시 정지시켜 달라고 탄원하였다. 이에 대하여 국왕은 다행하게도 그러한 일에 관하여 손을 댈 권리는 국왕에게는 없으며, 국왕도 국민들과 마찬가지로 다만 관람석 하나를 차지하는 데 지나지 않는다고 답함으로써 해결이 되었다. 그러나 3개월 후인 1829년 5월, 고전파 사람들은 위고의 ≪마리옹 들로름≫의 공연을 금지시키는 데에 성공하였다. 그것은 제4막에서 루이 13세가 리셜리외에 의해 기계적으로 움직이는 이른바 꼭두각시 노릇을 하는 장면이 문제되었기 때문이다. 그러나 위고는 즉시 새로운 희곡 ≪에르나니≫를 써서, 로망티즘이 승리하는 계기를 만들었다. 그러므로 1830년의 ≪에르나니≫로써 고전파의 아성을 탈취하였다고는 하지만 5년간의 투쟁에서 로망티즘의 젊은이들은 적지 않은 고전을 하였다.

민주주의 사회가 되고 부르주아가 본격적으로 등장함에 따라 저널리즘이 자연의 추세로 그 융성을 보게 되었다. 그때까지 프랑스에서—다른 나라에서도 마찬가지지만—문학의 독자는 주로 귀족 내지는 상류사회의 살롱에서 생활하는 자였다. 그리고 사회의 정세가 변화하여 신문·잡지가 많이 나오게 되고, 그러한 기관을 통해 문학이 발표됨에 따라 그때까지 문학과는 거리가 먼 사회층에서도 많은 독자가 나타나게 되었다. 이 새로운 많은 독자들은 당연히 시보다는 소설을 좋아하였다. 그리하여 소설은 19세기에 들어서면서부터 시대의 총아가 되었다.

그런데 소설이 시대의 총아가 되고 문학의 왕좌를 차지한 데에는 또 하나의 이유가 있었다. 그것은 소설이란 장르 그 자체가 지니고 있는 것이었다. 소설은 시와 극처럼 그것을 가지지 않으면 형식이 갖추어지지 않는다는 규정이란 것이 없다. 따라서 위에서 본 바와 같이 1820년의 시와 극에서 고전주의의 전통의 철쇄에서 벗어나려고 고전분투한 젊은이들도 소설이란 장르에서는 어떠한 장애물에도 부딪치는 일이 없었다. 그리고 하나의 장르로서의 소설은 18세기 이후 별로 달라지지 않았다. 그것이 달라졌다면 그 속에 담은 내용이지 시대의 취미에 따른 형식은 아니었다. 게다가 로망티즘이 인간의 내부에 가져다 준 혁명, 즉 감성의 해방이라든지 정열의 표출은 오히려 그 형식에 알맞는 것이었다. 그리하여 소설은 시와 함께, 아니 시 이상으로 로망티즘 문학이 기꺼이 구사한 표현형식이 되었다.

로망티즘 문학 중에서 가장 현저한 창조의 하나는 역사 소설이다. 그것은 로망티즘 작가들이 역사에 관심을 가지고 있었다는 데서 나온 것으로 볼 수 있다. 그들이 달성한 인간의 내부혁명에서 감성을 해방하고 그것을 시간과 공간의 자리에서 확장하였다는 것이 한편에서는 과거의 부활이 되고, 다른 한편에서는 이국취미를 실현하는 것이 되었다.

로망티즘의 과거의 부활은 우선 제일 먼저 중세로 눈을

돌려 기사도와 고딕식 예술의 재평가를 가져오게 하고, 드디어 19세기 전반을 통하여 왕성하게 된 역사 연구와 중세 연구의 소지를 마련하였다.

그러나 프랑스에서의 역사소설은 로망티즘 극이 셰익스피어의 영향을 크게 받은 것처럼 역시 외국 문학의 영향을 받고 생겨난 것이다. 그리고 그 외국 문학이란 구체적으로 말하여 스콧의 ≪웨이벌리≫란 방대한 역사소설인데, 그것은 1820년 경에 프랑스에 이입되었던 것이다.

새로운 얼과 시

프레로망티즘에 의해 계시되고, 샤토브리앙에게서 영향을 받은 새로운 얼의 소유자가 그 얼의 상태를 표현하는 데 제일 적합한 서정시라는 형식을 취하게 되었다는 것은 말할 필요도 없다. 사실 새로운 로망티즘의 문학은 이 서정시에서 시작되었다. 그런데 산문이 루소, 샤토브리앙의 계열에 의해 그러한 얼을 표현하는 데 적합할 정도까지 단련되었음에도 불구하고, 시는 여전히 고전적인 수법에서 벗어나지 못하고 있었다. 앙드레 셰니에는 시 표현의 혁신을 기도해 그것을 어느 정도 성취할 수 있었으나, 그도 결국 혁명의 희생이 되어 젊은 생명을 빼앗기고 말았다. 게다가 그의 유작도 1819년에 이르기까지 발표되지 않았다. 밀르부아(1782~1816년)는 자연 앞에 서서 전율하는 새로운 얼의 소유자이기는 하였으나, 그의 걸작이라고 하는 시에서도 그 모색은 실마리를 잡지 못하였다.

카지미에 들라비뉴(1793~1843년)의 ≪메세니아의 여인≫(1818)도 애국적 열광에 넘쳐 있기는 하였다. 그러나 그것도 반드시 새로운 얼의 표현은 아니었다.

그런데 1820년 드디어 라마르틴의 ≪명상시집≫이 나옴으로써 르네상스 시대의 롱사르 이후 그 모습을 감추고 있었던 서정시는 다시 소생하게 되었다. 그러면 ≪명상시집≫의 어디가 그렇게 새로운 것인가. 시론의 관점에서 보면 반드시 새로운 것은 아니고 의고전주의의 시법에 지나지 않는 것이다. 그러므로 엄밀한 의미에서 로망티즘의 시혁신은 위고의 ≪동방시집≫을 기다리지 않으면 안 되었다. 그러나 전편의 시에 넘쳐흐르는 음악적이고 청신한 감각은 시의 정감의 토로에서 오는 것이었고, 막연하고 형태 없는 것에 기울이는 얼의 고백에서 오는 것이었다. 그것은 적어도 플레이아드 이후 거의 보지 못했던 것이고, 그 토로와 고백의 흘러가는 듯한 리듬과의 일치, 그것은 극히 드물게 볼 수 있는 것이었다.

알퐁스 드 라마르틴(1790~1869년)은 마콩에서 시골 귀족의 장남으로 태어나, 화기애애한 가정적 분위기 속에서 인자한 모친의 사랑을 받으며 다섯이나 되는 누이동생과 함께 자랐으며, 1803년부터 1807년까지 콜레주 드 벨레에서 고전적 교육을 받았다. 1816년 가을, 엑스 레뱅에서 폐렴으로 요양중이었던 유명한 물리학자의 부인 줄리 샤를과 사랑을 속삭이고, 이듬해 다시 만나기로 약속하고 헤어졌는데 병이 심해 부인은 약속을 이행할 수가 없었다. 그런 줄을 모르는 그는 알프스의 산으로 둘러싸인 약속의 호숫가를 방황하며, 흘러가는 세월이 행복을 과거의 것으로 만들어 버리는 것을 한탄했다. 그것은 ≪명상시집≫(1820) 속의 <호수>에 나타나고 있지만, 그후 그 부르제 호수는 로망틱한 문학 청년들의 순례지가 되었다. 그는 이 시집으로 일약 유명해지고, 이후 문필생활에 들어가 ≪신명상시집≫(1823), ≪종교적 조화시집≫(1830) 등을 발표하였다. 7월혁명 이후는 정치에 관심을 가지고 의회에서 민주주의 및 인도주의의 기수로서 활약하는 한편, 인류의 운명을 노래하려고 한 서사시 ≪조슬렝≫(1836), ≪천사의 전락≫(1847) 두 편을 발표하였다. 2월혁명 직전에는 ≪지롱드 당사≫(1847)를 발표하여 민중에게 호소하고, 혁명중에는 임시정부의 외무부 장관으로 활동하였으나, 로망틱한 사고방식이 화근이 되어 실각하였다. 그후 많은 부채를 갚기 위하여 산문 작품을 쓰는 도중에 죽었다.

라마르틴의 시는 아름다운 음악성과 성실하고 깨끗한 감동을 장점으로 하고 있다. 서정시인으로서 기이한 재능을 가진 그는 연애·자연·가정 등 테마를 자유자재로 구사하여 노래하고 있다. 그러면 ≪명상시집≫의 예 <호수>를 보기로 한다. 앞에서 말한 바와 같이 그곳은 지난날에 연인과 함께 놀던 호수다. 그는 '내년에도 다시 만나자'고 하여 헤어진 그 연인을 잃고 이제 홀로 호숫가의 바위 위에 서 있다. 시인은 행복하던 과거를 회상한다.

그리하여 언제나 새로운 호숫가로 밀리어,

돌아오지 않고 영원한 밤 속으로 휩쓸리어,
우리들은, 이 세월이라는 대양에 단 하루도 닻을
던질 수는 없는 것인가?

이와 같은 제1절로 시작하여 시인은 호수에게 호소하고 그 여자가 호숫가의 바위 위에 앉아 있던 모습을 그리워하며, "세월이여, 멈추어 줄 수는 없는가?"라고 묻고 그것이 불가능함을 깨닫고는 "그럴 수가 없다면 서로 사랑하자, 인생을 즐기자."라고 외친다. 그러고도 시인의 한탄은 그칠 줄 모른다.

영원이여 허무여, 과거여, 캄캄한 심연이여,
어떻게 하려는가 너희들은, 삼켜 버린 세월을?
말해 다오, 돌려주려는가? 둘에게서 빼앗아 간
저 밤의 숭고한 도취를

아 호수여, 말없는 바위여, 동굴이여, 어둠의 숲이여,
시간의 손에 상처도 입지 않는가, 젊어 가는 너희들이여,
남겨 다오, 아름다운 자연이여, 이 밤에
적어도 우리들의 추억만은……!

헐떡이는 바람, 탄식하는 갈대,
호수여, 그 대기의 그윽한 향기,
귀로 듣고, 눈으로 보고, 숨쉬는 일체의 것,
말하여 다오. 둘은 사랑하였다. 그 옛날에!

낡은 문학에 권태를 느끼고 있던 사람들은 라마르틴의

이러한 시에 새로운 숨결을 느끼며 열광하였다. 사실 로망티즘은 무엇보다도 시적 감수성이 주조가 된 문학운동이었던 까닭에 르네상스 시대의 롱사르 이후 잃었던 서정시의 흐름이 ≪명상시집≫에서 샘솟기 시작하였다고 하여도 무방할 것이다.

라마르틴·위고와 함께 로망티즘의 시인으로서 존경을 받은 알프레 드 비니(1797~1863년)의 일생은 실망을 넘고 희망과 확신을 찾아 헤맨 생애였다고 할 수 있다.

그는 오랜 무인귀족의 집안에 태어났는데, 부친은 혁명으로 영지를 몰수당한 그 가문의 유서를, 모친은 범신론적 경향을 가르쳐 주었다. 사회 밑바닥에서 갑자기 올라온 나폴레옹에게 적지 않은 저항을 느끼면서, 그러나 육군의 무공에 매혹돼 그는 17세 때 군대로 들어가 복고왕정의 근위기병 사관이 되었다. 그러나 그가 들어간 군대는 옛날의 그것이 아니라 위술지를 전전하는 평화로운 생활의 연속에 지나지 않았다. 군대의 명예에 대한 공상은 여지없이 깨지고 환멸로 변해 버렸는데 그것이 그의 첫번째 환멸이었다. 그리하여 그는 시작과 독서로 공허한 마음을 달래고 있었으나, 단조롭고 무위한 군대생활에 권태를 느끼고 30세 때 퇴역하고 말았다. 그간 이미 최초의 ≪시집≫(1822)을 발표하고 위고 등과 로망티즘 운동에 참가하며, 셰익스피어의 번역을 하거나 소설을 써서 로망티즘 문학에 공헌하고 있었다. 7월혁명 때 부르봉 파의 지지자였던 그는 오를리앙 파의 부르주아적인 루이 필립이 즉위하자 크게 실망하여 민주주의 운동에 참가하였으나, 곧 그 운동에서도 손을 떼고 염세적인 소설과 극을 발표하다가 현실에 대한 혐오감이 점점 격화하여 1833년 이후 생트 뵈브가 말하는 상아탑에 들어가서 고독한 사색 생활을 하였다.

비니의 시에는 최초의 《시집》을 보완한 《고금시집》(1826)과 만년에 발표한 시를 모아 사후 간행한 《운명》(1864)이 있고, 소설에 《생 마르》(1826), 《스텔로》(1832), 《군대생활의 복종과 위대함》(1835)이 있으며, 극에는 《채터턴》(1835)이 있다.

《운명》은 비니가 상아탑에 들어간 후(1838~1861년) 씌어진 13편의 장시로 되어 있는데, 그 중 7편은 생전에 《양세계 평론》에 발표한 것이다. 시인의 고고한 사상을 담은 이 작품에는 인간과 자연에 대한 환멸을 노래하고 있다. 이를테면, 《목자의 집》은 약하디약한 인간을 비웃는 오만한 자연에 대한 환멸이며, 《삼손의 분노》는 시인이 사랑하던 마리 도르발의 배반에 대한 분노를, 로망티즘의 시인들처럼 직접적인 서정으로 노래하지 않고 남편 삼손을 배반한 델릴라의 성서 이야기를 통하여 여성에 대한 불신과 저주와 절망을 표현하고 있다. 그러나 비니는 페시미즘에 사로잡히기만 한 시인은 아니었다. 지성과 인종에 의하여 인간은 이 절망에서 구제된다고 생각하고 있었다. 《늑대의 죽음》에서 시인은 가족을 구하기 위하여 말없이 죽음을 당하는 늑대의 모습을 노래하며 극기주의를 찬양하고 있다.

한탄하는 것이나, 울며 슬퍼하는 것이나
다 비겁한 것.
길고 고달픈 너의 임무를 힘껏 다하려무나,
운명이 그대를 끌어넣은 인생의 나그네 길에서.
그리고 괴로워하며 죽으려무나, 나와 같이 묵묵한 태도로.

비니의 특징은 그 상징이 개개의 표현에 있는 것이 아니라 전체적인 표현에 있다는 점이다. 그의 자랑은 시에서나 극에서나 철학을 계시하고 있는 데 있다. 시련과 고독이라는 로망티즘의 주제를 심화하고, 또 화려함을 피하는 시법에 의해 로망티즘을 앞지르고 있다. 어쨌든 그는 철학적인 사상을 시에 담은 이색적인 시인이었다.

1820년대부터 형성된 로망티즘 운동을 통솔하고 마침내 승리를 가져온 빅토르 위고(1802~1885년)는 한국의 독자에게 주로 ≪레 미제라블≫의 작자로 알려져 있으나, 실은 로망티즘 최대의 시인이었다.

그는 나폴레옹 군의 한 장군의 아들로 브장송에서 태어나 부친의 임지인 이탈리아·스페인 등지를 옮겨 다니다가 파리에 정주하게 되었다. 부친은 그가 육군사관이 되기를 바랐으며, 우선 이공과 대학에 들어가기를 희망하였다. 그러나 그는 1816년 '샤토브리앙이 아니면 무다'라고 노트에 적고 시작 생활에 몰두하여, 1817년에 아카데미 프랑세즈 현상 시 부문에서 상을 받고 드디어 그가 존경하는 샤토브리앙에게 인정을 받았다. 20세 때, 어린 시절에 같이 놀던 아델르 푸셰와 결혼하고 또 ≪오드집≫(1822)을 발표하여 시인으로서 화려한 출발을 하였다.

그는 모든 장르의 문학 작품에 의욕을 가져 고전적인 오드를 썼는가 하면 중세의 발라드를 써서 ≪오드와 발라드집≫(1826)을 발표하고, ≪빙도의 앙≫(1823)·≪뷰그자르갈≫(1826)이란 두 편의 소설을 발표하였다.

25세 때에는 사극 ≪크롬웰≫(1827)을 발표하였는데, 그 서문이 고전주의에 대한 로망티즘의 선언이 되었다는 것은 이미 알려진 사실이다. 이어 ≪동방시집≫(1829)을 발표하고, 그 시가 갖는 미로 인해 젊은 동지들의 존경을 받았다. 게다가 1830년 2월 코메디 프랑세즈에서의 ≪에르나니≫의 성공으로 그의 영광은 절정에 달하고, 동시에 로망티즘의 승리를 사회적으로 확인시키게 되었다. 그후 13년간 그는 많은 극과 시집과 소설을 발표하였다.

1843년 위고는 ≪성주≫를 공연하여 야유당하고 말았는데, 그 해는 그에게 최악의 해였다. 그가 가장 사랑하는 딸 레오포르딘느가 남편과 함께 센 강에서 익사한 사건이 일어나 그에게 깊은 비애를 안겨 주었기 때문이다. 이후 10년간 그는 펜을 던져 버리고 오로지 정치에만 관심을 기울였다. 그는 처음엔 왕당파였으나, 점차 자유주의의 입장을 취해 1848년 2월혁명을 계기로 좌익만주당의 간부가 되고, 1851년 나폴레옹 3세가 쿠데타로 제정을 수립하려고 할 때 이를 반대한 까닭에 국외로 추방당해 줄리에트와 함께 영국 해협의 저지와 갠지의 두 섬에 옮겨 살며 19년간에 걸친 망명생활을 하였다. 이 망명생활을 통해 그는 잡다한 일에서 해방되어 창작에만 전념할 수 있었다. 망명 시대의 작품으로는 ≪징벌시집≫(1853)

· ≪정관시집≫(1856), 서사시집인 ≪여러 세기의 전설≫(1859)의 제1집, 소설 ≪레 미제라블≫(1862)과 ≪바다에서 일하는 사람들≫(1866) 등이 있다.

1870년 보불전쟁에 패한 나폴레옹 3세의 제2제정이 몰락하자 그는 파리로 돌아와서 열광적인 환영을 받았다. 그후에도 창작생활을 계속하여 ≪여러 세기의 전설≫의 제2집(1877), 제3집(1883) 등을 발표하였다. 그러나 로망티즘 시대는 이미 지나서 플로베르·졸라 등 레알리즘 및 나튀랄리즘의 운동이 일어났고, 시에서는 생볼리즘이 일어나려고 하고 있었다. 따라서 그의 시대는 이미 지나 간 것이다.

앞에서 인용한 라마르틴의 〈호수〉와 뒤에 나오게 될 뮈세의 〈추억〉과 늘 비교되는 사랑을 잃은 남자의 우수라는 주제시 〈올림피오의 슬픔〉은 ≪광음≫ 속에 나온다. 위고는 1835년부터 6년간 파리의 남쪽 20킬로미터 지점에 있는 라 비에블르란 계곡에서 애인 줄리에트와 함께 가을을 보냈다. 1837년 가을, 혼자 그곳을 찾은 위고의 감상이 바로 이 슬픔 속에 표현되어 있다. 올림피오는 위고가 쓰던 필명이다. 잃어버린 사랑이라고 하지만 라마르틴과는 달리 그때까지도 계속되던 사랑의 한때의 추억이었다. 따라서 같은 테마지만 자연히 노래하게 된 시상이 다르다.

> 그는 보고 싶었다, 그 일체의 것을, 샘가의 못을,
> 거지에게 지갑을 털어 주던 오두막집을,
> 늙어 휘어진 물푸레나무를,
> 숲속의 눈에 띄지 않는 사랑의 소굴을,

모든 것을 잊고 두 얼이 녹을 때까지 그 뒤에서
   입맞추던 나무를!

   그는 찾았다, 뜰을, 외딴집을
   비탈진 오솔길을 바라보는 울타리를,
   경사진 과수원을,

   창백한 그는 걸어가고 있다―무겁고 침침한
   발 소리를 내며
   그는 바라보고 있다, 나무마다 아! 올라오는 것을
   지나가 버린 나날의 망령이!

 시인으로서의 위고는 우선 사상의 천박함, 취미의 불균형, 용어의 과장 등의 결함이 있다고는 하지만 시대 정신을 흡수·동화하는 천재성을 갖고 외계의 인상을 강렬하게 받아들여 그것을 화려한 압운과 뛰어난 대구의 구사로 표현한 점에서 대시인이었다.

 위에 설명한 라마르틴·비니·위고 세 사람에다 알프레드 뮈세(1810~1857년)를 합하여 흔히 로망티즘의 4대 서정시인이라고 부르고 있다. 뮈세는 지극히 18세기적인 교양을 가진 파리 귀족의 아들로 태어나 처음에는 법률과 의학을 공부하려고 하다가 결국 문학을 지망하였다. 위고의 의형의 소개로 로망티즘의 제2 세나클에 출입하고, 그 조숙한 천재성으로 주위의 주목을 끌었다. 그것은 1827년 17세 때의 일이었다. 그러나 그 미소년은 손 댈 수 없는 반역아였던 까닭에 위고를 주장으로 하는 로망티즘 군단에는 들어가지 않고, 일찍부터 로망티즘의 탈주병이라고 자칭하고 있었다. 1830년 처녀시집 ≪스페인과 이탈리아 이야기≫를 발표하여 문단에 데뷔했고, 그 우아한 당디즘과 관능적이며 우울한 공상력에 의하여 로망티즘의 무서운 소년으로 불리게 되었다. 그는 같은 해에 극 ≪베니스의 밤≫(1830)의 공연이 실패로 끝나자, 그 이후는 독자만을 대상으로 하는 극을 쓰며 계속하여 문예지에 발표하였다. 1833년 뮈세의 생애와 작품에 커다란 영향을 끼친 사건이 일어났다. 6세 위의 여류작가 조르주 상드와의 연애가 그것이다. 초여름에 ≪양세계 평론≫의 편집장이 주최한 회합에서 처음으로 만난 그들은 전격적인 사랑을 나누었으며, 다음 해의 베니스 여행, 뮈세의 발병과 상드의 간호, 그 여자와 의사 피에트로 파젤로의 사랑, 그리고 뮈세의 귀국, 이러한 너무나 유명한 사랑의 파국은 감정에 따라 움직이는 로망틱한 시인의 이미지를 전설화했고, 뮈세를 시인으로 크게 성장시키기도 하였다. 이 연애사건을 겪기까지의 그는 18세기적인 재치로 사교계의 총아가 된 데 지나지 않았으나, 그 경험을 계기로 하여 사랑의 절망과 고뇌를 표현하는 시인 내지는 작가가 되었다. 1847년, 그의 극 ≪마리안느의 변덕≫(1833)이 공연되어 호평을 받자 그때까지 각광받지 못했던 그의 극은 차례차례 공연되었다. 1852년에는 아카데미 회원으로 뽑히었으나 건강이 악화되어 젊은 나이에 죽었다.

그의 시의 걸작은 조르주 상드와의 사랑의 고뇌라든지

세상에 대한 의혹에서 나온 〈밤〉(1835~1837년), 〈라마르틴 씨에게 보내는 편지〉(1836), 〈신에 대한 희망〉(1838), 〈추억〉(1841) 등이다. 마지막의 〈추억〉은 앞에서도 말한 바와 같이 라마르틴의 〈호수〉와 위고의 〈올림피오의 슬픔〉과 대조되는 것으로서, 조르주 상드와의 사랑의 파국을 겪은 7년 후에 쓰어진 시다. 시인은 만약 이제 그 추억의 장소에 선다면 울음을 터뜨릴지 모르며, 아마도 마음 괴로워할지도 모른다고 생각하고 있었다. 그러나 막상 그 장소에 이르자 아직 비에 젖어 있는 대지에서 마침 떠오르기 시작한 달빛에 비친 옛날의 사랑이 밝게 부각되고 있었다.

> 진정으로 너를 축복한다. 위안의 자비여!
> 미처 생각하지 못하였다. 그 정도의 상처에
> 그처럼 아플 줄은, 그리고 그 상흔에
> 이처럼 그리울 줄은

이때 시인은 ≪신곡≫의 지옥편에서 "슬픈 날에 행복하던 날을 추억하는 것보다 더 큰 슬픔은 없다."라고 한 단테의 표현을 실로 허무한 것으로 생각한다. 시인은 일체의 것이 꿈이라는 것, 소멸이라는 것을 알게 된다.

> 그렇다. 틀림없이, 일체의 것은 소멸하며, 이 세상은 커다란 꿈,
> 지나는 길에 우리들을 찾는 조그만 행복,
> 그 갈대를 손에 쥐자마자
> 바람은 앗아가 버린다.

> 처음의 입맞춤, 처음의 맹세,
> 언젠가 그것을 죽은 둘은 지상에서 나누었다.
> 바람에 잎이 지는 나무 그늘에서,
> 먼지로 된 바위 위에서,
>
> 그들이 덧없는 기쁨의 증인으로 삼은 것은
> 언제나 구름에 싸인 변덕스런 하늘, 그리고
> 자신의 빛으로 각각 좀먹어 가는
> 무명의 성진이었다.

그리하여 일체의 것은 그들의 둘레에서 소멸한다. 영위하는 것, 영위되는 것, 일체가 소멸한다는 것을 알았을 때 시인은 옛날의 자기의 사랑이 한없이 소중함을 느낀다. 그리고 소멸해 가는 그 사랑의 흰 무덤까지도.

> 나는 보았다, 더할 나위 없이 소중한
> 단 하나의 연인이 영원히 흰 무덤이 된 것을,
> 우리들의 그리운 죽은 이의 재가 넘실거리는
> 산 무덤이 된 것을.
>
> 우리들의 가련한 사랑의 무덤, 그 옛날 깊은 밤
> 서로의 가슴에 얹어 놓고, 그처럼 부드럽던 것!
> 아, 목숨보다 소중한 것
> 하나의 우주가 소멸하였다.

이와 같이 위의 시편엔 뮈세의 감정의 직접적 표현이라고 생각되는 부르짖음이 많이 나오고 있다. 그러므로 그를 로망티즘의 유일한 감성파라고 볼 수 있다. 그러나 물결치는 감성의 사이에는 절망으로 괴로워하는 시인의 마음이 엿보이기도 한다. 그것은 라마르틴에게도 위고에게도 없는, 말하자면 상처입은 마음 속에서 스스로 분석하는 보들레르와 다소 유사한 것이다.

그리고 뮈세는 ≪세기아의 고백≫(1836)과 11편의 단편을 썼다. ≪세기아의 고백≫은 조르주 상드와의 연애사건을 테마로 한 것인데, 사실을 여러 가지로 바꾸고 있으나 작자의 생활태도와 연애과정이 두드러진 심리분석에 의하여 묘사되고 있다. 이 작품에는 샤토브리앙의 ≪르네≫와 세낭쿠르의 ≪오베르망≫ 등의 흐름을 이어받은 세기병과 나폴레옹의 무훈과 실수 이후 청년들의 마음을 차지한 공허와 절망감이 잘 분석되어 있다. 18세기적인 재치에 찬 그의 단편소설에는 뮈세 자신의 생활 감정과 당시 파리의 아가씨들의 모습이 엿보이는데, ≪두 연인≫(1837)·≪프레데릭과 베르느레트≫(1838)·≪미미 펭송≫(1845) 등이 널리 알려져 있다.

그는 또한 로망티즘의 유일한 극작가였다. 그 작품은 희곡집 ≪희극과 격언극≫에 수록되어 있는데, 그 중에서 셰익스피어 풍의 장엄함을 갖는 역사극 ≪로렌자치오≫가 가장 뛰어난 것이다. 이러한 그의 극은 20세기로 접어들면서 더욱 높이 평가받고 있다. 그것은 뮈세의 작품이 환상과 자연스러운 마음을 자유롭게 표현하고 있기 때문이다.

문학풍토의 변화와 레알리즘의 정신

 1820년대에 성립한 로망티즘 운동은 특히 7월혁명(1830)을 절정으로 하여 문단을 지배하였다. 그러나 위고의 극 ≪성주≫의 실패가 말하여 주듯, 1840년대에 이르러서는 독자나 관객은 로망티즘 특유의 감정적 표현이나 사고방식에 권태를 느끼기 시작하였다. 프랑스 혁명 이후부터 시민계급의 등장을 배경으로 하여 설립된 로망티즘은 앞에서 말한 자유나 서정성뿐만 아니라, 더 넓은 사회적인 현실도 문학 속에서 그리려고 하였다.

 고전주의의 문학이 무시하기 일쑤였던 일반 시민의 일상생활과 과거 프랑스의 사회 그대로의 모습 등을 다루려고 한 것이었다. 시민 계급의 그러한 현실을 그리려고 하는 욕구가 바로 근대적 소설과 역사를 낳게 한 것이다. 그러나 로망티즘의 작가에게는 그러한 현실을 냉정히 관찰하고 객관적인 태도로 표현하려는 배려가 결여되어 있었다.

 프랑스 사회가 서서히 발전함에 따라 사회나 문화를 더 객관적으로 고찰하지 않으면 안 된다는 욕구가 점점 지식층에서 싹트기 시작했고, 이어 19세기 전반 자연과학의 눈부신 발달과 7월 왕정시대의 산업혁명의 발전은 그러한 욕구를 크게 자극하였다. 그러한 사회적인 욕구가 문단에도 반영되지 않을 수 없었다. 로망티즘 극의 몰락을 계기로 하여 그 이후의 작품에는 금전문제라든지, 정치가들 상호간의 추악한 싸움이라든지, 여러 가지 여성문제

등이 훨씬 냉정하고 사실적인 수법으로 그려지게 되었다. 이러한 경향은 이미 발자크·스탕달·메리메 등의 소설에 충분히 나타나 있었다. 이러한 현실에 대한 객관적인 묘사 경향은 문학적 풍토를 크게 변화시키게 되었다. 비니의 시에 나타난 이성에 의한 정열의 억제, 고티에의 작품에 나타난 비개인성, 그리고 로망티즘으로부터 1850년대에 대두한 플로베르와 고답파 시인들에 의하여 대표되는 레알리즘으로의 교량적인 역할을 하였다.

로망티즘의 문학으로부터 레알리즘 문학으로의 추이는 거의 1850년 전후의 시기이기는 하지만, 1850년 이전이 로망티즘 문학이고 그 이후가 레알리즘 문학이라고 획일적으로 나누기는 어렵다. 위고는 1850년 이후에도 여전히 로망티즘의 작품을 쓰고 있었고, 레알리즘 문학의 선구자로 일컬어지는 오노레 드 발자크(1799~1850년)도 연대적으로는 로망티즘의 작가에 속하고 있었으나 실은 1850년대에 레알리즘의 경향을 갖는 많은 작품을 남긴 채 그 생애를 마쳤다.

발자크는 시민계급의 아들로 중불의 투르에서 태어났다. 성 앞에 드가 붙는 것은 귀족 출신임을 나타낸다는 것은 주지한 사실이지만, 발자크의 경우 그것은 부친이 나폴레옹 제정시대에 시의 조역이 되었을 때 임의로 붙였던 것에 지나지 않는다. 그러나 발자크는 자기가 귀족의 자손이라고 자칭하고 있었다. 그의 부모는 그를 법률가로 만들기 위하여 변호사와 공증인 밑에서 일하도록 하였는데, 1819년 문학을 지망하여 부모에게서 2년간의 유예을 얻고 파리의 다락방에서 맹렬히 문학 공부를 시작하였다. 문학은 돈이 된다고 생각되기 시작한 시대였다.

발자크는 우선 운문으로 역사극 ≪크롬웰≫(1825)을 써서 발표했으나 실패하고 말았다. 왕후의 '좌우의 서'가 될 만한 비극을 쓸 힘이 없다고 생각한 그는 소설 분야에 손을 대어 친구와 합작으로, 혹은 단독으로 모든 소설의 형식을 시도했다. 이 시기의 많은 습작에 의하여 그는 사실적인 관찰의 방법을 확립하게 되었지만, 동시에 그는 생활과 낭비벽을 만족시키기 위하여 여러 가지 사업에 손을 대었다. 처음에는 출판사, 이어 인쇄소와 활자주조소의 경영. 사업가로서의 수완은 대단한 것이었으나 실무가가 못 되어, 1828년 여름에 모든 것을 청산한 결과 10만 프랑의 부채를 짊어지고 말았다. 이러한 파국에도 압도당하지 않고 그는 펜 하나로 그 막대한 빚을 갚기로 결심하고, 처음으로 본명으로 발표한 ≪올빼미 당≫(1829)으로 문단에 등장하였다. 이후 하루에 50잔의 커피를 마시고 졸음과 싸우며, 하루 10시간씩 수십 일에 걸친 집필을 강행하였다. 그리하여 1848년에 이르기까지 20년간 소설·극·논문·잡문 등 놀라울 만큼 많은 작품을 썼다. 그의 소설은 ≪인간희극≫이란 이름으로 96편이 묶여 있다.

그의 정력적인 힘은 단지 창작활동에서만 그치지 않아, 프랑스 국내외를 두루 돌아다닌 그 족적은 유럽 전역에 미쳤다. 그리고 일찍부터 왕당파로서 국회의원에 입후보하기 2번, 잡지를 경영하기 2번, 아카데미에 출마, 게다가 1832년 이후의 연인 한스카 부인과 18년간 4개국

23도시에서의 랑데부……. 제아무리 굳은 의지가 있고 정력이 왕성하더라도, 이런 초인적인 활동으로 심신을 소모시키자 건강을 해치지 않을 수 없었다. 1850년 오랫동안 바라던 한스카 부인과의 결혼이 이루어지고 그 많은 빚도 다 청산되어, 안정된 것 같은 5개월의 생활 후 그는 결국 쓰러지고 말았다.

≪인간희극≫이란 발자크가 단테의 ≪신곡≫에 대항하여 자기의 전작품을 묶으려고 한 것이다. 단테의 경우, 코미디는 극이란 뜻이지만 발자크의 경우는 몰리에르의 애호가이기도 한 까닭에 희극이란 뜻으로 보아 흔히 ≪인간희극≫이라고 옮기고 있다. 이것은 1833년에 ≪시골 의사≫를 쓴 직후부터 작품을 계열별로 나누기 시작했고, 같은 인물이 다른 작품에도 나타나는 인물재현법은 1834년에서 1835년에 걸쳐 씌어진 ≪고리오 영감≫부터 적용되었다. 1842년 서문에서 ≪인간희극≫의 제명을 발표하고 동물성과 인간성의 비교에서 그것을 생각하였다고 말하고 있다. 1845년에는 이미 씌어진 것과 앞으로 쓸 것을 3계열 8부문으로 나누어 137편을 예정하였으나, 실현한 것은 24편의 대장편소설을 포함한 96편이었다.

≪인간희극≫은 19세기 전반의 독특한 세계를 구성하고 있는데, 발자크는 그 시대에 살고 있던 인간의 전형을 그리려고 하였다. 따라서 작품에 등장하는 한 인물을 둘러싸고 있는 환경을 묘사하고, 그 환경에 의하여 한 인물의 특징을 부각시키고 있다. 이를테면 보게르의 하숙집, 그랑데 영감의 집, 노처녀의 아파트, 귀족의 호화로운 살

롱 등의 가구나 벽지를 면밀하게 묘사하는 것이 발자크의 심리묘사의 수법이다. 그리고 한 인물의 성격을 묘사하는 경우에도 그 인물의 직업을 구체적으로 설명하는 방법을 구사하고 있다. 이러한 수법으로 그는 여러 가지 타입의 인간을 그려내고 있다. 고급 저택의 화려한 살롱이나 지방의 호화로운 별장에 몸을 담고 있는 귀족, 은행가와 상인과 봉급생활자 등 모든 계층의 금력과 권력에 대한 욕망에 사로잡힌 시민생활의 묘사가 바로 그것이다.

발자크의 작품에는 어떤 중대한 행동이 우연에 의하여 지배되고, 예기치 않은 방향으로 나아가는 경우가 있다. 그는 이 세계가 어떤 눈에 보이지 않는 불가사의한 힘에 의하여 움직이고 있다고 믿고 그러한 창작의 수법을 쓴 것이다. 발자크 연구가에 의하면 그는 "스웨덴의 신비가 스웨덴부르그(1688~1772년)에 흥미를 가지고, 세계에는 어떤 신비로운 힘이 작용하고 있다고 생각한 것으로 보인다."라고 하였다. 따라서 그는 인간은 자기 순화의 힘을 가지고 있어서 진창 속에서 신음하는 최하층의 상태로부터 점점 올라가 천사의 계층에까지 자기를 높일 수 있는 가능성을 지니고 있다는 것을 작품에서 쓰고 있다. 그리고 그는 인간 의지의 자유를 믿고 있었다. 창작 수업을 하기 이전에 그가 ≪의지론≫을 쓰려고 한 것을 보아도 알 수 있다. 사실 그가 창조한 인물 중에는 강력한 에너지를 가지고 어떠한 장애도 배제하여 성공하는 타입이 많다. 그러므로 그의 작품에는 반드시 환경 결정론으로 처리해 버리지 못할 만큼의 깊이와 크기가 있는 것이다.

스탕달(1783~1842년)이 위고나 뮈세보다 나이가 많으며, 샤토브리앙의 전성기에는 이미 청년이 되어 있었음에도 불구하고 그의 작품은 현대인의 그것에 가깝다. 수식이 많은 문장의 시대에 비도덕적인 감각론을 밀고 나간 그를 로망티즘의 작가라고 말할 수는 없을지 모르지만 그의 자아 숭배는 역시 로망틱한 요소임에 틀림없다.

스탕달―본명 앙리 베일르―은 스위스와 이탈리아의 국경에 가까운 그로노블에서 태어나 거기서 소년 시절을 보냈다. 16세 때 이공과대학에 들어가기 위하여 파리로 올라왔는데, 파리에 도착한 날은 나폴레옹이 쿠데타에 성공(1799년 모월 18일)한 다음 날이었다. 그는 수험을 포기하고 종형 피에르 다류의 알선으로 1800년의 이탈리아 원정군에 참가하여 소위가 되었다. 그때 그는 비로소 그가 일생 동안 사랑한 밀라노에 첫발을 내디뎠고, 거기에서 예술에 도취하며 여배우 앙젤라 피에트라그류에게 격렬한 사랑을 느꼈다. 1802년 파리로 돌아와서 군무를 그만둔 후 1806년에 다시 군무에 복귀하기까지 그는 문학수업을 하여 '몰리에르와 같은 희극을 쓰기'를 바랐다. 혈기왕성한 그는 군대로 복귀하였으나 나폴레옹이 몰락하자 왕정복고 정부에 반항하여, 관직을 떠나 안주하기 위해 밀라노로 향하였다.

관직에서 해방된 그는 사랑하는 이탈리아의 푸른 하늘 아래서 자유로운 사교인으로서의 생활을 시작하여 연극, 음악, 이탈리아의 로망티즘 작가들과 논쟁을 하며 지냈다. 그리하여 최초의 저서 ≪하이든·모차르트·메타스타지오의 생애》(1814), 《로마·나폴리·플로렌스》(1817)를 발표하였다. 그는 이탈리아의 맑은 공기, 아름다운 경치, 분방한 연애, 아름다운 그림과 음악을 즐겼다. 그러나 1821년 오스트리아 관헌에게 사실 무근의 혐의를 받고 뜻하지 않은 귀국을 하게 되었다.

파리로 돌아온 그는 영국과 이탈리아를 가끔 여행했는데, 주로 사교인으로서 또는 문학자로서 살롱에 드나들고 문학 논쟁에 참가하거나 평론을 쓰거나 하였다. 그리고 밀라노 시대의 스스로의 정념생활을 분석한 《연애론》(1822)을 발표하고, 이어 《라신과 셰익스피어》(1823)를 썼는데 이 작품은 로망티즘의 최초의 선언문으로서 라마르틴의 지지를 받았다. 이 시기 후에 그는 에고티즘이라고 일컫게 되는 것을 자기 속에 의식하고, 그것을 확립하였다. 즉 그것은 향락과 감동을 스스로 분석함으로써 그것을 배가하고 증대시키는 정신분석이다. 그리고 《아르망스》(1827)·《적과 흑》(1830)을 발표하였다.

루이 필립 시대에 이르러 그는 이탈리아 주재 외교관에 지명되어 치비타 베치아 총영사가 되어 다시 이탈리아로 갔다. 1836년에서 1839년까지 파리에 머물렀을 뿐 1841년까지 주로 그곳에 체재하면서 자서전적인 3부작 《앙리 브륄라르》(1896)·《에고티즘의 회상》(1892)·《뤼시엥 뤼벵》(1894)을 썼는데 이것은 그의 사후에 발표되었다. 그리고 1839년, 그러니까 파리로 일시 귀국하였을 때, 《파르므의 수도원》을 52일간에 써서 발표하였다. 현재는 스탕달이라고 하면 《적과 흑》, 《파르므의 수도원

≫, ≪연애론≫을 연상할 만큼 이 세 작품은 그의 대표작이 되었다.

대혁명의 시대라면 마음껏 그 재능을 발휘하고 행동할 수 있었을 에너지의 소유자 줄리앙 소렐의 야심과 좌절을 그린 ≪적과 흑≫, 여기서 스탕달은 빈민계급에 속한 까닭에 출세의 길이 막힌 유능한 청년의 흐리고 썩은 것 같은 사회에 대한 항의를 정확하고 간결하며 냉담한 문장으로 묘사하고 있다. 이 작품의 주인공, 행동과 정력과 반항의 줄리앙은 프로메테우스적인 인간상을 동경하고 20세기 사람들이 좋아하는 타입인데, 앞에서 스탕달의 작품은 현대인의 그것에 가깝다고 한 것도 바로 그 때문이다.

그리고 16세기 이탈리아에서 취재하여, 갖가지 음모가 꾸며지는 것을 직접 작가의 눈으로 본 1815년 이후의 이탈리아로 그 시대를 옮긴 ≪파르므의 수도원≫은 파란 많은 사랑, 결투, 전쟁이 있는 로망티즘 소설 중의 일대걸작이라고 할 만하다.

스탕달의 작품은 동시대인에게는 거의 읽혀지지 않았다. 그에 대한 비평다운 비평은 발자크가 ≪파르므의 수도원≫을 읽고 감격하여 이를 절찬하였을 때 ≪적과 흑≫도 언급하여, "1830년은 ≪결혼의 생리학≫(1829년의 발자크 작품)에서 시작하여 ≪적과 흑≫으로 끝난다."라고 한 문장 정도였다. 날카로운 비평의 혜안을 가진 생트 뵈브도 스탕달에 대해선 아무 말도 하지 않았다. 스탕달 자신도 동시대인의 이러한 침묵에 대해 자기의 작품은 1880년에는 이해될 것이라고 예언하였다. 그리고 그 예언은 적중하였다. 1850년대부터 시작하는, 즉 텐을 필두로 하는 새로운 세대는 발자크의 진가를 이해함과 동시에 스탕달의 진가도 발견하였다. 스탕달에 대한 이해는 날이 갈수록 깊어져 현대에도 그의 작품 속에서 자기 자신을 발견하는 사람들이 많이 있다. 투철한 분석과 인간 해석의 모럴리스트, 정열 숭배와 영웅주의의 로망티즘, 간결하고 정확한 표현의 고전주의, 이 3가지가 그의 작품 속에 종합되어 있어서 현대인이 추구하는 진실이 엿보이기 때문이었을 것이다.

문예비평의 독립

그때까지의 비평을 보면 브왈로는 물론 볼테르나 디드로도 표현의 차는 있지만, 어쨌든 문예는 구(gout)—취미—에 의하여 만들어지는 것이니까 그것을 비평하는 경우에도 역시 구를 척도로 하지 않으면 안 된다고 하였다. 따라서 구는 바로 문예창조와 비평의 중심이고 척도이며, 그것 없이는 미가 성립되지 않는 것으로 생각되었다. 그러면 이 구란 무엇인가? 한 마디로 말하면 그것은 문학적 교양과 그것에 의하여 얻어지는 감식력이다. 사실, 교양이라고 하였으니까 그것은 수련에 의해 얻어질 수 있는 것이며, 수련이라고 하였으니까 거기에는 기준이 있고 전통이 있을 터이다. 사람들은 그것을 그리스・로마의 전통에 결부시켜 생각하고 있었다. 그것이 미의 세계적・보편적 전통이다. 그때까지의 비평가들은 작품을 그러한 척도에 맞추어 논의하고 재단하며, 평가한 까닭에, 비평이란 것은 일단 기준이 공인되어 버리면 그후는 아주 간단한 것이었다. 따라서 비평은 문학권 내에서 독립된 영역을 갖지 못하였다.

그러므로 고전적 전통과 척도가 무너져서 비평이 독립하여 하나의 영역을 갖기 위해서는 페로와 같은 사람이 나와서 브왈로와 격렬한 논쟁을 하거나, 뒤보와 같은 사람이 나와 미의 기준과 절대성을 흔들어 놓거나, 스탈 부인과 같은 사람이 나와서 문학 이론으로써 거기에 매듭을 지을 필요가 있었다.

어쨌든 로망티즘의 개화와 위에서 말한 저널리즘의 발전으로 비평의 역할을 중요시하지 않을 수 없게 되었다. 로망티즘은 감격파라고 불린 만큼 그 시대는 비평을 위한 쾌적한 풍토가 못 되었으리라고 생각하기 쉽다. 그러나 실은 반대로 스탈 부인, 샤토브리앙을 비롯해 위고·라마르틴 비니·뮈세·고티에가 모두 일가견을 가진 논객이었고, 주의 주장의 선언과 논쟁으로써 화려한 한 시기를 장식하였다.

생트 뵈브(1804~1869년)가 르네상스의 시의 가치를 선양한 것도 그러한 분위기 속에서였다. 그러나 그가 비평가로서의 자질을 유감없이 발휘한 것은 로망티즘의 조락 후, 실증주의와 비평정신의 지배가 시작되면서부터였다. 그는 비평에 그것이 갖는 역할을 결정지우고 오늘날과 같은 위치로의 길을 열어 놓았다.

"빅톨 위고가 시 분야에, 발자크가 소설 분야에 나타난 것처럼 생트 뵈브는 평론 분야에 나타났다."라고 티보데도 말하고 있듯이, 생트 뵈브는 19세기 최대의 비평가이며, 그의 업적과 그가 미친 영향은 프랑스 문학사에 있어서 굴지의 것이다. 생트 뵈브의 출현을 기다려 비로소 비평이라는 문학의 장르가 확립되었다고 해도 무방할 것이다.

생트 뵈브는 유복자였으며 몹시 가난한 모친의 손에서 자랐다. 그의 우유부단하고 복잡한 성격은 이러한 가정 환경에 의하여 형성된 것이다. 1818년 모친과 함께 파리로 올라와 콜레즈 샤를마뉴와 콜레즈 부르봉에서 수사학·철학·수학을 공부하였다. 1822년에 자연과학과 의학 공부를 시작하였는데, 생리학과 해부학 강의가 그에게 관찰과 실험의 정신을 가르쳐 주었다. 은사의 추천으로 ≪글로브≫ 지에 철학과 문학에 관한 비평을 쓰게 되었는데, 거기서 위고의 시를 칭찬한 것이 계기가 되어 로망티즘의 세나클에 들어가 그 파의 대표적 비평가로 활동을 시작하였다.

≪16세기 프랑스 시와 연극의 역사적 비평적 개관≫(1828)은 플레이아드와 로망티즘의 유사점을 지적해 롱사르를 복권시켰고, 로망티즘을 찬양하는 이중의 역할을 하였다. 시집 ≪조세프 들로름의 생애, 시 및 사상≫(1829)은 세낭쿠르의 계보에 속하는 다감한 청년의 감상적 기록으로, 굴절하는 내면의 표현이라는 로망티즘의 일면을 보이고 있기는 하지만 위고의 화려한 환상이 명성을 떨친 시기여서 그다지 성공하지는 못하였다. 위고·뮈세와 같은 시재가 없음을 깨달은 생트 뵈브는 시작을 포기

하고 자타가 인정하는 비평적 재능을 발휘하여 ≪문학적 초상≫(1832~1839년)에 수록되는 평론을 계속 발표하였다. 한편 위고의 부인 아델르를 사랑하게 되어, 둘 사이는 부인의 저항에도 불구하고 깊어지게 되고 이로 인하여 위고와 결별하게 된다. 이어 부인의 반성으로 그 관계는 끝나는데, 처음이자 마지막인 소설 ≪애욕≫(1834)에서 그 부인의 사랑을 반영시켰다. 1837년 스위스의 로잔 대학에서 한 강연을 기초로 하여 만든 ≪포르 르와얄≫ (1840~1859년)은 포르 르와얄을 중심으로 17세기 사상계의 양상을 부각시킨 불후의 걸작이다. 1949년부터 ≪콩스티튀시오넬≫ 지에 ≪월요한담≫ 15권(1851~1862년)을 연재했고, 이어 속편 ≪신월요한담집≫ 13권 (1863~1870년)을 발표하였다.

생트 뵈브는 "인류에 대한 생물학적 연구를 한다."고 스스로 말하고 있는 것처럼, 많은 평론으로 문학을 통한 인간 연구를 하였다. 문학자 개인 연구나 개성 연구에 관찰과 분석과 종합에 따르는 엄밀한 방법, 즉 역사학의 방법을 채용한 최초의 비평가였다. 생트 뵈브 이후 문학비평은 그 모습을 일신하고 이제는 이성이라든지 취미라는 기준으로 작품을 판단하는 비평은 그 모습을 감추게 되었다.

작품과 이에 선행하는 여러 작품과의 관계, 작자나 작중인물, 즉 인간이 살고 있는 환경과의 관계 등을 밝히는 것이 비평가에게 과해진 임무가 되었다. 그 이후 텐의 문학 연구방법이나, 그 이후에 씌어진 거의 모든 문학사는 생트 뵈브의 방법에서 출발한 것이다. 그는 학문적 작업과 인상을 교묘하게 타협시킴으로써 독자의 마음을 끌고, 그것 자체만으로도 감상할 가치가 있는 비평문학의 한 장르를 확립시켰다.

레알리즘의 비정

레알리즘과 객관소설

 레알리즘이란 말은 원래 1850년 경에 화가 쿠르베의 주장과 화풍에 대하여 던져진 조소의 뜻을 가진 것이었다.
 그런데 그는 그 말을 그대로 자기의 주장을 가리키는 이름으로 삼았고, 쿠르베를 열심히 옹호한 샹플뢰리(1821~1889년)에게도 그의 작품에 대하여 사실파라는 조소적인 명칭이 주어졌다. 1857년에 ≪레알리즘≫이란 논문집을 발표하여 그때까지 일단의 작가들이 해온 일을 옹호하고, 문학은 "진지함과 동시에 과연 그렇다고 납득시키지 않으면 안 되며 풍자적임과 동시에 잔인해야 하며, 성실함과 동시에 시로 차 있는 것이 아니면 안 된다."라고 하였다. 그리고 문학이 그러한 것이기 위해서는 현실을 '있는 그대로의, 노출된 대로의 진실'을 묘사하지 않으면 안 되었다. 그런데 그렇게 하여 묘사되는 것은 무엇인가? 그것이 제2제정 치하, 부르주아의 사회였다. 영웅시대는 이미 가버리고 그렇다고 하여 데모크라시 사회가 온 것도 아닌 이른바 과도기였다. 따라서 거기에 있는 것은 단지 범인들에 불과하며, 그 범인들의 평범한 사회의 생리현상이 묘사되는 데 지나지 않았다. 그리하여 부르주아들의 문학이 등장한다. 앙리 모니에(1799~1877년)

는 이미 1830년대부터 1860년대에 걸쳐 자기가 살아온 보히미안의 사회를 중심으로 성실하게 ≪민중의 생활정경≫(1830~1860년)을 묘사하였으며, 조제프 프뤼돔이라는 전형적인 부르주아를 그려냈다. 문학의 쿠르베라고 불리는 샹플뢰리도 ≪실비유스의 고백≫(1849) 등에서 당시 부르주아들의 생활을 폭로하였고, 뮈르제(1822~1861년)는 ≪보히미안의 생활정경≫(1847)에서 로돌프라는 인물을 통하여 자기가 살아온 고된 청춘을 회상하였다. 18세기 말엽에 이것과 거의 같은 일을 한 작가 레티프 드 라 브르톤느의 자서전인 ≪니콜라시≫를 비롯하여 200편이 넘는 방대한 작품은, 작가가 살며 경험한 파리의 거리, 시골의 민중, 그들의 사랑, 그 생활의 번잡함, 그 어리석음 등의 기록이었다. 따라서 그는 글자 그대로의 레알리스트였다. 플로베르의 출현 이전의 레알리스트들은 의식하든 의식하지 않든 레티프 드 라 브르톤느의 계보에 속하고 있는 것이다.

그러나 이러한 레알리스트들은 자기들이 살고 있는 환경과 자기들이 경험한 것밖에는 말하고 있지 않았다. 아니 오히려 그 이상은 말할 수가 없었는지도 모른다. 그러나 좁은 문학의 대상을 넘어 예술적인 화려한 구축 속에 레알리즘의 이념을 완벽하게 담게 된 것은 역시 1850년대의 작가들에 의해서였다.

로망티즘의 시대에 일기 시작한 근대 정신을 확립시키고 발전시킨 것은 레알리즘 시대였다. 이 시대를 문제삼을 때 우선 기억하여야 할 두 가지 사실이 있다. 첫째는 자연과학의 눈부시고 가속적인 발달이고, 둘째는 문학자들의 좌절감이 얼마나 심각하였는가 이다. 뮈세는 그것을 고백에 의하여 회복하려고 하다가 실패하여 주색에 빠졌고, 비니는 상아탑으로 들어갔으며, 네르발은 발광하였고, 고티에는 예술을 위한 예술을 표방하여 사회에 등을 돌렸다. 그러나 그것보다 치명적이었던 것은 1848년의 2월혁명이 국민의 정부를 출현시킬 것같이 보이다가 독재의 제국정부를 낳게 한 것이었다. 사람들은 무엇을 믿어야 좋을지 몰랐다. 다만 분명한 것은 인간이 그 속에서 살며, 괴로워하거나 즐거워하는 사회가 있다는 것뿐이었다. 인간이라는 변덕스러운 존재를 추구하기 위해서는 우선 그 사회 자체를 철저히 밝히지 않으면 안 되었다. 이와 같이 확실한 것에 우선 부딪쳐 나간다는 태도의 근저에는 오귀스트 콩트의 포지티비즘—실증주의—의 철학이 있었다.

한편, 시인들은 그러한 번거로운 사회와 단절하고, 자기의 내면에 파묻힘으로써 안주의 방법을 찾고 오로지 순수한 미를 추구하려고 하였다.

위에서 말한 바와 같이 1850년대로 접어들면서부터 문학의 대현실적 측면만을 강조하는 경향이 강하게 나타나기 시작하였다. 문학자란 자기가 우연히 놓여진 환경에 눈을 돌려, 자기의 주관을 섞는 일 없이 있는 그대로의 모습을 객관적으로 자세히 묘사해야 한다는 것이다. 현실로 눈을 돌리고 대상에 자기를 속하게 하는 것은 비단 레알리스트들에 의하여 비롯된 것은 아니었다. 고전주의 시대부터 문학자는 다 그러한 태도를 취해 왔고, 로망티즘 시대의 작가들도 그러하였다. 그러나 고전주의 시대의 작가들은 주로 눈을 인간의 내부로 돌려 그 한없이 복잡한 현상을 그리려 하였고, 로망티즘 시대의 작가들은 물론 현실에 눈을 돌리기는 하였으나, 거기에 예외없이 감상을 섞거나 설교를 가하거나 하였다. 따라서 1850년대 이전에는 의식적으로 객관에 따른다는 생각은 없었다. 그러나 1850년대부터는 의식적으로 그렇게 하려고 했던 것이다.

귀스타브 플로베르(1821~1880년)는 의식적으로 객관에 따르고, 근대 소설의 선구적 작품으로 불리는 ≪보바리 부인≫(1857)을 써서, 샹플뢰리가 ≪레알리즘≫을 쓰고 그것을 선언한 바로 그 해인 1857년에 단행본으로 발표하였다. 그리하여 플로베르는 그의 의사와는 관계없이 레알리즘의 전형적 작가가 되었고, 그의 작품 ≪보바리 부인≫은 레알리즘의 대표작이 되었다. 그는 "예술가는 자연에서의 신과 같이, 그 작품에 자기의 모습을 드러내서는 안 된다."라고 하여 문학에서의 객관주의를 부르짖었다. 또 "위대한 예술은 과학적이며 비개인적이다."라고 하여, 객관주의에 과학정신이 작용하고 있음을 시사하였다. 이것은 로망티즘 후기 문학에서의 예술을 위한 예술과 같은 욕구이며, 문학이 정치적 사상표명이나 명예획득의 수단이 아니라 그것 자체가 목적이라는 점에서 시에서의 보들레르와 같은 것이다.

플로베르는, 노르망디의 르왕 시립병원 외과과장 아실르 클레오파스 플로베르의 아들로 시립병원 구내에서 태어났다. 부친은 샹파뉴 출신이며 모친은 노르망디 출신인데, 양쪽 다 상류의 시민 계급이었다. 플로베르는 1830년대의 로망티즘 개화기에 소년시절을 보내며 그 풍요한 감수성으로 몽상의 모든 세계를 배회하고, 반면 현실의 저항을 심각한 대립 의식으로 받아들이고 있었다. 건강하고 거구인 미소년 플로베르는 15세 때 트루빌 해안에서 엘리자 슐레젱제 부인을 만나 전격적인 사랑을 느끼고 일생 동안 신비스러운 사모를 하게 되었다. 18세에 르왕 고등학교를 마치고 1840년 19세 때, 파리 법과대학에 들어가 법률을 공부하기 시작하였는데, 법률에 흥미를 느끼지 못하고 문인들과 사귀었다. 이때 위고를 만나 알게 되었다.

1840년 신경성 발작을 일으켜 법률을 단념하고, 르왕 근교 센 강가의 크르와세의 저택에 은거(1846)하여 가끔 파리로 나오거나 여행을 하는 것 이외에는 오로지 창작에만 몰두하였다. 1845년 초고 ≪감정교육≫의 시도, 1846년에는 부친이 별세하고, 누이동생이 산욕에 쓰러졌다. 같은 해에 그후 8년간이나 계속되며 그의 ≪서간집≫을 크게 수놓게 될 루이즈 콜레와의 관능적 연애가 시작되었다.

1849년, ≪성 앙트완의 유혹≫의 초고를 완료하여 두 친구인 루이 부이에(1822~1869년)와 막심 뒤 캉(1822~1894년)에게 읽어 주었는데, 그들에게 혹평을 당해 그는 그것을 서랍 속에 넣어 두었다. 그때 루이 부이에에게서 그 당시 화제가 되었던 들라마르 부인의 사건

(1848)과 같은 현실적인 문제에서 취재하여 소설을 쓰도록 충고를 받았다고 한다. 그후 곧 2년간의 동방여행을 하였는데, 그 여행중에도 새로운 소설을 계속 구상하다가 1851년 크르와세로 돌아와 《보바리 부인》에 착수하였다. 이 작품은 발표되자마자 풍속문란의 죄로 고발되어 더욱 유명해졌고, 앞에서 이미 말한 것과 같이 레알리즘의 선구적 작품으로 지목을 받았다.

이어 《살람보》(1862)를 발표하였다. 로마 시대의 카르타고에서 취재한 화려한 역사소설인 이 작품은 전쟁·연애·잔학·원시종교 등에 대해 비상한 노력을 기울여 모은 자료로 전개시킨 것이다. 그러므로 역사소설의 장르를 벗어나 일종의 사실적인 서사시가 되었다.

1869년에는 《감정교육》의 결정고를 발표하고, 플로베르는 그때까지 이미 두 번이나 손을 대었던 《성 앙트완의 유혹》에 다시 착수하였다. 1874년 제3고로서 발표된 이 작품은 14세 때부터 약 30년간 그를 집요하게 따라다닌 유혹이었다. 로망티즘 말기의 환상에서 나온 이 작품은 결정고에 이르러 깊은 페시미즘에 뒷받침된 현란한 화폭이 되어 르콩트 드 릴르의 《고대시집》(1852)과 졸라의 《루공 마카르 전서》(1871~1893년)와 함께 19세기 후반의 특이한 일지대를 형성한 작품이 되었다.

1873년 《부바르와 페큐세》(미완, 1881 사후출판)에 착수했으나 이 작품의 성격에서 오는 어려움과 만년의 고통스러운 환경이 자아낸 불여의 때문에 중단하였다. 그 동안에 《성 줄리앙전》(1857), 《에로디아》(1877),

≪순한 마음≫(1877)의 단편 3개를 묶은 ≪트르와 콩트≫를 발표한 후에 다시 ≪부바르와 페큐셰≫에 착수하였으나, 1880년 그의 죽음으로 미완에 그치고 말았다. 이 작품은 부르주아에 대한 작가의 혐오, 반속물주의의 권화이며 그 화신인 두 부르주아의 기록이고, 동시에 플로베르 자신의 환멸의 서이며 인생 패배의 생생한 풍자화이기도 하다.

공쿠르 형제―에드몽(1822~1896년), 쥘르(1830~1870년)―는 일찍 부모를 잃었으나 많은 유산을 상속받아 물질 생활에는 곤란을 느끼지 않았다. 쥘르가 학교를 졸업하자 두 형제는 유럽을 두루 돌아다닌 후, 정말 오랜 만에 한결같이 염원하고 있던 문필생활을 1851년부터 합작으로 시작해 1870년 쥘르가 죽을 때까지 계속하였다. 그들은 처음엔 일화적·기록적인 역사에 흥미를 갖고 18세기의 풍속·여성·미술에 대한 수많은 저술을 남겼는데, 이윽고 과거의 화자가 현재의 화자가 된다는 방법에 의해 소설을 쓰게 되었다. 그리하여 문학자의 세계―≪샤를 드마이≫(1860), 자선병원의 생활―≪필로멘느 수녀≫(1861), 근대적인 아가씨―≪르네 모프랑≫(1864), 히스테리 환자인 식모의 타락―≪게르미니 라세르토≫, 유태인의 얼과 미술가의 사회―≪마네트 살로몽≫(1867), 여성의 신앙심―≪제르배재 부인≫(1869)을 계속적으로 발표하였다.

주제·인물·묘사가 다 현실 그대로이기를 지향하고, 엄밀한 조사와 정확한 분석에 의하여 소설을 그때까지의 로마네스크한 것에서 역사적·과학적인 것으로 하였다.

특히, ≪게르미니 라세르토≫는 그들의 대표작으로서 졸라에게 큰 영향을 주었고 레알리즘 문학의 걸작으로 지목되고 있다.

공쿠르 형제는 이상자나 사회 부적격자의 현실을 그리는 데에 작품의 진실이 있다고 본 점에서는 샹플뢰리와 앙리 뮈르제의 레알리즘의 연장이지만, 이들 형제의 특색은 문체의 인공적 예술성에 있었다. 특히, 동생 쥘르에게 그러한 경향이 있었다.

그들은 소설 외에 그 시대의 인물과 사회의 귀중한 기록 ≪일기≫(전25권, 1851~1896년)를 남기고 있다. 유명한 공쿠르 상은 그들의 뜻을 받들어 나튀랄리즘의 순수한 전통을 전할 목적으로 1903년에 설립된 아카데미 공쿠르가 수여하는 권위 있는 문학상이다.

파르나스의 시

1860년부터 1865년 경에 걸쳐 파리에는 로망티즘의 시파와 그들과 시풍이 다른, 혹은 다르다고 생각하는 일단의 시인들이 나왔다. 그들은 예술을 위한 예술을 주장한 고티에 등의 선배의 뒤를 이어 시는 우선 조화되고 완성된 형태 속에 있다는 것, 그리고 그 흠이 없는 완벽한 형태에다가 로망티즘의 시인들이 한 것처럼 개인의 감정과 정서를 불어넣는 것이 아니라, 모든 사람에게 공통된 일반적 이념을 담지 않으면 안 된다는 것이었다. 이와 같은 생각을 한 시인들은 그리스의 예술의 신 아폴로의 신전이 서 있는 파르나소스를 따서 자기들 시파의 이름으로 하여 르 파르나스―고답파―라 부르고, 1866년에는 제1차 ≪현대 고답파 시집≫을 발표하였다. 여기에는 많은 시인들이 참가하고 있다. 이렇게 새로 일어난 고답파의 중심적 존재는 르콩트 드 릴이었지만, 그 주위에는 보들레르는 물론, 그의 친구며 연적인 테오도르 드 뱅빌르(1823~1891년), 쉴리 프뤼돔(1839~1908년), 에레디아(1842~1905년), 프랑수아 코페(1842~1908년) 등의 시인들이 모였다.

고답파의 시도 레알리즘이 일어난 것과 똑 같은 시대적 요구에서 나온 것인데, 레알리즘 시대의 유파를 고답파로 생각하면 좋을 것이다. 따라서 플로베르가 소설에서 시도한 것을 르콩트 드 릴 등이 시에서 시도하였음은 물론이다.

르콩트 드 릴(1818~1894년)은 서인도양의 식민지 부르봉 섬―지금의 르위니옹―에서 외과의사의 아들로 태어나, 후에 그 시에서 노래하게 될 열대의 풍경에 젖어 있었다. 교육을 받기 위하여 프랑스로 건너와 그리스 어·라틴 어, 법률을 공부하여 한때 고향의 섬으로 돌아갔다가 다시 프랑스로 건너와서 파리에 정착하였다.

처음은 푸리에의 사회주의 사상에 심취하여 ≪팔랑주≫ 지 및 ≪평화민주주의≫ 지의 편집에 종사하며 1848년의 2월혁명에 기대를 걸었으나, 나폴레옹 3세의 제정으로 끝나 버리자 사회의 전도에 절망하고 이후로는 시작에 전념하였다.

1952년 2월 초순, 루이 나폴레옹이 쿠데타에 의하여 새로운 헌법을 공포한 바로 그 무렵, 34세의 무명의 한 시인 르콩트 드 릴은 그 당시 이름 높은 생트 뵈브를 찾아가 〈대낮〉이라는 32행의 시를 낭독하였다.

> 여름의 제왕 대낮이 벌판에 널리 퍼져
> 백의의 옷을 헤치며 푸른 하늘 위에서 내려온다.
> 삼라만상은 숨을 죽이고, 불길처럼 번득이는 허공 잔잔하며,
> 불꽃의 옷을 입은 대지는 고요히 졸고 있다.

이 시를 듣고 있던 생트 뵈브는 두 눈에 눈물을 글썽이며 그 미지의 시인을 포옹하고, 인류의 환멸을 격조 높고 광채로 찬 시구에 담은 한 시인의 출현을 진심으로 축복하였다고 한다.

르콩트 드 릴은 이렇게 하여 그 〈대낮〉이라는 시를 포함한 최초의 시집 ≪고대 시집≫(1852)을 발표하고, 새로운 시조(詩潮), 파르나스의 지도자가 되었다.

이어 ≪야만시집≫(1862), ≪비극시집≫(1884) 등을 발표하여 로망티즘의 감상성을 반대하고 시인의 비개인성, 무감동성을 주장하였다. 그리고 시는 인간 내부의 고뇌를 표현하는 것이 아니라 고요한 미의 표현이 아니면 안 된다고 하였다.

그러나 그럼에도 불구하고 그의 시에는 그의 거친 마음의 비애가 잘 나타나 있다. 그는 위에서 말한 인도주의적 꿈이 깨어진 후, 행동의 무력함과 노력의 허무함을 느끼고, 일체의 것은 환상이며 세계는 악의 비극이라고 하는 치유될 수 없는 페시미즘에 빠졌다. 게다가 실리주의적이

고 산문적인 세기에 사는 고통 때문에 자연의 관조에서 유일한 망각의 길을 모색하였다.

이러한 어두운 사상적 배경을 고려할 때 그의 시는 더 광채를 발하게 되지만, 그러한 사회에서의 도피는 비단 르콩트 드 릴 한 사람뿐만 아니라 특히 19세기 후반의 작가들이 공통적으로 갖는 특징으로 볼 수 있는 것이다.

악을 인간 존재의 근원적인 상황으로 생각하고 의식적으로 악에서 미를 끌어낸 샤를 보들레르(1821~1867년)의 미학에 의하여, 시는 시인의 로망틱한 심정의 유로를 구실로 하는 장소가 아닐 뿐만 아니라 논리적인 웅변과 극적인 효과에서 단절된 인간의 내면성 그 자체의 표현이며, 그 외계와의 접점이 상징으로 되었다. 그리하여 로망티즘의 모든 시적 주제는 보들레르에게 계승되어 질적 변화를 일으키게 된 것이다.

그는 62세의 부친과 28세의 모친 사이에서 태어났다. 6세 때 부친이 사망하고 모친이 오피크 소령—후에 육군대장으로 승진하여 외교관을 겸하고 이공과학교의 교장이 된 사람—과 재혼하자, 그는 의부의 엄격한 교육에 철두철미하게 반항하여 융화하지 못하고, 그 심리적 상처는 그로 하여금 일생 동안 외계를 소유하는 부친의 세계에 결코 도달할 수 없게 하였다.

1840년 19세 때 그는 부모의 희망에 반대하여 법률 공부를 하지 않고 방탕한 문학청년이 되어 유태의 창녀와 관계하였다. 그는 모친에 대한 심리적 경향 때문에 여성을 소유하지 못하고 그의 황홀한 에로티즘은 육체적 교섭에 대한 혐오에 부딪혔는데, 그것은 반드시 병리적인 내적 불능을 의미하는 것은 아니다.

1841년 친족회의의 결과, '생활을 바꾸기 위해' 인도행의 배를 타야 했으나 그는 부르봉 섬에 머물러 있다가 다음 해에 파리로 돌아와서 친아버지의 유산을 상속하였다.

그는 이미 후에 ≪악의 꽃≫(1857)에 수록될 시를 쓰기 시작했고, 흑백 혼혈의 여우 잔느 뒤발과 관계를 맺어 당디로서의 낭비 생활을 하였다. 그리하여 1844년에는 부모에 의하여 법정후견인이 붙여져 재산 관리권을 상실 당해 자살을 기도하였으나 실패했다. 1845년에서 1846년에 걸친 살롱 비평으로 미술 평론가의 소질을 보이고, 1857년의 ≪악의 꽃≫의 간행과 풍속 문란죄에 의한 재판 후, 그는 일약 유명해졌다.

만년에 빚을 갚기 위하여 강연을 통해 수입을 얻고 벨기에 여행을 기도했다가 실패한 것 외에는 거의 파리를 떠나지 않았다. 환멸과 아편에 의하여 건강이 좀먹어 시인으로서 최악의 형벌인 실어증에 걸렸으며 46세로 죽음을 맞았다.

포의 번역가요 로망티즘의 예술 등에 의한 비평가인 그는, 로망티즘 시인들이 자연스러움을 미로 보는 17세기 고전주의의 미학을 그대로 답습하는 것을 잘못이라 생각하고 미를 시가 도달해야 할 목적으로 보았다.

≪악의 꽃≫은 처음에는 101편의 시를 수록하였는데, 그후 재판에서는 151편으로 불어났다. 전편은 6부로 나누어져 우수와 이상에는 시인의 정신적 향수가, 파리의

정경에는 주변의 정취가, 포도주와 악의 꽃에는 시인이 목격한 비참과 배덕과 광태가, 반역에는 그리스도교도가 아닌 그리스도교적 감성과 동시에 독신의 저의가, 죽음에는 절망자의 유일한 희망인 죽음을 표현하고 있다. 특히, 보들레르는 여러 감각과 개념 사이에 있는 공감이라는 것을 이해하여, ≪공감≫이란 시에서,

"오래 계속되는 메아리가 멀리서 섞이듯이, 한없이 넓은 통일 속에서 냄새와 빛깔과 소리가 서로 답하고 있다."
―제2절

라고 하였고,

"소년의 살결처럼 싱싱하고, 오보에의 소리처럼 부드럽고, 초원처럼 파란 빛의 향기."

라고 하였으며, 구체적으로 촉각과 청각과 시각이 후각과 서로 답하고 있는 모습을 그리고 있다. 시인은 벌써 외부에서 감각의 세계를 관찰하고 있는 것이 아니라 스스로 감각세계의 일부가 되고 있는 것이다. 여기서 생볼리즘의 시법, 즉 하나의 영상이 또 하나의 영상을 독자의 마음에 환기시킬 수 있다는 아주 유동적이고 암유적인 묘사법이 생겨난 것이다. 그리고 ≪여행에의 초대≫에는 보들레르적인 세계의 중요한 주제가 요약되어 있다.

내 아들아, 내 동생아,
꿈꾸어라, 거기로
가서 같이 살 감미로움을!
한가롭게 사랑하며
사랑하다가 죽을

너에게 어울리는 그 고장으로!
구름낀 하늘의
물에 젖은 태양은,
눈물의 이슬을 뚫고 빛나는
너의 마음을 주는 눈동자의
그토록 신비로운
매력이 있다, 나에게는.

거기에는 일체의 것이 질서와 미
영화와 고요와 그리고 쾌락.

거기란 시인이 마음 속에서 그리고 있는 이상의 나라인데, 그것은 견딜 수 없는 현실의 세계에서 도피하려는 의식이 지향하는 무한의 건너편에 있는 곳이다. 보들레르는 '거기'에 육신과 정신이 결부되고, 강렬한 관능이 풍요롭고 장엄한 매력과 혼합되며, 일체의 것이 완전한 조화와 순수한 미 속에 놓여진 세계가 있다고 생각하였다.

보들레르에게는 그밖에 ≪파리의 우수≫(1859), ≪인공천국≫(1860) 등의 산문시와 평론이 있다. 그의 산문시 ≪파리의 우수≫는 그 표제가 말하고 있듯이 시인을 둘러싼 환경인 파리와 그것을 바라보는 시인, 즉 우수이다. 여기서 시인은 현실에서 도피하지 않고 연민에 찬 맑고 어두운 시선으로 현실을 바라보며 음악적인 수법으로 '개미처럼 떼를 지어 있는 사회'의 생리를 파헤치고 있다.

보들레르 이후 프랑스 시는, 그리고 세계 모든 나라의 시는 많거나 적거나 그의 시의 영향을 받고 있다. 따라서 생볼리즘의 시는, 물론 근대시는 그에게서 비롯되었다고 하여도 무방할 것이다. 그것은 발레리가 보들레르의 시법을 문제삼고 "그의 존재 없이는 베를렌도 랭보도 말라르메도 생각할 수 없다."라고 말하고 있는 것으로도 알 수 있다.

포지티비즘의 풍조

19세기 중엽에는 과학의 여러 분야에서 계속적인 대발견이 행해졌다. 그 위대한 발견은 사람들에게 과학에 대한 신뢰를 갖게 하였고, 과학에 의거하면 인간이 인간과 인간사회를 마음대로 개조할 수 있으며, 자연까지도 인간의 의사에 따르도록 할 수 있다는 확신을 갖게 하였다. 그리하여 과학 절대주의 사상이 일어나게 되었는데, 그 당시의 말로 이것을 포지티비즘―실증주의―이라고 불렀다. 이 포지티비즘은 오귀스트 콩트(1798~1857년)가 주장하여 텐, 르낭 등에 의하여 계승된 것이다.

콩트는 18세기 말엽부터 19세기 초엽에 걸쳐 프랑스의 사상계를 점유하고 있던 이데올로기의 이념에서 출발하여 생시몽, 푸리에 등 인도주의적 사회 개혁자들의 맥락을 잇고 있다. 그가 말하는 포지티비즘은 간단히 말하여 인류는 세 단계를 거쳐 현재에 이르고 있다는 것이다. 처음은 신앙의 단계, 다음은 의혹하는 이성의 단계, 마지막은 실증정신의 단계다. 신앙의 단계에서 인간을 행복으로 이끄는 것은 신학이고, 이성의 단계에서는 순수철학이며, 실증정신의 단계에서는 과학이라고 한다. 그리고 1789년에 시작되는 사회적 위기는 신앙의 쇠퇴와 비판정신이 일어남으로써 생긴 것이다. 그러므로 만약 사회를 재건하여 인류에게 행복을 안겨 주려면 그것은 당연히 과학을 기초로 하는 것이어야 하고, 안이한 이상을 좇는 경향을 철저히 배제하여 현실에 따라 이상을 실현하도록 해야 하는 것이다.

이어 르낭은,

"과학이야말로 수수께끼를 풀어 주고, 인간에게 사물에 대한 진실을 결정적으로 이야기해 주며…… 인간 전체라는 전통적이고 유일한 권위의 이름으로 이제까지 종교가 우리들에게 부여한 것, 우리들이 벌써 승인할 수 없게 된 것을 대체하는 상징을 주려는 데 그 목적이 있다."

라고 말하였다. 따라서 과학은 기성의 종교에 대신하는 새로운 종교, 즉 '새로운 우상'이 된 것이다. 그리하여 이 정신은 19세기 후반, 특히 1800년대부터 3, 4년간 프랑스의 사상계는 물론 문학에서의 지도원리가 되었다.

나튀랄리즘과 그 반동

레알리즘 문학의 근본 사상은 앞에서 말한 포지티비즘과 과학정신이었는데, 나튀랄리즘은 이 레알리즘 문학을 다시 극도로 밀고 나간 것이다. 나튀랄리즘을 주장한 사람들은 과학적 포지티비즘을 특히 강하게 의식하거나 자각하여 그것을 소설 작법에 적극적으로 시도하였다. 그

지도자는 에밀 졸라(1840~1902년)이지만, 과학적인 포지티비즘을 의식하여 그것을 처음 소설에 적용한 작가는 졸라보다도 앞선 공쿠르 형제였다. 졸라의 최초의 나튀랄리즘 작품인 《테레즈 라켕》(1866)보다 20년 전에 발표된 공쿠르 형제의 《게르미니 라세르포》(1865)의 서문 속에 이미 졸라와 같은 주장이 있는데, 이러한 점에서 공쿠르 형제는 나튀랄리즘의 선구자였다. 그러나 나튀랄리즘이 문학운동으로서 정식으로 시작된 것은 졸라의 《실험소설론》(1880)과 졸라를 비롯하여 그 일단의 단편을 모은 《메당의 야화》(1880)가 격렬한 논쟁을 불러일으켰을 무렵이었다.

에밀 졸라는 《실험소설론》에서 자기의 문학적인 세계 《루공 마카르 전서》의 원리를 밝혀 "실험 대상인 인간은 실험실의 생체와 같이 고립하여 있는 것은 아니다. 그것은 사회를 구성하고 있으며, 그 사회는 어떤 법칙으로 행동하는지 단정하기 어렵다. 그러나 반드시 그것을 구성하고 있는 개개의 인간과 마찬가지로 생리학의 법칙에는 복종하고 있으므로 유전과 환경과 시대라고 하는 3개의 결정론적 원리를 가지고 시도한다면 충분히 그것을 유추할 수가 있다."라고 말하고 있다. 이것이 바로 그가 주장하고 실천한 나튀랄리즘의 원리다.

그는 프랑스에 귀화한 이탈리아 인 토목기사의 아들로 파리에서 태어났다. 그는 유년시절을 남불의 엑스에서 보냈는데, 7세 때 부친을 잃고 17세 때 생활이 곤란하여 모친과 함께 파리로 올라왔다. 그러나 다음 해 이과대학

입학자격 시험에 낙제하여 학업을 포기하고 자활의 길을 모색하였다. 그는 1862년 아세트 서점에 근무하는 한편, 시와 소설을 써서 각종 잡지에 발표하며 문학에 정진하였다. 마침 그 무렵, 가끔 서점에 나타난 텐에게 접근하는 동안에 그 당시의 지배적 풍조였던 과학적·실증주의에 물들기 시작하여 레알리즘을 과학적으로 한 걸음 밀고 나간 나튀랄리즘을 제창하고 주위에 모파상, 유이스망, 앙리 세아라(1851~1924년), 레옹 에니크(1851~1935년), 폴 알렉시스(1847~1901년) 등의 젊은 작가들을 모아 드디어 메당 그룹을 형성하였다. 그들은 1870년의 보불전쟁을 주제로 한 단편을 각자 지참하여 1878년 ≪메당의 야화≫를 간행하였는데, 이것은 앞에서 말한 바와 같이 나튀랄리즘의 선언으로서 큰 반향을 일으켰다. 그리하여 나튀랄리즘의 중심이 된 졸라는 꾸준한 노력으로 에드몽 드 공쿠르의 질시를 초래할 만큼 문단의 명성을 획득하였다.

나튀랄리즘은 1890년 경에 이르러 쇠퇴하기 시작하였는데, 졸라는 1898년 군부의 정치적 음모의 희생으로 유형당한 유태계의 드레퓌스(1859~1935년) 대위를 옹호하기 위하여 과감한 투쟁을 시작했고, 이른바 드레퓌스 사건의 중심인물이 되었다. 그 때문에 군부비방죄로 1년의 징역과 3천 프랑의 벌금형을 받았는데, 곧 영국으로 망명해 여전히 투쟁을 계속하였다. 1899년에 특사로 귀국할 수가 있었으나, 1902년 9월 28일 난로 고장으로 인한 가스 중독으로 죽었고, 1908년 팡테옹에 이장되었다.

졸라의 초기 작품은 로망티즘에서 탈피하지 못한 평범하고 달콤한 소설뿐이었다. 그러나 플로베르, 생트 뵈브, 특히 텐의 영향을 강하게 받게 되어, "악덕도 미덕도 유산염이나 설탕과 같이 합성물이다."(텐)라는 유명한 말을 내건 소설 ≪테레즈 라켕≫을 발표하고 비로소 레알리즘 문학에 도달할 수 있었다.

그래서 앞에서 말한 바와 같이, 발자크가 ≪인간희극≫에서 기도한 것을 나튀랄리즘의 수법에 의하여 과학적·실증적으로 이룩하려고 시도한 것이 ≪루공 마카르 전서≫다. 이 전서는 '제2 제정시대에서의 한 가족의 자연적·사회적 역사'라는 부제가 붙은 소설집이다. 루공과 마카르 두 집안의 결합으로 태어난 일대 가족이 제2제정시대라는 자본주의 개화기의 정치경제기구 속에서 어떠한 발전을 하고 어떠한 운명에 놓여지는지를 실험적으로 연구한 보고서 체제를 갖추고 있다. 그리고 가족의 세대마다 여러 가지로 변천하는 운명을 통하여 사회 전체를 독자에게 부각시켜 보이려는 작가의 의도가 그 밑바닥에 깔려 있음은 물론이다. 제1권 ≪루공 가의 운명≫(1871)에서부터 제20권 ≪파스칼 박사≫(1893)에 이르기까지 거의 1년에 1권씩 간행되었다. 등장인물은 천 명이 넘고 환경도 잡다하여 시골—≪루공 가의 운명≫, 파리의 대시장—≪파리의 위장≫(1874), 교회—≪무레 신부의 죄≫(1875), 술집—≪선술집≫(1877), 광산—≪제르미날≫(1885), 백화점—≪백화점 봉뉘르 데 다므≫(1833) 등이 무대가 되고 있다. 그리고 정치가·은행가·상인·노동자·창녀·농부·식모

・군인 등 모든 계급의 인간이 묘사되고 있다. ≪루공 마카르 전서≫ 20권 전부가 걸작이라고는 할 수 없으나 그 대표적인 것을 골라 보면, 부지런하고 성실한 아내이지만 남편이 술을 먹고 게으른 까닭에 점점 사회의 밑바닥으로 떨어져 결국은 굶어 죽게 되는 빨래집 여자의 일생을 통하여 파리의 노동자들의 생활을 그리고 있는 ≪선술집≫, 많은 사람들을 손아귀에 넣어 음탕하고 호화로운 생활을 하던중 16세 때 낳은 사생아에게서 천연두가 옮아 썩은 고깃덩어리가 되어 죽어가는 여우이자 고등창녀인 나나의 이야기인 ≪나나≫(1880), 북불의 탄광지대에서 일어난 스트라이크를 중심으로 하여 광부의 생활을 그리고 있는 ≪제르미날≫, 프랑스의 곡창이라 불리는 보스 평야를 배경으로 물욕과 육욕을 마음대로 행사하는 농민들의 생태를 그리고 있는 ≪대지≫(1887), 복잡한 애정 문제로 얽힌 일종의 추리소설 ≪수인≫(1890) 등을 들 수 있다. 이 '전서'를 완성한 후 졸라는 나튀랄리즘에서 떠나 3도시—≪루르드≫(1894), ≪로마≫(1896), ≪파리≫(1897)와 4복음서—≪풍요≫(1899), ≪노동≫(1901), ≪진리≫(1903), ≪정의≫(죽음에 의해 중단) 등을 써서 푸리에 류(流)의 공상적 사회주의를 노골적으로 주장하였다. 그가 드레퓌스 사건에 투신한 것도 이러한 사상적 배경이 있었기 때문이었다.

기 드 모파상(1850~1893년)은 북불의 노르망디에서 태어나, 부모의 사이가 좋지 않아 별거한 모친의 손에서 자랐다. 자유로운 공기 속에서 노르망디의 자연과 농민들, 그리고 어부들과 사귀었다. 그의 작품을 지배하고 있는 자연에 대한 사랑과 그 고장의 풍속 및 풍경 등에 대한 애착은 그때 키워진 것이다.

그의 모친이 플로베르의 친구 알프레드 르 프와트뱅의 누이동생이었던 관계로 플로베르의 엄격한 지도로 문학 공부를 시작하였으며, 센 강의 뱃놀이로 육체를 단련하였다. 1870년 보불전쟁 때는 병졸로 소집되어 인간의 동물적 본능의 폭발에 절망하며 뼈에 스며드는 패전의 고배를 마셨는데, 그것이 그의 인간관의 기조가 되었다. 그리고 1880년까지 해군성·문교성에 근무하며 하급 관리의 비참함을 몸소 경험하였다.

그 동안 그는 많은 문학 수업을 쌓고, 졸라를 중심으로 한 나튀랄리즘에 참석하여 ≪메당의 야화≫에 ≪비계 덩어리≫를 기고하여 플로베르의 격찬을 받고 일약 문명을 높였다.

전쟁에 대한 혐오를 테마로 한 이 단편에는 부르주아에 대한 비판, 여성의 비애에 대한 이해, 인간의 호색에 대한 표현이 나타나 있다. 모파상의 문학적 풍토를 이루는 요소가 완전히 융합되어 있는 이 작품은 고금을 통해 단편소설 중의 걸작으로 일컬어지고 있다. 이 작품으로 문단에 데뷔한 이후, 모진 신경병 발작을 일으킨 1891년까지 거의 10년간은 짧기는 하지만 풍요로운 창작 기간이었다. 그는 그 동안에 실로 많은 단편과 장편들을 썼는데, 전작품은 단편집 18권에 실려 있는 270편의 작품과 장편 7편, 기행집 3편, 희곡집 1편, 거기에다 초기 시집

1편으로 작품의 대부분이 10년간의 소산이었다. 센 강의 뱃놀이에 의한 육체적 단련이 얼마나 그의 신체를 완강한 것으로 만들었는지는 모르지만, 그러한 재능의 혹사를 신체와 정신은 감당할 수가 없었다. 결국 그는 광기에 사로잡혀 1년 반의 투병생활 후에 이전에 네르발이 입원하였던 바로 그 병원에서 43세의 짧은 생애를 마치고 말았다.

그의 장편에는 마음 착하고 어진 소녀가 불행한 결혼으로 처음은 남편에게, 다음에는 자식에게 배반당하고 손녀딸에게 모든 애정을 쏟으며 비애와 환멸로 얼룩진 생애를 회상하면서 사는 한 여자의 일생을 그린 ≪여자의 일생≫(1883), 저널리즘과 정계에서의 금전과 권력과 쾌락을 위한 투쟁을 이야기하고 있는 ≪벨 아미≫(1885), 온천 개발을 둘러싸고 파리의 자본가와 그 고장 농부들의 간계를 그린 ≪몽트리올≫(1887), 뜻하지 않은 유산을 상속하여 행복하게 된 동생 장을 질투하다 그 이유를 탐색하여 동생이 모친의 불의의 씨였다는 것을 발견한 형 피에르의 고뇌를 그리고 있는 ≪피에르와 장≫(1888), 사교계의 총아로서 늙음과 피로를 느끼고 고민하는 비극 ≪죽음처럼 강하다≫(1889) 등이 있다. 어느 것이나 많은 독자를 갖고 있으나, 작가로서의 그의 영역은 역시 날카로운 관찰을 잘 살리고 있는 단편소설의 장르에 있다.

남불 님의 상인의 아들로 태어난 알퐁스 도데(1840~1897년)는 어려서부터 감수성이 풍부하고 매력적인 회화력과 함께 풍성한 표현력을 가지고 있었다. 고등학교를 마칠 무렵 부친이 파산하여 중학교의 복습교사를 하며 생계를 유지하는 등, 그는 괴로운 생활을 체험하였다.

1857년, 형 에르네스트의 뒤를 따라 파리로 올라와 다음 해 처녀시집 ≪연애하는 여자들≫(1858)을 발표하여 문단에서 인정을 받았다. 이어 여류시인과 결혼하여 생활을 안정시키고 극작에 정진하였다. 그러나 그의 이름을 일약 유명하게 한 것은 단편집 ≪방앗간 소식≫(1866)이다. 그것은 25편의 단편으로 되어 있는데, 작자가 남불 방앗간에 살며 민간설화·풍경·사건 등을 매력적인 필치로 재현한 명작들이다. 그 중에 최고봉의 하나를 이루고 있는 것이 ≪아를르의 여인≫이다.

이 작품은 소작인이 작가에게 얘기하는 형식을 취하고 있기 때문에 그 마을, 특히 농가가 중심이 된다. 거기에 아를르의 여인은 한 번도 나타나지 않아 마을 사람들과 마찬가지로 독자는 공상의 날개를 무한대로 펼치게 되며 정열의 크기와 균형이 잡혀지고 있다.

이 밖에 자서전적인 ≪프티 쇼즈≫(1868), 쾌활하고 악의 없는 거짓말쟁이 남불의 사나이를 극화적으로 그린 ≪타르타랭 드 타라스콩≫(1872), 알사스를 점령한 프로이센 군의 명령에 의해 다음 날부터 프랑스 어를 배우지 못하게 된 상황을 그린 ≪마지막 수업≫(1873) 등을 묶은 ≪월요일의 이야기≫(1873), 그리고 파리의 풍속을 그린 장편 ≪나바브≫(1877), ≪사포≫(1884) 등이 널리 읽혀지고 있다.

"현실을 옮긴다! 나는 이 밖의 방법을 쓴 적이 없다." 라고, 문단생활의 회상인 ≪파리의 30년≫(1888)에서 스스로의 창작방법을 말하고 있듯이, 도데는 그 창작태도에서는 나튀랄리스트였다. 그러나 그의 경우는 인상을 그대로 옮기고 있다는 점에서는 인상파였다고 해도 무방할 것이다. 그에게는 졸라에게서 보이는 인간의 암흑면을 묘사하는 차가운 시선 대신, 가련한 인간의 비애를 눈물을 글썽이며 보는 눈이 있었다.

졸라가 주장하고 실천한 나튀랄리즘의 이론에 대하여 처음부터 맹렬한 비판과 공격이 있었다. 주어진 유전이 환경의 영향에 따라 나타내는 반응이라든지, 인간의 일체의 것을 단지 그것으로만 설명할 수 있다는 것은, 인간관계에 의하여 모든 것을 설명하려고 하는 텐의 과학 사상과 마찬가지로, 인간의 자연성이나 정신의 영역을 극도로 좁히는 것이며 무시하는 것이다. 그러므로 비난이 일어난 것은 당연한 일이었다. 졸라의 ≪대지≫(1887)가 발표되었을 때 그의 5명의 제자들인 로니·데카브·마르그리트·기시·본느탱은,

"스승은 오물 속에 **빠져** 버렸다. 그렇게 되면 마지막이다. 우리들은 진실을 과시하고 있는 속임수와 인기를 얻기 위해 더러운 것을 그리려고 하는 노력을 비난한다."
라고 한 5명의 선언을 발표, 졸라와 나튀랄리즘에서 해방되려고 하였다.

한편 ≪양세계 평론≫에서 늘 나튀랄리즘의 문학을 비판하고 있던 브륀티에르(1849~1906년)는 ≪자연주의의 파산≫(1887)을 써서 나튀랄리즘 문학의 필연적인 종막으로서 ≪대지≫를 여지없이 문질러 버렸고, 아나톨 프

랑스도,

"이전에 인간이 인간을 타락시키고, 미와 사랑에 대한 여러 가지 모습을 모욕하고, 모든 좋은 것과 뛰어난 것을 부정하기 위하여 이처럼 노력을 다한 적은 없었다. 이전엔 인간이 이처럼 인간의 이상을 무시한 적은 없었다."
라고 하여 ≪대지≫를 비난하였다.

그리하여 모든 방면에서 사람들의 주의는 불안에 대한 문제, 마음의 동경에 대한 문제로 기울어지게 되었다. 나튀랄리즘이 억압한 인간의 가치가 여러 가지 변화한 모습으로 다시 나타나기 시작하였다. 사람들은 인간 심리 분석으로 되돌아갔다. 관념과 심정을 혈액 순환과 소화 현상에 관련시켜 연구하기를 그만두고, 그들은 신비에 대한 감각을 다시 발견했다. 인생은 이성으로써는 어쩔 수 없는 그것을 넘어서는 부분이 많다는 것을 알았다. 이성주의가 의지하고 있던 과학이 절대적인 확실성도, 완전한 행복도 가져다주지 않는다는 것을 알고 과학의 파산을 선고하였고, 종교에 대한 흥미, 불가사의에 대한 갈망이 생겨났다. 나튀랄리스트들의 표방적 무감동에 항거하여 인간의 고뇌에 대한 깊은 공감을 문예작품에서 구하려는 경향이 일어났다. 나튀랄리즘의 반동의 시기가 온 것이다.

빌리에 드 릴아당(1839~1889년)은 브르타뉴 지방 생브리위의 대혁명 시대에 피살된 백작의 가문에서 태어났다. 1856년 파리로 올라와 고티에·보들레르 등과 친교를 맺었다. 그는 동 세대인 가운데서 가장 천재적인 소질을 가진 작가라는 인상을 친지들에게 주었는데, 세속적인 생활을 철저히 싫어하고 경멸한 까닭에 일생 동안 빈곤한 생활을 하였다.

그의 작품엔 다양한 것이 있다. 희곡 ≪엘렝≫(1866)·≪반항≫(1886)·≪악셀≫(1890 유고), 소설 ≪이지스≫(1862)·≪잔인한 이야기≫(1883)·≪미래의 이브≫(1886)·≪트리뷜라 보노메≫(1887) 등이 알려져 있다. 그러나 그의 생전엔 문학적 명성을 획득할 수 없었다.

빌리에 드 릴아당과 마찬가지로 비참한 생활을 한 레옹 블르와(1846~1917년)는 격렬한 가톨릭 신자로서, 그 시대의 안이한 유물론자와 미온적인 가톨릭 신자를 비난하였다. 그는 사회를 너무 맹렬하게 증오한 까닭에 드디어는 그 증오가 인간에게까지 미치고 그 구제를 신에게서 구하지 않으면 안 되었다.

그의 수많은 작품은 20세기 가톨릭 문학에 커다란 영향을 주고 있다. 특히 소설 ≪절망자≫(1886)·≪가난한 여자≫(1897)가 유명하며, ≪일기≫(8권, 1892~1917)가 귀중한 것으로 알려져 있다.

심층의식의 세계와 생볼리즘

1880년대에 이르러 시는 소설에서 나튀랄리즘의 반동이 일어나기 이전에 이미 파르나스의 조소적 형태를 버리고, 또다시 로망티즘의 시의 정서로 복귀하려고 하였다. 라마르틴이나 비니와 같이 개인적이고 내면적인 감동은 로망티즘의 시인들이 가졌던 그것보다는 은밀하고 깊은 것이었다. 로망티즘 시인들의 감정도 물론 개인적이고 내면적인 것이었으며, 비니의 감정은 비니의 것이고 뮈세의 감정은 뮈세의 것이었으나, 감정은 보편적인 것, 말하자면 이성의 승인을 받은 감정, 따라서 개인적이면서 동시에 타인에게 이해되는 감정이었다.

그런데 1880년대의 시인들이 오로지 시 속에 담으려고 한 것은 그것보다는 더 깊은 것, 더 은밀한 것, 공통적 장소에서 벗어난 것, 개개의 의식 속에 깊이 숨어 있는 것, 여느때는 나타나지 않다가 어떤 계기가 되어 느닷없이 나타나는 것이었다. 그러므로 타인에게는 전혀 이해될 수 없는 것, 동시에 같은 개인에게서도 다를 수 있는 것, 이른바 심층의식의 세계였다.

이러한 심층의식의 세계를 시의 내용으로 표현하기 위해서는 이제까지의 시인들이 한 것같이 지성의 중매로 표현할 수는 없는 것이다. 따라서 다른 방법을 생각해 내지 않으면 안 되었다. 1880년대의 시인들은 그것을 생볼―상징―에 의하여 표현하려고 하였다. 시인은 어떤 감동을 느끼는 경우, 그것을 직접 독자의 감수성에 호소하려고 한다. 그때 시인은 음악에서 그 방법을 빌려오는 것이 제일 좋겠는데, 시인은 음악가가 아니라 언어의 예술가다. 그리하여 그는 암시라는 수단을 빌려온다. 이를테면 꽃이라고 할 때, 그 꽃과 조금도 닮지 않으면서도 그 꽃과 또 그 꽃을 피우는 나무를 연상하게 하며, 그것을 말하지 않고 다른 것을 말하면서 그것의 이미지를 은연중에 생각하게 하는 방법이 필요하다. 이것이 '상징의 기법'인데, 그러한 상징의 기법에 의하여 표현된 심층의식의 세계를 생볼리즘의 시라고 한다.

이것은 시의 큰 변화였다. 시는 그것 자체가 아니면 안 된다는 관점에서는 로망티즘에의 복귀이며, 따라서 생볼리즘의 시는 로망티즘의 연장이다. 그러나 그 내향성은 더 심화되고, 시인의 주체성도 훨씬 심화되었다. 이와 같이 심화된 주체성의 표현은 로망티즘의 수법이 아니라 다른 시법을 요구하였다. 여기서 프랑스의 서정시는 세 번째의 변화를 하게 되었는데, 그러기 위해서는 3대 시인의 노력을 필요로 하였다. 베를렌·랭보·말라르메가 바로 그 사람들이다.

우리들이 이제부터 보게 되는 생볼리즘의 시인들 가운데 폴 베를렌은 랭보나 말라르메와 함께 가장 중요한 위치를 차지한 시인이었다. 그는 보들레르도 아직 묶여 있었던 이성적인 것에서 시를 해방시키고, 17세기 고전주의 이후의 알렉상드랭을 완전히 시에서 제거하여 인간의 내면성을 음악적인 상징미를 통하여 이야기하며, 그 감수성을 부드러운 표현으로 노래하였다.

그는 플랑드르 지방의 오랜 가계에 속하는 공병대위의 아들로 메스에서 태어났다. 따라서 그는 북방적인 기질을 농후하게 이어받고 있었다. 일찍 부친을 잃고, 모친과 함께 파리로 올라와 중등교육을 받은 후, 시청에 근무하는 한편 시작에 전념하면서 파르나스의 시인들과 사귀었다. 1866년 제1차 ≪현대 고답파 시집≫에 7편의 시를 기고하고, 또 ≪풍자시집≫(1866)을 발표하여 시단에 데뷔하였다. 이 시집에서 가장 유명한 것은 ≪가을의 노래≫다.

　　가을날의
　　바이올린의
　　긴 흐느낌이
　　가슴속에 스며들어
　　마음 설레고
　　쓸쓸하여라.

　　때를 알리는
　　종소리에
　　답답하고 가슴아파
　　지난날의
　　추억에
　　눈물 흘리어라.

　　그래서 나는
　　궂은 바람에
　　여기저기로
　　정처도 없이
　　흘러다니는
　　낙엽과 같더라.

 이어 ≪멋있는 향연≫(1869)을 발표하고, 1870년에는 친구의 누이동생 마틸드 모테를 만나 사랑하게 되어 그 사랑의 속삭임을 노래한 ≪좋은 노래≫(1870)를 약혼기념으로 발표하고 결혼했다. 그러나 곧 보불전쟁이 일어나 국민군으로 소집되었고, 이어 '파리 코뮌의 반란'(1871)에 가담하여 주벽이 생겨 이미 가정적인 풍파가 일기 시작하였다.

게다가 그가 시재를 인정하여 불러들인 17세 천재 소년 랭보의 출현에 의해 그의 행복한 소시민적 생활은 여지없이 파괴되고 말았다. 랭보와의 동거, 아내에 대한 횡포, 그리고 벨기에 및 영국으로 흘러다니는 방랑생활, 다음의 '거리에 비가 내리듯 내 마음에 눈물 내린다'는 유명한 시가 수록된 ≪말없는 연가≫(1874)의 여러 시편은 거의 이 시기에 씌어진 것이다

> 거리에 비가 내리듯
> 내 마음에 눈물 내린다.
> 가슴속에 스며드는
> 이 설렘은 무엇일까?
>
> 대지에도, 지붕에도 내리는
> 빗소리의 부드러움이여!
> 답답한 마음에
> 아, 비 내리는 노랫소리여!

1873년 브뤼셀에서 감정의 폭발로 랭보에게 권총을 발사, 투옥되어 1년 반 동안의 감옥생활 끝에 그는 깊은 회한에 사로잡혀 가톨릭에 귀의하였다. 그때 경건한 마음으로 노래한 것이 ≪예지≫(1881)다. 그후 베를렌의 명성은 점점 높아갔으나 그의 생활은 반대로 점점 문란하여

져 비참한 만년을 보냈다.

그는 무엇보다도 음악을 중요시하였다. 파르나스의 시인들에 반대하여 색채를 물리치고 뉘앙스를 추구하여, 말라르메와 발레리가 말하듯이 생볼리즘은「음악에 의하여 그 부(富)를 되찾는다」는 데에 역점을 두고, 맞추지 않은 리듬과 여성각운을 교묘하게 조작해 이 세상의 무거운 고뇌 속에 빠져 있는 얼을 고요하고 순박한 곳에다 갖다 놓는 데 성공하였다.

베를렌의 생활을 완전히 자기 페이스로 끌어들여 그것을 뒤흔들어 버린 아르튀르 랭보(1854~1891년)는 그야말로 프랑스 시단에 예고없이 나타나서 찬란한 빛을 던지고 또 예고없이 사라져 버린 혜성과 같은 천재시인이었다.

그는 벨기에에서 가까운 지방도시 샤를러빌에서 군인의 아들로 태어났다. 일찍 부친을 잃고 전제적이고 신앙심이 깊은 모친의 손에서 자란 조숙한 천재다. 샤를러빌에서의 인습적인 생활에 대한 반항이 그의 시의 출발점이 되었다. 그리스도교가 그의 시원성과 자연성을 질식시킨 까닭에, 그리고 가정이나 모든 사회적 규약과 권력이 그의 자발성을 억압한 까닭에, 그는 그의 인격을 압박하는 모든 전통에 반항하였다.

그리하여 17세 때 "시인은 모든 감각의 장기에 걸친 대폭적인, 그리고 이유 있는 착란을 통해 브와이양─보는 사람─이 된다."는 유명한 브와이양이 되어 환각적인 세계를 발견하고, 거기서 생활하며 언어의 능력을 최고도로 발휘한 후, 불과 20세란 젊은 나이로 시의 세계와 영원히 결별하고 말았다.

그는 이미 16세 때, 한 번도 바다를 본 적이 없는데 잡지의 삽화에서 영감을 받고 ≪시집≫(1869~1873년)에 수록된 ≪취한 배≫(1870)를 쓰고, 색과 향기, 시각과 음, 물질적인 것과 추상적인 것의 착란을 표현하고 있었다. 그리고 17세 때는 유명한 ≪모음≫(1871)의 환상을 표현한 시를 쓰고 있다.

A는 흑색, E는 백색, I는 홍색, U는 녹색, O는 남색, 모음들이여.
나는 언젠가 너희들의 은밀한 탄생을 말하리라.

이것은 소네―14행시―의 형식으로 형태·색·음을 기묘하게 바꾸어 놓음으로써 독자를 착란으로 휩쓸어 버리고 있다. 그리고 이 시는 청각의 시각화라는 문제를 제기한 것으로 생볼리즘 시인들의 시선을 끌게 하였다.

랭보가 남긴 작품은 ≪시집≫에 수록된 50여 편의 운문시, ≪지옥의 계절≫(1873)과 ≪장식 그림≫(1874)의 두 산문시집, 그리고 ≪브와이양의 편지≫(1871)가 있을 뿐이다.

그의 시는 오로지 그의 내면적 체험을 노래하고 있는 것이 대부분이어서 시인의 뜻을 이해하기는커녕 나타난 영상을 따라가는 것만도 여간 어려운 일이 아니다. 그러나 그 음율과 영상의 아름다움을 느끼지 못하는 것은 아니다. A의 음에 의하여 흑색이 환기된다는 랭보적인 인식은 보들레르의 공감을 생각한 위에 이해하려고 하면 되는 것이다.

프랑스 시는 보들레르에 의하여 웅변과 절연하고, 베를렌에 의해 논리에서 음조로 향하고, 스테판 말라르메(1842~1898년)에 의해 표현의 의미전달 작용을 끊어버린 것이다. 그의 ≪꽃다발의 부재≫에서 꽃을 느끼게 하려고 한 시어의 질적 변화는 그후 현대 문학에 결정적인 영향을 주었다.

그는 하급관리의 아들로 파리에서 태어났다. 어릴 때, 모친을 잃고 계모를 맞이하였으나 보들레르가 의부에 대해 입은 상처와 같은 것은 입지 않았다. 1862년 20세 때, 이상적 미의 추구라는 일생의 목표를 설정하고 '포를 잘 읽을 수 있기 위해' 런던으로 건너갔으며, 1863년에는 '번거롭지 않게 시작을 할 수 있기 위하여' 고등학교의 영어교사가 되었다. 그리하여 보들레르적 주제와 포에게서 배운 의식적인 시의 구성이 초기 작품에 강하게 나타나고 있다. 그러나 그 영향도 즉시 극복하고 제1차 ≪고답파 시집≫에 발표한 ≪창공≫ 등의 시에서는 완전히 말라르메의 독자적인 세계를 형성하고 있다.

영원한 창공의 명랑한 풍자는 마치
모든 꽃처럼 무관심하게 아름답고,
고뇌의 열매를 맺지 않는 사막 속에서 스스로의
천분을 저주하는 무력한 시인을 압도한다.

도망치며 눈을 감아도 창공이 내 공허한 얼을
회한만큼의 강한 힘으로 때려눕히며 질시하는 걸

나는 느낀다. 어디로 피할까 그리고 어떤 흉악한 밤을
던질까. 이 고통을 주는 모욕에다가, 박살이 되게 던져 버릴까.

 그렇다면 말라르메의 독자적 세계란 어떤 것인가. ≪창공≫에 대하여 그는 친구에게 보낸 편지에서,
 "창공! 이 마지막의 진지하고 기괴한 부르짖음을 이유 있게 하기 위하여 이러한 비통한 계시가 필요하였다. ……그것은 정말 무서울 만큼 곤란한 일이었다. 순수한 주관시라는 관념에 대응하는 극적 요소를 미에서 필요한 선인 맑고 조용하고 바른 음조 속에다 결부시킨다는 것은." 라고 말하고 있다. 여기에 말라르메 시법의 근간을 이루고 있는 것이 설명되고 있다. 그것은 첫째, 시란 영감이 아니라 언어라는 것, 둘째, 착상의 첫말이 마지막 말을 준비한다는 것이다.
 말라르메의 대표적 작품으로는 ≪시집≫(1887), 산문집 ≪소요≫(1897)·≪이지튜르≫(1867~1868, 발표 1925)·≪주사위 던지기≫(1876) 등이다. 그의 시 가운데서 가장 유명한 ≪반수신의 오후≫(1870)의 초고는 1865년에 씌어졌으나 그후 두 번이나 개작되어 겨우 1876년에 발표될 정도로 추고되고, ≪에로디아드≫는 시작은 했으나 결국 완성하지 못한 채 56세로 생애를 마쳤다.
 1880년 경부터 파리의 로마가에 있는 말라르메의 집에는 화요일마다 젊은 문학가들이 모이고 있었다. 이 모임이 이른바 '말라르메의 화요일'이다. 발레리·피에르 루

이스·클로델·앙드레 지드 등은 모두 청춘의 한 시기를 이 모임에서 보냈고, 따라서 말라르메는 20세기 문학의 기수들에게 큰 감화를 준 스승이었다.

현대의 소용돌이

현대와 새로운 사상적 지주

현대라는 시대의 범위는 그 역사를 다루는 사람에 따라 다르다. 가장 좁은 의미로 해석하는 사람은 현재 그가 살고 있는 시대만을 생각하고, 따라서 이것은 동시대라는 말과 같은 의미를 가진다. 이러한 의미로 현대의 문학을 다룬 사람은 가에탕 피콩이다. 그리고 19세기에 대하여 20세기를 현대로 생각하는 사람들도 적지 않다. 그러나 프랑스 역사상 보불전쟁이 있었던 1870년 이후를 현대라고 하는 게 통설로 되어 있다. 그리고 파리대학의 용어로서 현대의 문학이란 ≪악의 꽃≫과 ≪보바리 부인≫이 나온 1857년 이후의 문학을 가리켜 말한다. 요컨대, 현대란 그것을 생각하는 사람의 입장에서 보면 적어도 자기 생애와의 관계에서 자기가 태어나서 생존하는 동안 일어난 역사적인 여러 가지 사실을 몸소 체험한 범위 내에서 정하고 있는 것 같다. 이를테면 1870년의 보불전쟁을 현대의 시작이라고 보는 사람은, 적어도 그 연대에는 태어나 있어서 후에 자기와 가까운 시대의 역사를 쓰려고 할 때, 이 역사적 패배의 해로 한 시대를 구별해야 한다고 생각하여 거기서 현대의 시작을 보았을 것이다. 그러므로 현대의 문학을 시간적 흐름에 맞추어 구별하는 것은 어느 정도 임의의 것일지 모른다. 여기서는 생볼리즘의 시에서 말라르메의 죽음과, 나튀랄리즘의 소설에서 졸라의 드레퓌스 사건에 의한 망명, 즉 1898년을 우선 현대 문학의 시작으로 보고, 19세기 말엽의 문학적 계승을 포함시켜 비교적 새로운 시대의 프랑스 문학을 생각해 보기로 하였다.

과학의 파산이란 말은 1895년 브륀티에르에 의해 비로소 사용된 말이다. 그러나 그러한 사실 자체는 벌써 존재하고 있었다. 19세기의 40년대부터 70년에 걸쳐 그 사상적 지주를 이루고 있던 과학주의가 선의에도 불구하고 결과적으로는 인심을 결정론의 막다른 골목으로 밀고 나가 사람들에게 어떻게 해볼 수 없는 페시미즘을 안겨 주었다. 그리고 그 과학주의를 신조로 하여 출발한 나튀랄리즘 문학이 또한 그 신조에 대한 회의에서 어떻게 해볼 수 없는 상황에 놓여지게 되어 있었다. 페시미즘과 이러한 상황에서 사람들은 도피처를 찾고 탈출의 방법을 모색하였다. 어떤 사람은 종교성을 찾아 가톨릭으로 귀의하였고(브륀티에르의 경우), 어떤 사람은 사원에, 특히 15세기의 신비사상에서 그 활로를 찾고(유이스망의 경우), 또 어떤 사람은 과거의 전통에서 발붙일 곳을 구하고(부르제의 경우), 또 어떤 사람은 민중 속으로 뛰어들었던 것이다(필립의 경우).

베르그송(1859~1941년)의 철학은 바로 이러한 과도기적 경향에 대하여 결정적인 방향을 제시하였다. ≪의식의 직접 여건에 관한 시론≫(1889)이 바로 그것이다.

"산다는 것, 생존한다는 것은 도대체 어떤 것인가? 의식하는 존재에게 생존한다는 것은 변화하는 것이요, 변화한다는 것은 경험을 쌓는 것이요, 경험을 쌓는다는 것은 자기를 창조해 나가는 것이다."라고 베르그송의 철학은 답하고 있다. 과학주의가 가르치는 바에 의하면—르낭의 ≪과학의 미래≫—우주 안의 일체의 것은 그것이 물질적인 것이든 정신적인 것이든 반드시 원인, 조건이 있어서 생기는 것이며, 또는 현상 자체—이 경우 그것은 인간—의 근저에는 그 성격이나 행위나 지성의 작용이나 모두 그것에 의해 설명되는 기본적인 경향이 있다. 그것이 더 고도의 소여(所與), 즉 유전과 시대의 환경에 의하여 결정된다는 것이다. 따라서 거의 정신의 자발성, 인격의 자율성은 인정되지 않았다. 그러나 베르그송의 철학은 이러한 과학주의의 물질적인 사고방식에 대하여 생명이라든지 정신의 자유를 제시하고 있는 것이다.

이 생명의 철학이 이 시기부터 그 이후의 문학에 미친 영향은 실로 크다. 프루스트에서 뒤아멜에 이르는 이른바 의식의 흐름을 따르는 소설과 베르그송의 철학의 친근성은 말할 것도 없다. 클로델·페기·쉬아레스의 직관파 문학자들에게서 보는 주류도 베르그송의 철학적 흐름이다. 다음에 보는 바와 같이 심오한 자아를 추구하는 생볼리즘의 시인들이 직접 베르그송의 영향을 받았는지 어떤지는 별개의 문제다. 그러나 마치 데카르트의 철학과 코르네유의 의지의 비극과 같은 기원을 가진 동질적인 창조로서 직관의 철학에서 나온 공명(共鳴) 때문에 생볼리스트의 심오한 자아의 추구가 깊이를 더하게 된 것은 사실이다.

사회의 움직임과 문학적 이행

1880년대부터 제1차 세계대전까지의 약 30년 동안은 나튀랄리즘이 그 지주로 삼고 있던 과학주의와 함께 쇠퇴한 후 생볼리즘이 일어났고, 그것이 또 해체되어 그 결산과 정리에 소요된 시대라고 할 수 있다. 물론 그 동안의 프랑스 문학이 생볼리즘 일색이었던 것은 아니다. 나튀랄리즘의 아류도 있었고, 반자연주의를 부르짖으면서도 생볼리즘과 대립하는 문학의 흐름도 있었다. 그러나 19세기 전반이 로망티즘의 시대이고 그 후반이 레알리즘 및 나튀랄리즘의 시대라고 한다면 지금 문제삼고 있는 시기를 생볼리즘의 시대라고 해도 무방할 것이다. 생볼리즘은 주로 시 분야에서 그 경향을 선명하게 드러내고 있으나, 사상과 양식에 있어 다른 분야에도 미치는 영향이 컸다. 주의 그 자체로는 오래 계속되지 않았다고는 하지만, 그것이 해체되면서 예술창조의 면에 작용한 힘은 대단히 큰 것이었고, 각양각색의 방법으로 이후의 문학 속에 흡수되어 갔다. 그것은 이른바 생볼리즘의 결산과 정리라고 하는 것이며, 제1차 세계대전을 전후하여 거의 완료되었다.

이상은 순수하게 문학적 풍토를 보고 한 말이지만, 이것과 병행하여 거의 같은 시기에 정치적·사회적으로 한 시대를 진동시킨 드레퓌스 사건이 있었다. 앞에서 이미 말한 바와 같이 유태인의 피를 받은 한 장교에 대한 기밀

누설 혐의와 그 유죄판결을 둘러싸고 프랑스의 사회적 여론은 둘로 나누어졌다.

한편은 국가주의자·전통주의자·반유태주의자인 '조국 프랑스 연맹'이고, 다른 편은 정의파인 '인권옹호연맹'이었다. 이 드레퓌스 사건이 계기가 되어 프랑스 사상계를 뒤흔든 혼란은 다만 유태인 포병 대위의 개인적인 간첩혐의, 재판의 과실, 군부의 체면, 권모술수, 재심(再審) 등의 안이한 것이 아니라, 조국 프랑스 연맹의 샤를 모라스에 말에 의하면, '15년 이래 우리들의 공적 생활의 얼, 이른바 그 악마가 된 일대 사건'이었다. 그리고 이 사건을 계기로 하여 프랑스 국민은 정치·도덕·종교·문학·교육, 모든 분야에서 좌든 우든 각각 그 양심에 따라 결정짓지 않으면 안 되었다.

여기서부터 제1차 세계대전 전야까지 이어지는 두 개의 길이 나누어지게 되었던 것이다. 좌익과 우익, 하나는 오래 전부터 쌓인 반유태사상이 그 윤곽을 드러내어 전통주의자 내지는 애국주의자와 손을 잡고, 또 하나는 자유사상가·지식인 등이 한 무리가 되어 손을 잡았다. 모리스 바레스와 샤를 모라스는 전자에 속하고, 아나톨 프랑스, 로맹 롤랑—이때는 아직 투쟁권 밖에 있었지만—그리고 페기는 후자에 속하였다. 게다가 보불전쟁 이후 30년을 지나며 유럽 제국이 모두 국가주의적 경향에 박차를 가하고 있던 19세기 말엽의 미묘한 국제적 분위기도 작용하여, 이 사건은 뜻있는 프랑스 사람의 양심을 뒤흔들어 버렸다. 이것이 문학에 미친 영향은 실로 커서, 1900

년을 전후한 작품에는 어떤 형태로든 이 사건의 각인이 찍히지 않은 것이 없을 정도였다.

아나톨 프랑스(1844~1924년)는 혁명에 관한 서적을 전문으로 하는 말라캐 강변의 한 고서적점의 아들로 태어났다. 어려서부터 많은 책을 읽어 독서 취미가 몸에 배었고, 스타니슬라 학원에서는 고전학을 공부한 까닭에 애서가인 동시에 위마니스트였다. 20세 때, 어떤 여배우를 사랑하게 되어 시를 쓰기 시작하였다고 한다.

고답파풍 시집 ≪도금시화집≫(1873)을 발표한 다음 해 상원 도서관의 사서가 되어 여가와 수입을 얻자 결혼하였다. 1887년부터 1893년까지 ≪탕≫ 지의 문예시평 ≪문학생활≫을 썼는데, 그는 객관적 비평을 거부하고, "좋은 비평가란 걸작 속에서 자기 얼의 모험을 이야기하는 자다. 객관적인 예술이 존재하지 않는 이상으로 객관적 비평이란 것은 없다. 사람은 결코 자기 자신에게 떠날 수는 없다."는 인상비평의 태도를 취하였다. 그리고 그는 ≪실베스트르 보나르의 죄≫(1881)로 아카데미 상을 받고 문명(文名)을 높였는데, 나튀랄리즘 소설에 대한 해독제로서 텐의 격찬을 받았다.

이어 자서전적인 소설 ≪장 세르비앵의 욕망≫(1882)과 소년시대의 추억 ≪나의 벗인 책≫(1885)을 쓰고, 역사소설 ≪타이스≫(1891)를 발표하였다. 그리고 ≪페도크 여왕의 불고기집≫(1893), ≪제롬 크와냐르 씨의 의견≫(1893), ≪빨간 백합≫(1894) 등을 발표하였다. 드레퓌스 사건이 일어나자 그도 졸라와 함께 드레퓌스를 옹호하기 위해 용감한 투쟁을 시작하였는데, ≪놀이터의 느티나무≫(1896), ≪버드나무 허수아비≫(1897), ≪자수정 반지≫(1899), ≪파리의 베르주레 씨≫(1901)의 4권으로 된 ≪현대사≫는 그 기념이다. 지방의 소도시와 파리를 통하여 종교계·정계·사교계의 부패가 통렬하게 풍자되어 있으며, 당시의 프랑스 사회를 그린 귀중한 기록이 되고 있다. ≪잔 다르크의 생애≫(1908)를 쓴 후, 그는 다시 전투적인 문학으로 돌아가 ≪펭귄의 섬≫(1908)·≪천사의 반역≫(1914)·≪목마른 신들≫(1912)을 썼는데 이 마지막 소설은 그의 최대의 걸작이며, 프랑스 혁명 시대 피로 물들인 혁명가들의 모습을 그리고 있다.

1921년에는 노벨상을 받고, ≪꽃피던 시절≫(1922) 등의 소년시절에 대한 회상록을 쓰며 만년을 보내다가 1924년 80세로 죽었다.

텐의 합리주의, 르낭의 회의주의에 반항하여 강렬한 개인주의를 내민 모리스 바레스(1862~1923년)는 독일에게 고향을 빼앗긴 로렌 사람으로 자아 속에서 고장이라는 관련을 찾고 전통주의에서 민족주의로 나아갔다. 아나톨 프랑스와 함께 20세기 초엽의 젊은이들의 인기를 나누어 갖고 그 사상뿐만 아니라, 격정과 규율 사이를 오가는 그 문장력에 의하여 몽테를랑과 모리악 등에게 많은 영향을 주었다.

그는 로렌의 보즈 주에서 태어나 8세 때, 프로이센 군에 의한 침략의 참화를 경험했다.

낭시의 중고등학교를 졸업하고, 1883년에 파리대학에

들어가 법률공부를 하는 한편 문학자들과 사귀고, ≪잉크의 흔적≫이라는 잡지를 혼자 힘으로 발행하였다. ≪야만인들의 눈앞에서≫(1888)에 의하여 그는 일약 문명을 높였는데 이것은 3부작 ≪자아예찬≫(1888~1891년)의 제1작이다.

한편 그는 정치적 투쟁에 참가하여 블랑제 장군의 옹립운동에 열중하였고, 1889년과 1903년에는 낭시에서 국회의원에 당선되었다. 드레퓌스 사건 때는 드레퓌스의 무죄를 주장하는 졸라·프랑스와 대립하고 '조국 프랑스 연맹'을 조직하여 그 총재가 되어 열렬히 싸웠다. 그리고 제1차 세계대전 때에도 열렬한 애국주의자로 활약하고, 대전 후에는 또다시 파리에서 국회의원에 선출되었다가 1923년 사망하였다.

바레스의 생애는 그의 작품의 발전과 밀접한 관계가 있다. 최초의 소설 ≪야만인들의 눈앞에서≫·≪자유인≫(1889)·≪베레니스의 정원≫(1891)은 자기 독창성 속에 몸을 담고 법의 속박에서 자유로워지며, 자기의 감성과 상상력을 향수하는 훈련을 쌓아야 한다고 주장하며 과감한 독립의 의지를 나타내고 있다. 그는 이 3부작을 ≪자아예찬≫이란 표제로 묶고 있다.

바레스가 이 작품에서 말하는 야만인들이란 예술가와 상반하는 것을 의미하는 것이 아니라 우리들의 자아와 다른 자아를 가진 이방인을 의미하는 것으로, 우리들이 자아를 해방하고 발전시키기 위해서는 모든 정력을 쏟아야 한다는 것이다. 그러나 그가 주장하는 '자아'는 고장과 죽은이들과 민족적 전통의 산물에 지나지 않는다는 것을 발견하고 그는 격렬한 에고티즘에서 국가주의로 이행해 가는데, 그의 국가주의는 처음엔 그의 자아를 성장시키기 위한 수단에 지나지 않았다.

생볼리즘의 해체와 모데르니즘의 탄생

1880년 이후의 베를렌은 이른바 데카당파의 시인들—여기서는 생볼리스트—에게 커다란 영향을 주기는 하였으나 이전만큼 뛰어난 시를 쓰지는 못하고 있었다. 랭보는 1875년 경 이미 시를 포기하였고, 그의 영향은 쉬레알리즘—초현실주의—의 출현까지 나타나지 않는다. 그리고 말라르메의 영향은 극히 일부 사람들에게 제한되고 있었다. 그러나 그들에게 말라르메는 대원로였다. 말라르메의 화요일에 모인 사람들은 거기서 받은 이야기의 인상을 결코 잊지 않고 있었다. 그들은 20세기의 화려한 프랑스 문학을 이룩하는 데 일익을 담당했다.

이러한 베를렌과 말라르메의 영향, 거기에다 1860년대에 프랑스에 들어온 바그너의 음악, 독일의 시, 그리고 영국의 시의 영향이 하나가 되어 1885년 경부터 프랑스에는 생볼리스트라고 불리는 많은 시인이 나타났다. 원로로서 베를렌, 말라르메, 빌리에 드릴아당, 그보다 젊은 세대로서 모레아스 사망, 생 폴루, 앙리 드레니에, 거기에다 벨기에 인 베르에랑, 메테를링크, 그리고 클로델, 발레리, 앙드레 지드.

1886년 경 이들이 주장한 것은 이미 앞에서 말한 바와 같은 보들레르·베를렌·말라르메의 선에 따르는 것이었다. 즉, 시란 음악이며 환기가 아니면 안 된다. 파르나시엥의 가시적(可視的) 현실로 만족할 것이 아니라, 거기에 꿈과 얼의 상태를 나타내지 않으면 안 된다. 구상적인 것을 '암시'로, 명확한 것을 '뉘앙스'로, 의식을 '심층의식'으로, 감정을 '동경'으로 바꾸지 않으면 안 된다는 것이다. 그러나 이들 중 젊은 세대의 데카당, 생볼리스트 시인들은 그러한 주장을 더 밀고 나가 시를 재래의 시형에서 해방시키려 하였다. 이는 지금까지의 시인들이 아직 시도하지 않았던 것이다. 그것은 바꾸어 말하면 생볼리즘의 해체를 의미하는 것이다. 원래 생볼리즘의 시는 시인의 마음 속에 간직한 내부의 음영을 암시하는 것이 목적인 까닭에 시인은 각각 타인과 다른 자아를 가지고 있고, 그 다른 자아의 깊은 것을 표현하려고 하면 그것을 같은 시법이나 같은 경향의 테두리 속에 담을 수는 없는 것이다. 시인이 각각 자아에 따라 테마를 선택하고, 표현방법을 달리 하려고 하는 것은 당연한 일이다. 따지고 보면 생볼리즘은 보금자리와 같은 것이어서 시인들은 어느 정도의 수련을 쌓으면 거기서부터 떠나 각자 자기의 길을 모색하게 된다. 그 가장 현저한 예가 발레리와 클로델이다.

그리하여 1910년 경에 이르러서는 생볼리즘과는 전혀 다른 예술 운동이 일어나, 시뿐만 아니라, 회화와 조각을 포함한 예술의 전 영역에서 그것을 내부로부터 파괴시키고, 다시 만드려는 경향이 일어났다. 이 경향은 알렉산드리아 태생의 이탈리아 인 마리네티(1876~1944년)에 의해 시작되었다. 이것이 피카소 등이 주장하는 입체파나 흑인예술의 소개 등과 하나가 되어 거기에 아주 새로운 예술의 주장, 기교도 없거니와 비유도 없이 직접 대상에 부딪쳐 그것을 그대로 표현하려고 하는 모데르니즘의 예술인 것이다. 그 새로운 예술의 지도자가 아폴리네르다.

폴 발레리(1871~1945년)는 남불의 세트에서 태어났다. 조상 대대로 그곳에 살았다고 하니까 그는 우선 지연과 혈연으로 보아 지중해인이었다. 지중해인이란 북방인과 비교해서 지성인이라 할 수 있다. 1884년 몽펠리에로 옮겨서 그곳의 대학에서 법률을 공부하며, 보들레르 이후의 근대시를 탐독하였다. 1890년 피에르 루이스, 앙드레 지드와 사귀고 1892년에는 파리로 올라와 말라르메의 문하생이 되었다.

조숙한 친구 루이스의 충고로 시를 써서 발표하였는데 그것이 ≪구수첩≫(1890~1893년에 주로 씌어져 1913년 발간)이다. 이어 그는 우발적인 현실과 인격과 사건에서 떠난 순수한 상태의 정신을 가진 인간이 되려면 어떻게 해야 하는지를 탐구했다. ≪레오나르도 다 빈치 방법 서설≫(1895), ≪테스트 씨와의 하룻밤≫(1896)을 쓰고 오랜 침묵을 지키다가 ≪젊은 파르크≫(1917), ≪해변의 무덤≫(1920), ≪매혹≫(1922) 등으로 재출발할 때까지 오로지 사색에 탐닉하여 사고의 방법을 닦았다. 그 후 그는 시는 물론 산문에서도 작품을 발표할 때마다 그 명성을 높여, 1925년에는 아카데미 회원으로 선출되고, 드디어 20세기 전반 유럽에서 가장 뛰어난 시인의 한 사람이며 최고의 지성인이 되었다.

시인으로서의 발레리는 말라르메의 직계다. 1890년 피에르 루이스에게 보낸 편지에서 그는,

"나는 세련된 몽상가에 의해 씌어진 단서를, 일종의 소네를 꿈꾸고 있다. 그러나 그 몽상가는 동시에 매혹적인 건축가요, 총명한 대수학자며 답을 틀리지 않는 계산가와 같은 자다." 라고 말하고 있는데, 그것은 바로 그후의 발레리의 시론을 거의 요약하고 있는 표현이다. 그에 의하면 시는 산문과 달라서 목적을 그 자체 속에 가지고 있다. 그러한 관점에서 시는 무용과 같은 것이다. 무용은 몸짓과 스텝으로써 공간에 하나의 미와 조화와 도취를 만들어 낸다. 그리고 그 미와 조화와 도취는 무용 그 자체의 것이며, 무용의 진행에 따라 만들어지고 그것이 끝남과 동시에 끝나는 것이다. 시도 마찬가지다. 그것은 시인의 사상과 감정을 타인에게 전하는 것을 목적으로 하지 않는다. 그것은 산문과 다르다. 언어에는 일상적인 의미와 시적인 의미의 양면이 있다. 시인이란, 언어 중에서 일상적인 의미를 사상(捨象)하고 순수하게 시적인 의미에 따라서, 바꾸어 말하면 '음과 박자와 수와 장식과 함께 사상이 어떤 긴장 내지는 흥분을 일게 하고 지속시켜서 우리들의 마음 속에 하나의 완전한 조화의 세계를 낳도록' 하는 사람이다. 따라서 시 행위는 엄밀한 의미에서 지성인의 일이다.

이러한 그의 시론은 ≪젊은 파르크≫에서 구현됨으로

써 일부 식자들을 놀라게 하고, 시인으로서의 지위를 확보하였다.

> 누가 울고 있는가, 거기서 일진의 바람이 아니면, 이 여명에
> 단지 홀로, 먼 금강석과 함께 있을 때…… 누가 우는가.
> 바로 내 곁에서, 내가 울려고 하는 순간에,
>
> 몸을 비틀며, 나는 보고 있다.
> 나를 보고 있는 나를, 그리고
> 시선을 차례차례로 던져, 나의 깊은 숲을 황금빛으로 물들인다.
>
> 그 숲에서 나는 나를 문 한 마리의 뱀에 시선을 못박는다.

이 시 전편에 대하여 주역을 붙인 알랭은 위의 처음 3행에 대하여,

"최초의 단장(斷章)은 꿈을 꾼 후의 각성이고, 이 세상에 던져진 주목이며, 회상적인 의문이 합쳐진 것이다. 이미지로 말하면 하나의 팔, 하나의 반지, 그리고 여명의 일순간에 번쩍이는 별하늘이 보이는 것 같다."라고 말하고 있다. 길고 짧은 16의 단장에 걸쳐 전개된 극도의 정신성과 생생한 육감성의 교차에 대한 전체적인 의미는 그 고도의 상징성 때문에 여러 가지로 해석되지만, 확실히 말할 수 있는 것은 자주 강조되고 있는 파르크의 처녀성이 정신의 절대적 순결의 주제라는 것이다. 육체적 체험의 추억, 또는 몽상 후에 파르크는 그것을 잊기 위하여 자아를 추구하는데, 졸음이 다시 엄습하자 육체적 체험을 어제의 일처

럼 연상하고 있다. 그러나 해변의 태양에 몸을 맡기는 종말은 정신과 육체의 일원적 실현으로 볼 수 있다.

이 밖에 그의 작품에는 시 ≪건축가 위팔리노스≫(1923)·≪얼과 무도≫(1921)·≪나의 파우스트≫(1946), 그리고 평론집 ≪바리에테≫(5권, 1924~1944), ≪현대 세계에 관한 고찰≫(1933)의 문명록 내지는 세계관 등이 있다. 그의 산문 작품은 시국에 대하여 쓴 것이 많고, 역사나 과학이나 종교에 관해서는 근본적으로 회의주의적이다.

폴 클로델(1868~1955년)은 샹파뉴 지방의 빌르뉘브 쉬르 프레르 앙 타르드느와에서 태어났다. 부친은 유서 깊은 집안의 출신으로 등기 공무원이었고, 모친은 그 지방 농민의 딸이었다. 1822년에 일가는 모두 파리로 올라와, 클로델은 루이 대왕 학교를 졸업하였다.

그는 청년기의 정신적 위기와 19세기 말의 페시미즘 때문에 괴로워하다가 말라르메에게서 시적 사고에 대한 감화를 받았다. 1886년 랭보의 시를 읽고 얻은 정신적 충격과 노트르담 사원의 미사에서 받은 신의 계시로 가톨릭에 귀의하였다.

그후 극시 ≪황금의 머리≫(1890)·≪도시≫(1893)·≪5대 찬가≫(1910) 등에서 인간의 궁극적 목적은 인간 자체를 연구하는 것이 아니라, 창조된 사물 속에서 신을 인식하는 데 있다는 것을 한결같이 강조하고 그 확신을 굳혀 나갔다. 거기까지 도달하기 위하여 그는 발레리에 못지않은 감정과 사고의 투쟁을 겪은 것이다. 그는 문체와 논리에서 셰익스피어와 그리스 비극 등 외국 문학의 영향을 받았다. 안다는 것은 세계와 함께 태어난다고 하는 자체와의 합체를 비롯하여 독자적 시간을 ≪시론≫(1901~1907년)에서 전개하고 있다.

"우리들은 단독으로 태어나지 못한다. 태어난다는 것은 각자가 안다(함께 태어난다)는 것이다. 모든 것의 탄생은 인식이다."

즉, 안다는 것은 영원히 유동해 마지않는 자연의 창조에 참가하고, 또 자연이 우리의 율동에 어울리는 수단을 주고, 순간마다 전체에서의 우리의 운동의 위치를 읽는다는 것이다. 시인은 시시각각으로 그와 함께 태어나는 우주를 알지 않으면 안 된다. 왜냐 하면 자연은 끊임없이 태어나고 존재하지 않는 것이기 때문이다. 따라서 선택된 감성적 사물뿐만 아니라 일체의 것이 창조자(신)의 말을 하고, 창조의 커다란 옥타브 속에서 자기의 역할을 담당하므로, 시인의 임무는 자연에 대한 관조만으로는 충분하지 않다. 절대자인 신의 욕구에 재촉을 받으면서 작시법이나 시 형태에 의해서가 아니라 얼이 구성하는 리듬, 즉 호흡률에 따라서 모든 창조의 영위를 기술하는 것이다.

클로델은 희곡에서도 신앙의 승리를 노래하고 있는데, ≪마리아에의 고백≫(1912)의 순수한 종교극에서는 성녀와 같은 여성을 그려 깊은 감동을 주었다. ≪대낮의 분할≫(1905)도 역시 마지막에는 신의 은총에 의하여 구제되지만, 정욕에 괴로워하는 죄 많은 남녀를 그리고 있다. 그리고 작자가 종합적 연극이라고 부른 ≪수자의 신≫(1919~1924년)은 신비적·우주적인 희곡인데, 주인공들은 희생과 체념에 의해 영혼의 승리를 얻게 된다. 이러한 클로델의 시극은 소설에서 프루스트와 같은 커다란 영향을 현대극에 주었다. 인간과 인간의 대립을 주로 그린 근대극이 인간 대 신, 인간 대 숙명이라는 그리스적인 참다운 드라마의 전통으로 되돌아가는 데 선구적인 역할을 그의 희곡이 한 것이다.

기욤 아폴리네르(1880~1918년)는 로마에서 태어난 폴란드 인인데 프랑스에 귀화하였으며, 도보로 유럽을 두루 돌아다녔다고 한다.

그는 마리네티의 미래파, 피카소의 데포르마시옹, 그리고 흑인 예술 등의 영향을 받고 예술개혁의 선구적 역할을 하였다. 그는 1917년, 다음에 언급하게 되는 쉬레알리즘 운동을 일으켰다.

그리하여 그는 예술은 외면적 형상을 있는 그대로 옮기는 것이 아니라, 부호적·상징적인 것이 되어야 한다고 했다. 그러므로 쉬레알리즘은 자연에서 영감을 얻어야 하지만, "사진사와 같이 자연을 모방해서는 안 된다. 인간은 보행을 모방하려고 다리와는 조금도 닮지 않은 차륜을 창조하였다. 인간은 이처럼 어느 사이에 쉬레알리즘을 만들어 낸 것이다."
라고 말하였다. 그러나 그는 예술가로 그치고, 그 우수에 젖은 감상성에 의하여 베를렌에 가까운 시를 남기고 있다.

그의 대표적 시집으로는 ≪알콜≫(1913), ≪칼리그람≫(1918)이 있고, 그 밖에도 환상적 단편소설과 예술론이 있다.

그의 시 중에서 ≪알콜≫에 수록된 ≪미라보 다리≫가 특히 유명하다.

> 미라보 다리 아래 센 강은 흐른다.
> 우리들의 사랑도
> 괴로움이 가면 기쁨이 온다는
> 그래도 그것을 생각해 볼까.
> 밤은 오라오라, 종은 울려라.
> 해는 지나가고 나만은
>
> 손에 손을 잡고 얼굴 맞대어
> 우리들의 팔의
> 맺는 다리 밑의 지친 물결은
> 영원의 시선 흐르기도 하련만
> 밤은 오라오라, 종은 울려라.
> 해는 지나가고 나만은
>
> 사랑은 흘러가는 물인가
> 사랑은 흘러간다.
> 정말로 인생은 천천히 가고
> 희망의 별만이 반짝이는데
> 밤은 오라오라, 종은 울려라.
> 해는 지나가고 나만은

아폴리네르의 풍부한 교양과 취미, 표현기술의 교묘한 다양성, 즉 항간에서 언뜻 포착한 회화나 정경, 가장 기묘한 묘사와 고전적 리듬, 다리를 절름거리는 듯한 파격,

17세기의 리베르텡과 같은 어처구니없는 예언자적인 어조, 뮈세를 연상하게 하는 우울한 서정, 이러한 것들이 그의 시에 두루 섞여 있다. 그는 이른바 '좋은 시대'라고 불린 세기의 전환에서 제1차 세계대전까지의 시기를 산 다감한 시인의 한탄과 기쁨을 훌륭하게 전하고 있다.

이상과 위마니즘

로맹 롤랑(1866~1944년)은 거의 모든 점에서 바레스와 대조적이었다. 바레스가 자기도취에서 출발한 데 반하여 롤랑은 애타주의에서 출발했다. 바레스가 죽음을 느낄 때, 롤랑은 생을 생각하였다. 바레스가 지방에 집착하고 있을 때 롤랑은 세계를 향하고 있었다. 그러나 그는 제1차 세계대전중에 스위스에 있었고, 또 그가 품은 평화주의 때문에 많은 비난을 받았다. 겨우 대전 후에 이르러 그의 선의가 이해되고, 그의 주위에는 젊은 문학가가 모이기 시작하였다. 잡지 ≪유럽≫의 동인들이 그들이다. 이것은 ≪신 프랑스 평론(N.R.F.)≫과 함께 대전 후의 새로운 문학계의 지도를 채색하였다.

그는 부르고뉴의 클람므 시에서 부유한 공증인의 아들로 태어났다. 부친은 놀라울 만큼 장수하여 롤랑을 기쁘게 하였고, 모친은 그에게 음악에 대한 사랑을 심어 주었다. 그들은 롤랑의 교육을 위하여 그가 14세 때 파리로 이사하였다. 그는 루이 대왕 학교에서 클로델과 사귀고 고등사범학교에서는 앙드레 쉬아레스와 친교를 맺었다.

역사학교수 자격을 취득하고 로마로 유학을 가서 바그너의 제자였던 독일의 한 부인에게서 전율적(戰慄的)인 음악의 뜻을 배웠다.

귀국 후 모교와 소르본에서 예술사와 음악사를 담당하였으나, 변설에 능하지 못하고 냉정한 성격 때문에 학생들이 멀리하게 되었다. 그것이 드레퓌스 사건 때 쓴 일련의 혁명극 ≪프랑스 혁명극≫(11편의 역작, 1898~1939년)에도 나타나고 있는데, 지나치게 진지한 나머지 관객에게 숨쉴 여유를 주지 않고 극적인 리듬이 모자라 성공을 거두지 못하였다.

드레퓌스 사건을 통하여 페기를 알게 되고, 페기가 창간한 ≪반월수첩≫에 ≪베토벤의 생애≫(1903)를 발표하여 호평을 받았다. 그리고 1904년부터 연재한 ≪장 크리스토프≫는 1912년까지 계속되어 ≪반월수첩≫을 유지하였다. 이 최초의 대하소설은 그간에 외국어로 옮겨져 폭발적인 인기를 거두고, 롤랑은 제1차 세계대전이 일어나기 전에 이미 저명한 신진작가가 되어, 10년 전의 바레스를 대신하여 자아의 탐구로써 젊은이의 지도자라 불리고 있었다.

작자 자신과 베토벤의 얼을 현상화한 천재 악성을 주인공으로 등장시킨 ≪장 크리스토프≫ 전 10권은 대하소설의 선구적 작품이다. 작자는 여기서 주인공 장 크리토프는 물론 앙트와네트나 올리비에 등의 작중 인물들 전부를 성실과 자유와 사랑을 신조로 예술·사회·인생의 여러 문제에 용감하게 대결해 나가는 인간상으로 제시하였다.

페기가 자기의 독자적 시 형식을 음악적 산문이라고 불렀는데, 롤랑은 이 작품을 음악적 소설의 이념으로 구상하였다. 마치 고뇌를 거쳐 환희에 이르는 베토벤의 제8교향곡처럼, 이 소설은 전체적으로 주인공의 강한 얼의 힘과 심정의 선율로 통일되고, 그것이 각 인물 속에서 고조되고 전개된다는 구조를 가지고 있으며, 분명히 레알리즘과 나튀랄리즘의 소설에 대한 부정이 되고 있다. 그리고 그는 이 소설 속에 19세기 말엽부터 제1차 세계대전에 이르는 시대적 사상·문화·윤리에 강렬한 문명비평과 전인류적인 위마니즘을 담고 있다.

제1차 세계대전이 일어나기 전에 스위스로 건너간 그는 전쟁중 그곳에 머무르면서 포로 조사의 일에 종사하고, 정신의 경화를 싫어하는 견지에서 독불 양국 국민에게 배타적인 애국심을 버리도록 주장한 ≪전란을 넘어서≫(1915)를 발표하여, 절대적 평화주의 입장에서 전쟁에 반대하였다.

그리고 ≪매혹된 얼≫(1922~1924년)에서는 한 여성을 주인공으로 등장시켜 격동기에 사는 인간의 내면적 발전을 그리고 있다. 이밖에 ≪미켈란젤로의 생애≫(1906), ≪톨스토이의 생애≫(1911) 등에서도 작자는 진지하게 위대한 영웅들의 생애를 이야기함으로써 사람들의 마음에 용기와 희망을 불어넣으려고 노력하였다.

샤를 페기(1873~1914년)는 로맹 롤랑이 소르본에서 음악사를 강의하고 있을 때, 그의 강의를 듣던 학생이었는데, 그들은 드레퓌스 사건을 통하여 사귀게 되었다. 그러니까 그들은 사제지간이며 친구였다.

그리고 페기는 롤랑과 함께 20세기 전반에 가장 깊은 영향을 사람들에게 준 지성이었다.

그는 오를리앙의 가난한 집에 태어나 모친의 손에서 자랐다. 어릴 때부터 수재로서 고등사범학교에 입학하고도 2년 후에 학업을 포기하고 사회로 뛰어들었다. 그리고 앞에서 말한 《반월수첩》을 1900년에 혼자 힘으로 창간하여, 1914년 9월, 전장에서 적의 탄환을 머리에 맞고 쓰러질 때까지 15년간 238호를 세상에 내보내어 프랑스 문학에 커다란 기여를 하였다. 롤랑의 《장 크리스토프》를 비롯하여 《반월수첩》이 데뷔시킨 신인의 수는 셀 수 없을 정도였다. 그리고 페기 자신도 초기의 작품을 제외하고는 전부 이 잡지를 통하여 발표하였다.

롤랑의 수정과 같은 인품에 비하여 페기는 불덩어리 같은 격한 성격의 소유자였다. 드레퓌스 사건이 일어났을 때 롤랑은 처음엔 고고하게 어느 당파에도 가담하지 않았지만, 그는 단호하게 드레퓌스의 옹호파에 가담하였다. 그것은 그가 이상과 위마니즘, 정의와 진리를 위하는 마음과 동시에 극히 격렬한 정열을 가졌기 때문이다. 그러나 정열이 역시 그를 격렬한 사회주의자로 만들었다. 그러나 그의 사회주의는 애국과 국토와 노동에 입각한 것이어서, 계급의 물질적 이익만을 증진시키려고 하는 사회주의는 아니었다. 그리고 그는 베르그송의 열렬한 신봉자이기도 하였다.

따라서 당시의 사상계에 흐르고 있던 텐의 물질주의적

앵텔레크튀알리즘에 반항하고, 그 물질주의적 세계관 위에 선 사회주의자와는 어울릴 수 없었다. 그는 이들을 ≪반월수첩≫에서 통렬하게 공격했다.

그는 ≪잔 다르크≫(1897), ≪샤르트르의 성모사원에 보즈 지방의 봉헌≫(1912), ≪잔 다르크의 자비의 신비극≫(1910) 등에서 프랑스의 오랜 전통에 입각하여 많은 시를 썼다. 그 테마나 문체가 극히 프랑스적이어서 국내에서는 성가가 높았으나 국외에서는 그리 평가되지 않았다.

따라서 그의 작품은 프랑스 국민문학의 전형이며, 그만큼 그의 죽음은 애석하게 여겨지고 큰일이 있을 때마다 연상하게 되는 시인이다.

인생의 탐구

인생이란 "이상적인 것과 그렇지 못한 것의 끊임없는 싸움이다."라고 말한 것은 앙드레 지드(1869~1951년)다. 그를 자기에 대한 성실성이라는 점에서 스승으로 모시는 사람들이 있는가 하면, 그의 자아 해방이 위마니즘에 이르지 못한다는 점에서 비난하는 사람들도 있다. 그러나 신앙으로 귀의한 친구의 권유에도 불구하고, 신의 은총을 부정하고 인간 정신의 자율성을 믿고 인생이란 무엇인지를 언제나 문제삼은 데에 그의 일관성이 있다.

지드는 남불 유제 출신인 파리대학교 법과대학 교수며 가톨릭 신자인 부친과 북불 루앙 출신인 프로테스탕트의 모친 사이에서 태어났다. 그는 일찍 부친을 잃었으나, 좋은 집안의 아들로서 세상물정을 모르고 자랐다. 그러나 그는 조숙하여 그리 선량한 학생은 아니었던 것 같고, 게다가 몸이 허약하여 학교를 만족하게 마치지 못하고 가정교사에 의한 불규칙적인 교육을 받았다.

문학에 대한 취미는 동급생인 피에르 루이스에 의하여 열렸는데, 그와 함께 말라르메의 문을 두드려 생볼리즘의 세례를 받고 문인들과 사귀었다. 그가 발레리를 알게 된 것도 그 무렵이었다.

19세 때부터 창작 의욕이 일어나, 사촌누님에 대한 사랑을 중심으로 청춘의 회의와 고뇌를 담은 《앙드레 왈테르의 수기》(1891)를 써서 익명으로 발표했는데, 이것이 지드의 처녀작이다. 그리고 《나르시스론》(1891)을 통하여 생볼리즘의 미학에 대한 모색과 그것으로부터의 탈출을 시도하였다. 이어 《앙드레 왈테르의 시》(1892), 《유리엥의 여행》·《사랑의 시도》(1893)를 발표하였다.

1893년 제1회 아프리카 여행을 하여 강렬한 태양 아래서 문명의 해독을 입지 않고 자연적 생활을 하는 토인들에게 매혹을 느끼고, 폐렴으로 생사를 넘는 체험을 통하여 생명의 가치를 아는 등, 귀중한 정신적인 선물을 안고 귀국하였다. 소티(바보극) 《팔뤼스》(1895)에 계속된 《지상의 양식》(1897)은 아프리카 여행의 선물이었다. 지드는 여기서 알제리의 태양과 관능을 찬미하고, 생명의 연소에 의한 생의 의미를 발견하여 기성의 도덕과 질서에 대한 도전을 시도하고 있다. 이 작품은 제1차 세계대전 후, 그의 작품 중에서 가장 많이 읽혀진 것이다.

그러나 ≪배덕자≫(1902)에서는 반대로 욕망의 한없는 추구에서 오는 얼의 타락과 파멸을 그리고 있다.

그리고 ≪쇠사슬에서 벗어난 프로메테우스≫(1889), ≪방탕아의 귀향≫(1907), ≪좁은 문≫(1909), ≪이자벨≫(1911)을 발표하였다. ≪좁은 문≫에서는 영적 충족을 추구하며 경험하는 좌절을 통하여 프로테스탕트를 비판하고 있다.

≪교황청의 지하도≫(1914)에서는 절대적인 진리의 상징이며 신의 대표인 교황의 존재가 '허위의 교황'이라는 관념이 나타남으로써, 갑자기 의혹의 베일 속에 싸이고 교황의 정통성이 의심스러워질 때 어떠한 사태가 벌어지는지를 시도하고 있다.

제1차 세계대전을 겪고 난 후 ≪전원교향악≫(1919) 등을 발표하였다. 1925년에는 콩고 여행을 하여 식민지 정책의 폐단을 실제로 목격하고 치자와 피치자, 권력자와 피압박자의 존재를 확인하여 내성적인 경향에서 드디어 사회나 조직에 눈을 돌리게 되었다.

평론과 자서전 등을 제외한 그때까지의 작품은 레시(이야기)나 소티라고 불렸으며 어느 작품이나 줄거리와 시간의 추리가 직선적이었으나, ≪교황청의 지하도≫에 이르러 작품의 구조가 다원적으로 되었다. 소설 형식에 대한 모험이 그 정점에 달한 것은 처음으로 소설이라고 부른 ≪사전꾼들≫(1926)에서였다. 따라서 ≪교황청의 지하도≫와 ≪사전꾼들≫ 두 작품은 지드의 소설에 대한 생각, 그 방법론을 구체화한 것이며, 프루스트의 작품과 함께 현대 소설에 새로운 전개를 가져온 것이다.

이 밖에 ≪여자의 학교≫(1925)·≪테제≫(1946) 등의 소설, ≪도스토예프스키≫(1923)·≪몽테뉴≫(1929)·≪가을의 단상≫(1949) 등의 평론, 그리고 ≪소련 기행≫(1936) 등의 여행기를 쓰고 있다. 그가 '비그리스도교적·비결정론적인 인생관에서 생기는 윤리와 미학의 문제를 고찰한 최초의 현대 작가 중 한 사람'이라는 것은 분명하다. 그의 프로테스탕트로서의 성격은 가톨릭 교회, 부르주아 도덕에 반항하는 모습으로 나타나기 전에 우선 자기 자신에 대한 반항으로 나타났다. 지드의 작품의 특색은 그것이 소설이든 희곡이든 예술로 형성되기 전에, 우선 자기 자신의 삶의 문제로서 제기되고 추구되고 있다는 점에 있다. 따라서 작품 자체에는 발레리와 같은 예술적 완성이 없음에도 불구하고 가장 깊은 영향을 젊은 세대에게 주었다.

위생학의 대가며 저명한 의사인 부친과 부유한 유태계 금속업자의 딸인 모친 사이에서 태어난 마르셀 프루스트(1871~1922년)는 자유롭고 행복한 가정과 부모의 따뜻한 사랑 속에서 어린 시절을 보냈다. 매년 여름에는 부친의 고향 일리에라는 시골에 가서 지냈다. 이곳이 이후 그의 작품의 무대가 된 콩브레에 해당하는 곳이다. 그러나 9세 때 신경성 천식에 걸려, 그것이 지병이 되어 끊임없이 그를 괴롭혔다.

그는 리세 콩도르세를 마치고 법률 공부를 하다가 도중에 문학으로 전향하여 문학사 학위를 땄는데, 소르본 대학에서는 베르그송의 강의를 들었다. 그는 부친의 반대에도 불구하고 문학에 열중하여 문인들과 사귀고, 그 미모와 섬세한 감성과 지성으로 사교계의 총아가 되어 그 분위기를 실제로 향수하고 관찰하는 기회를 가졌다. 그러나 지병인 천식이 점점 심해짐에 따라 집에 들어앉게 되었고, 나중에는 거의 외출을 하지 않고 오로지 창작에만 전념하였다.

처음엔 수필집 ≪즐거운 하루≫(1896)와 러스킨(1819~1900년)의 번역, ≪아미앵의 성서≫(1904) 및 ≪참깨와 백합≫(1906), 그리고 나중에 ≪모작과 잡문≫(1919) 속에 수록된 작품 등을 발표하였으나 문학적 소질만을 인정받았을 뿐, 문명을 높이지는 못하였다.

그러나 1911년까지 ≪장 상퇴유의 조상≫(1951 발견, 1952 발간)을 쓴 후, 그의 유일한 장편 ≪잃어버린 시간을 찾아서≫(1913~1927년)에 의하여 '20세기 최대의 문학적 사건'—피콩의 말—을 일으켰다. 처음에는 프루스트의 노력에도 불구하고 ≪신 프랑스 평론≫이 출판을 거절하여 결국 자비출판하지 않으면 안 되었다. 그러나 그것은 다음 해 ≪신 프랑스 평론≫의 주장이며 프루스트가 '누구보다도 읽어 주었으면 좋겠다.'고 생각한 지드로 하여금,

"며칠간 나는 당신의 작품에서 떠날 수가 없었는데…… 이 작품을 거절한 것은 ≪신 프랑스 논평≫의 커다란 과오, 나의 생애에서 가장 격렬한 후회, 가장 괴로운 양심의 가책의 하나로 남을 것이다." 라고 한 유명한 사죄의 편지를 쓰게 하였고, 작자가 영광과 위신을 얻도록 하였다.

이 작품은 7부 16권으로 된 일대 대하소설이다. 잃어 버린 시간이란 물론 과거며, 따라서 이 소설은 작자의 회상, 즉 추억의 이야기다. 그런데 작자는 1871년에 태어나서 1922년에 사망하였으므로 여기서 이야기되고 있는 추억의 시대는 19세기의 80년대부터 제1차 세계대전에 걸친 시대. 또 그는 부유한 부르주아 집안에서 태어났고 그가 드나든 장소는 귀족사회였으므로 그 추억의 배경은 상류계급의 사교계다.

  추억이기는 하지만 프루스트의 경우는, 로망티즘의 시인들처럼 기억의 실마리를 따라 연상되는 과거의 망령에다가 현재의 감정과 사상의 의상을 입힌 반전기적인 것이 아니다. 일체의 것이 시간의 흐름 속에 흘러가 버리는데 그 중에서 인간의 심층의식 속에 파묻혀 있다가 어떤 계기에 소생하는 것, 이를테면 홍차에 적셔 먹는 마들렌 과자의 맛이 느닷없이 떠오르게 하는 것, 울룩불룩한 타일에 치어 넘어질 뻔했을 때 돌연 연상하게 하는 것 등인데, 그는 그것만이 변함없는 진실이라고 생각하였다. 그러한 무의지적인 기억만이 시간을 초월하여 진실성을 갖는다는 것이다.

  프루스트는 작품을 쓸 때, 그러한 심층의식의 밑바닥에 감추어진 진실에 의거하여 과거를 재현한 것이었다.

가치의 전환과 쉬레알리즘

  제1차 세계대전은 1914년 8월 3일부터 시작되어

1918년 11월 11일에 끝났다. 이 전쟁은 프랑스의 정치·경제·사회 등 문화의 각 분야에 심각한 영향을 주고 모든 점에서 전쟁 전과 다른 환경을 낳게 하였다. 이러한 환경의 급변은 문학에도 고뇌의 표정을 짓게 했다.

전쟁 전에 이미 그 문학적 성가가 정해진 기성의 대가들은, 그들의 작품에 내재하는 가치와 거기서 속출시킨 새로운 걸작과 직접적인 행동에 의해 새로운 세대의 지도적 위치를 확보하기는 하였으나, 벌써 전쟁이라는 시련을 스스로의 체험으로서 받아들이기에는 너무 늦은 세대에 속해 있었다. 전쟁의 상처가 작가의 형성에 중대한 작용을 미친 것은 실제로 전쟁에 참가한 30대 내지는 40대의 작가, 즉 전쟁이라는 시련을 그들 스스로의 체험으로 받아들일 수 있는 작가들이었다. 그들에게는 고뇌의 표정이 이미 생생하고 역력하게 드러나 있었다.

그리하여 1914년에서 1918년에 걸친 오랜 고통과 시련은 모든 가치의 전환을 가져오지 않을 수 없었다. 벵자맹 크레미외(1888~1944년)가 그의 ≪불안과 재건≫(1931)에서 말한 다음 문장이 그것을 잘 설명해 주고 있다.

1914년의 조명에 나타난 것은 고정되고 안정되며 정지된 세계이거나, 완만한 전쟁에 의해 거의 눈에 띄지 않을 정도로 이행하고 있는 세계였다. 1918년의 조명이 만인에게 가르쳐 준 것은 이 세계의 불안정이었다. 서양 문명과 갑자기 다른 모든 문명의 불안정, 폭력이라는 힘, 인간 생활에 대한 멸시, 정신 생활의 근저 그 자체에 가해진 손상이었다. 전쟁 전의 정적 세계를 보편적 동요의 광경이 계승한 것이다.

이 보편적 동요성, 그 어떤 것도 영속성을 갖지 않을 뿐만 아니라 일체의 것이 동시에 존재할 수 있다는, 언뜻 보기에 역설적인 생과 세계에 대한 의식, 이것이 이 시기의 문학에 고뇌의 표정을 짓게 하였다. 불안과 반항의 다다이즘에서 쉬레알리즘 운동으로의 이행, 현실도피, 생의 상실, 자아파산 등 새로운 세기병의 이름으로 불리는 증상이 바로 그것이다.

제1차 세계대전 후의 문학은 대체로 '불안의 문학'이라는 말로 표현할 수 있다. 즉, 기존의 진리나 사회제도, 경제조직이나 인간정신의 지주가 되는 것을 근본적으로 파괴해 버리는 전쟁이라는 폭력에 의하여 방향을 잃은 인간들은 어떻게 해서든지 자기들의 살 길을 모색하려는 노력이 위기의 극복, 불안에서의 탈출, 전통과 기성 가치의 파괴라는 모습으로 나타났다.

1916년, 아직 전쟁이 치열한 시기에 스위스로 피난가 있던 루마니아의 젊은 시인 트리스탄 차라(1896~)가 다다이즘이라는 문학 운동을 일으켰다. 그것이 전후에 파리로 들어와 앙드레 브르통, 루이 아라공(1897~1982), 폴 엘뤼아르(1895~1952년) 등의 동조자를 얻고, 다음 해에는 ≪문학≫이라는 기관지를 발간해 전 유럽적인 운동으로 발전하였다.

다다이즘은 소위 전위라고 불리는, 일체를 부정하는 문학운동이다. 기성의 예술적·문학적 이념을 부정할 뿐만 아니라 문법까지도 부정하고, 다만 그때그때 그 장소에서의 심상에 비친 이미지를 그 어떤 것에도 구애받지 않고 종이 위에다가 옮겨 놓는, 이른바 일체의 것을 파괴하며 건설적 의욕이 전혀 없는 문학운동이다. 그러므로 다다이즘은 그 자체까지도 해체해 버리게 되어 그것은 결국 쉬레알리즘이라고 하는 것으로 변화하게 된다. 구체적으로 말하면 1921년 차라와 브르통의 불화로 다다이즘은 막을 내리고, 브르통을 중심으로 엘뤼아르 등의 젊은 시인들이 모여 ≪미놀루르≫라는 기관지를 발간하고 '쉬레알리즘의 혁명' 내지는 '혁명의 쉬레알리즘'이라는 쉬레알리즘의 선언을 하였다.

이 운동은 제2차 세계대전의 전야까지 계속되는데, 쉬레알리즘에서의 초현실이란 결론적으로 말하여 프로이트(1856~1939년)의 정신 분석에서 문제되는 의식하의 세계다. 프로이트에 의하면 우리 인간에게는 본성에 따르는 자연인과, 교육과 사회에 의하여 만들어지는 작위인 두 존재가 살고 있는데, 우리들의 의식은 그 중에 후자밖에 묘사해 낼 수가 없다. 그러나 우리의 행동을 실제로 조종하며 우리들의 꿈·성벽·광기·범죄 등을 무의식중에 야기시키는 것은 전자, 즉 자연인이라는 것이다. 고차원적인 현실을 묘사하려는 쉬레알리즘은 이 의식하의 세계를 현실전환, 자동기술의 방법에 의해 포착하려는 것이다. 따라서 전쟁 전의 사람들이 구하던 생활 방법, '어떻게 살 것인가?'가 아니라 이 시기의 젊은이들은 '인간이란 무엇인가, 인생이란 무엇인가, 세계란 무엇인가 그리고 생존의 이유는 무엇인가?'를 묻고 있었다. 다다이즘이나 쉬레알리즘이나 문학의 새로운 방향을 모색한 점에서는 공통되지만, 전자는 기존의 것을 파괴하려는 데 역점을 두었고, 후자는 파괴에 의하여 새로운 이질적 현실을 창조하려는 데 중점을 둔 것이다.

앙드레 브르통(1896~1966년)은 어려서부터 보들레르·랭보, 말라르메를 탐독하였다. 1912년 16세의 그는 발레리와 편지를 교환하였고, 그 관계는 5년간이나 계속되었다. 1913년에 파리로 올라와서 의학을 공부하고, 제1차 세계대전중에는 동원되어 각지 병원의 정신과에 근무하여, 그는 프로이트의 정신분석학에 정통하고 있었다. 1916년, 강렬한 부정적 정신의 소유자 자크 바셰(1896~1919년)를 만나 그에게 결정적인 영향을 받았다. 1917년에는 아폴리네르를 알게 되고 그가 죽을 때까지 친교를 맺었다.

제대 후 1919년 3월, 아라공 등과 함께 《문학》 지를 창간해 프로이트를 소개하고 랭보, 말라르메, 로트레아몽(1846~1870년), 아폴리네르를 높이 평가하였다. 그 창간호에는 지드·발레리의 작품도 들어 있고, 문학적 가치의 재검토를 시도한 것이라 할 수 있었는데, 트리스탄 차라가 참가한 2호 이후는 전혀 달라져 버렸다. 일체의 것을 부정하는 다다이즘이 파리에서 전개되었지만, 그것의 한계를 안 브르통은 1921년 3월의 18호로 《문학》 지를 단념해 버렸다.

사회의 기성 관념에 대한 공격이나 스캔들, 의식하의

세계에 대한 탐구가 브르통에게는 인간 해방과 현실의 배후에 있는 새로운 초현실을 인식하려는 욕구였다. 1921년 프로이트를 방문한 후, 1922년 3월부터 24년 6월까지 제2차 ≪문학≫ 지를 단독으로 편집하여, '쉬레알리즘의 선언'(1924)을 발표하고, 또 ≪쉬레알리즘 혁명≫ 지를 간행하였다. 1835년에 아라공이 코뮈니즘으로 전향한 까닭에 쉬레알리즘 운동은 결국 끝나게 되는데, 그는 제2차 세계대전 후에도 이론가로서의 지도적 지위를 유지하고 있었다.

≪나쟈≫(1928)는 그의 대표작이며 쉬레알리즘 산문의 걸작이다. 이 밖에 그의 작품에는 ≪통저기≫(1932), ≪미친 사랑≫(1937), ≪시집≫(1948) 등이 있다.

대하소설

제1차 세계대전 후의 1920년대부터 30년대에 걸쳐서 문학은 개인의 사상과 감정을 표현하는 것이 아니라, 어떤 집단의 전일적 감정을 표현하는 것이라고 한 위나니미즘―전일주의―의 정신을 기조로 하게 되었다. 조르주 뒤아멜(1884~1966년)은 다음에 나오게 될 마르텡 뒤 가르, 쥘르 로맹과 마찬가지로 격동하는 사회와 역사 속에서 자기에게 과해진 운명을 타개하는 개인과 집단에 관심을 쏟았다. 그래서 그는 앙드레 모로아가 말하는,

"시간이 흘러서 무엇 하나 보상되지 않는다는 감정, 다만 그것만이 소설에 서사시와 같은 위대한 느낌을 주고,

위안이 된다."는 대하소설을 써서 발표하였다. 이 소설 형식은 19세기에 확립된 레알리즘 사회 소설의 전통을 잇는 것이다. 19세기의 소설을 작품 하나하나가 독립되어 있고 단지 하나의 총체적인 표제로 묶은 것임에 반해, 여기서 말하는 대하소설은 작품 상호간에 유기적인 연관이 있어서 하나만을 읽고서는 전체를 파악할 수 없는 것이다.

뒤아멜은 파리에서 태어났는데 20년간 40번이나 이사한 약제사인 부친을 따라 유럽 각지를 돌아다녔다. 의과대학을 나와 의사의 자격을 얻었으나, 이미 대학시절에 샤를 빌드락, 쥘르 로맹 등과 함께 아배이 파를 만들고 파리 교외의 크레테이유에서 문학적인 공동생활을 하며, 위나니미즘의 운동을 전개하고 자기의 작품을 자비로 출판하였다.

제1차 세계대전이 일어나자 군의관으로 출정하여 전쟁 중에 200번이 넘는 수술을 하였다. 이 체험을 바탕으로 ≪순국자들의 생애≫(1917)를 썼고, 물질 문명을 비판한 ≪문명≫(1918)—공쿠르상—으로 개인을 말살하고 비인간화시키는 일체의 것에 반대하는 기본자세를 보였다.

장편 ≪살라뱅의 생활과 모험≫(1920~1932년)과 ≪파스키에 댁의 기록≫(1933~1945년)이 그의 대표작이다. 전자는 한 평범한 남자, 후자는 한 가족을 중심으로 그 생애를 역사적 배경과 결부시키면서 그리고 있다.

뒤아멜의 대하소설과 다른 경향의 대하소설, 즉 ≪선의의 사람들≫(1932~1948년)에 의하여 쥘르 로맹(1885~1972년)은 다음에 나오게 될 마르텡 뒤 가르—≪티보 댁의 사람들≫―와 마찬가지로 어떤 계층의 사람들이, 집단이, 그리고 파리라고 하는 대도시가 현대 사회의 복잡한 메카니즘을 어떻게 움직이고, 어떻게 바꾸어 나가는지에 시선을 쏟고 서사시적 관점에서 한 시대의 프랑스와 유럽 사회를 재현하여 인류를 환기시키려고 하였다.

이 소설은 27권으로 된 장편인데 직업과 계급, 그리고 소속된 단체도 각각 다른 '천 명 이상의 인물'을 동원하고, 묘사・분석・병치(倂置)・전개 등 프랑스 소설의 모든 기법과 클로즈업・암전(暗轉)・이동촬영 등의 영화적 수법을 빈번히 사용하여 연애소설, 때로는 군사소설, 또 정치소설 등 그 양상을 차례차례로 바꾸면서 선의에 사는 사람들에 의한 세계 전체를 표출시키고 있다.

로맹은 일찍이 1903년, 고등사범학교 재학중 파리 거리에서 군중의 얼의 전일화(全一化)를 직관하고 위나니미즘을 주장하였다. 그리하여 널리 도시와 국가에 사는 인간 전체의 전일적 감정, 집단의 얼을 표현하는 일이 시인의 임무라 생각하여 시집 ≪사람들의 얼≫(1904)을 발표하였다. 1967년에는 뒤아멜 등의 아배이 파의 활동에 뒤늦게 참가해 그것을 위나니미즘에 합류시켜 그들이 자력으로 운영하고 있던 인쇄소에서 시집 ≪전일생활≫(1908)을 내었고, 이 무렵 아배이 파는 해산되지만, 그는 그 주장을 버리지 않았다.

로맹의 극작가로서의 재능은 소설가로서의 재능보다 뛰어난 것인지도 모른다. ≪르 투르아덱 씨의 방탕≫(1923), 특히 ≪크노크≫(1923)는 몰리에르 이후의 풍자 정신을 현대에 전하는 걸작이라고 불리고 있다.
 20세기 초엽부터 제1차 세계대전에 걸쳐 변동하는 사회를 살아나간 인간의 예언이라는 점에서 그 규모는 쥘르 로맹의 ≪선의의 사람들≫만큼 크지는 않으나, 마르텡 뒤 가르(1881~1958년)의 ≪티보 댁의 사람들≫(8부 11권, 1922~1940년)이 그 역할을 다하고 있다 할 것이다.
 마르텡 뒤 가르는 일찍이 톨스토이(1828~1910년)의 ≪전쟁과 평화≫(1864~1869년)를 읽고 크게 감동하여 문학을 지망하였다고 한다. 처녀작 ≪생성≫(1908)에 이어 드레퓌스 사건의 와중에 휩쓸려 들어간 지식인의 모습을 그린 ≪장 바르와≫(1913)를 발표하였다. 그의 이름을 남기게 한 작품은 역시 위에서 본 ≪티보 댁의 사람들≫이었다. 이 밖에 그는 ≪를류 영감의 유언≫(1914)이란 뛰어난 희곡도 쓰고 있었다. 그리고 미완성 대작 ≪모모르 대령의 일기≫가 있다.

연극의 동향

 연극의 동향은 풍속희극을 주체로 한 시정소극(市井笑劇)이 그 지배층이었던 중류 부르주아 계급의 변질에 따라 변화하고 있었다. 이 변화는 제2차 세계대전 이후에 더욱 분명한 윤곽을 드러내게 되는데, 이미 이 시기부터 그 징후가 엿보이기 시작하였다.
 따라서 풍속희극과 그밖의 사상극·사회극·심리극, 그리고 문학적인 연극의 거리가 좁혀지게 되었다. 코포의 비외 콜롱비에의 연극활동은 불과 몇 년으로 그 막을 내렸으나, 그 운동에 의해 계발되어 코포의 정신을 이어받은 젊은 연출가들은 제1차 세계대전 후 1920년부터 1923년까지 반자연주의의 연극혁명 운동을 위하여 전위파 극단 4극단 연합을 조직하였다.

샤를 뒬렝, 루이 주베, 가스통 바티, 조르주 피토에프 등 네 사람의 연출가가 그들이며, 지금도 코포의 정신은 프랑스 연극의 지주가 되고 있다. 코포를 비롯하여 뒬렝, 주베, 바티, 피토에프의 가장 큰 공적은 재능이 있는 무명 작가를 발굴하여 그 재능을 발휘할 수 있는 장소를 제공하여 준 것이었다. 그리하여 독창성 있는 젊은 극작가가 많이 나와 의욕적인 작품을 발표한 1920년부터 1935년까지의 15년간은 프랑스 극계가 가장 화려하게 개화한 시기였다. 그 대표적 극작가가 지로두다.

지로두(1882~1944년)는 중불 리무젱 지방의 벨라크에서 태어났다. 이 고장의 밝은 빛과 조화에 찬 풍경은 그의 작품에도 나타나고 있는데, 그는 순조로운 수재 코스를 밟아 고등사범학교를 우수한 성적으로 졸업하였다. 그러나 학계로 들어가지 않고 외무부로 들어가서(1910) 근무하는 한편, 처음엔 소설을 쓰다가 나중에 극계에서 활약하게 되었다. 그리고 제1차 세계대전중에는 정보상을 지내기도 했다. 그는 소설이나 희곡에서도 아름다운 말과 자유로운 상상력으로 현실 속에 시를 침투시키고, 풍자적이고 재치 있는 표현으로 극히 프랑스적인 작가라고 일컬어지고 있다.

소설 ≪쉬잔느와 태평양≫(1920)은 오스트레일리아로 가는 도중, 무인도에 표착한 주인공이 야생동물처럼 고독한 생활을 보내다 사람이 그리우면 가공의 사나이와 편지를 주고받는데, 그 여자 자신이 사람과 신화적 인물의 중간적 존재가 되어 인간들과 현대사회를 비판적으로 본다는, 극히 지로두적인 세계의 특색이 드러난 작품이다. 희곡 ≪앙피트리옹 38번지≫(1928)에서 여주인공은 주피터의 구혼을 거절하며 인간으로서의 행복을 선택하고, ≪옹딘느≫(1939)에서는 물의 선녀가 배반당하기 일쑤인 인간의 행복을 찾으려고 고민하고 있다. 그러나 신화 속의 인물과 현실의 인간은 서로 사랑하면서도 결국 어느쪽도 행복을 찾지 못하고 있다. 지로두는 초자연적인 것을 통하여 인간이 상실한 행복이 무엇인지를 그리려고 하였다. 그리하여 극적 사건이 정치나 전쟁, 인종문제에 결부되어 무거운 주제가 되기도 하지만 그 표현이 가벼운 까닭에 독자나 관객을 매혹시키고 있다. 그의 희곡에는 이 밖에 도 나치즘과 프랑스를 암시하는 ≪지그프리드≫(1928), ≪트로이 전쟁은 일어나지 않는다≫(1935), ≪샤이요의 광녀≫(1945) 등이 있는데, 거기에 암시되고 있는 시대적 배경은 이제는 먼 옛날의 것이 돼버렸지만 아직 독자와 관객을 감동시키는 힘을 잃지 않고 있다.

행동의 문학

프루스트, 발레리, 클로델, 지드 등은 모두 1900년부터 1914년에 걸친 프랑스의 안정된 번영기에 젊은 시절을 보내고 풍부한 교양을 쌓은, 이른바 좋은 시대의 뛰어난 두뇌들이었다. 그러나 제1차 세계대전 후의 유럽은 앞에서 본 바와 같이 정치적 혼란과 경제적 동요에 의한 불안의 시대였다. 그러한 거친 시대에는 그 속에서 살아나가는 신경이 굵은 젊은이들이 출현하게 마련이다. 그들은 세기 초엽의 선배들의 높은 예지에 대신할 견고한 의지를, 깊은 사색에 대신할 행동을, 그리고 세련된 취미에 대신할 야성미를 지니고 있었다. 이러한 신인이 몽테를랑, 말로, 생텍쥐페리였다.

그들은 벵자맹 크레미외가 '불안과 재건의 시대'라고 부른 제1차 세계대전부터 제2차 세계대전에 걸친 시기의 프랑스 문단의 대표자들이었다. 그들은 행동에 의하여 인식하는 새로운 인간의 조건을 각자의 작품 속에 제기한 작가들이었다. 어느 비평가가,

"역사 기술의 방법으로는 벌써 이야기할 수 없는 작가들이 1925년부터 1930년에 걸쳐 나타났다. 그것은 말로, 아라공, 주앙도, 지오노 등이 현재에도 글을 쓰고 있기 때문이 아니다. 그리고 우리들이 그들에게 많은 것을 기대하고 있기 때문도 아니다. 그들의 작품이 우리들에게 지금도 오늘의 것처럼 보이기 때문이다." 라고 말하고 있듯이, 그들 작품의 문학적 가치는 물론 그보다도 우리들이 지금 호흡하고 있는 공기를 그들도 호흡하고 있었다는 점에서 우리들의 관심을 모으고 있는 것이다. 어쨌든 제1차 세계대전 후의 불안이 표면적으로는 어느 정도 해소된

것같이 보인 1920년대 후반부터 30년대 전반에 걸쳐 유럽은 앞으로 올 파시즘과 새로운 전쟁을 예감하고 있었다. 작가들은 거의 다 이러한 역사적 조건, 즉 격동하는 현실 속에서 자기의 존재를 확인하고 행동에 의하여 행동의 지침을 얻으려고 하였다.

앙드레 말로(1901~1976)는 파산하기 시작한 파리의 부르주아 가정에서 태어났다. 그의 부친은 결국 그 파산이 원인이 되어 자살하였는데, 그 때문인지도 모르지만 말로의 청년시절에 대해서는 분명하지 않은 점이 많다. 어쨌든 그는 기존의 사회나 질서에 대하여 부정적·반항적 태도를 취하는 영웅적인 모험가로서 유명하게 되었다.

그는 동양어학교를 나온 후 쉬레알리즘의 영향을 받아 환상적인 단편을 쓰다가, 1923년 아내와 함께 고고학 답사연구를 위해 인도차이나로 건너가서 행동적 모험을 시도하였다. 1925년에는 중국으로 넘어가 공산계와 손을 잡고 있던 국민당의 광동정권(廣東政權)에 협력하는 등 실제로 정치적 혁명에 참가하고, 1936년의 스페인 내란 때에는 정부군에 가담하였다. 제2차 세계대전이 일어나자 그는 전차대원으로 참전하고 그후의 레지스탕스—항독운동(抗獨運動)—에도 참가하였다.

그러나 말로를 열정적인 행동인이 되도록 한 것은 서구 문명의 위기에 대한 심각한 인식 내지는 불안한 사회를 절망적으로 살아나가지 않으면 안 되는 인간의 근원적인 고독과 부조리에 대한 절박한 의식이었다. 그의 출발점이라고 할 수 있는 《서구의 유혹》(1926)은 서간 형식으로 된 일종의 문명론으로서 작자는 여기에 고향을 잃은 두 청년, 즉 중국을 여행중인 프랑스 사람과 유럽을 여행중인 중국 사람을 등장시켜, 그들에게 동양과 서양의 사상과 문화에 대해 대화를 나누게 하고, 특히 서구문명의 한계를 강조하였다.

1925년 광동의 폭동을 무대로 한 ≪정복자≫(1928), 인도차이나의 탐험여행을 토대로 하여 씌어진 ≪왕도≫(1930), 상해 혁명을 중심으로 한 ≪인간의 조건≫(1933), 그리고 스페인 내란에 참가한 경험으로 쓴 ≪희망≫(1938) 등의 작품은 거의 다 자기를 확인하기 위하여 생사를 가늠하는 절망과 공포의 극한상황 속에 몸을 던지는 고독한 인간의 모습을 그리고 있다. 거기에 등장하는 인물들은 과감한 혁명적 모험으로 죽음에 대한 집념에서 벗어나려고 하며, 여러 가지 모습을 띠고 엄습해 오는 죽음을 친하게 의식함으로써 순간순간 생명의 가장 웅결된, 거의 경련적인 홍분과 도취를 자기의 것으로 하려고 하고 있다. 그것은 특히 ≪인간의 조건≫에서 두드러지게 나타나 있다.

이 작품에는 말로 자신의 표현과 같이, '행동에 의하여 인식하는 새로운 인간'의 조건이 제시되어 있다. 죽음을 각오하여 '인간의 조건을 넘어서' 사는 데에 삶의 보람을 찾는 인간의 모습이 묘사되어 있다고 하는 것이 오히려 정확할지도 모른다. 어쨌든 말로의 생각에는 그가 코뮈니즘에 접근했던 시기에도 코뮈니스트 내지는 혁명가로서의 그것과는 달리 언제나 인간의 고독과 허무감이 따라다니고 있었다. 그러므로 그의 행동주의는 그러한 허무감에서 벗어나려는 시도에 지나지 않는 것이었다.

말로가 자기 행동의 장소를 동양에서 찾고 있을 때, 또 한 사람의 행동주의 작가 생텍쥐페리(1900~1944년)는 그것을 지상에서가 아니라 공중에서 찾고 있었다.

그는 리용에서 태어났는데, 제주이트 계 학교를 마친 후 1917년 파리로 올라왔다. 해군병학교의 입시에 실패하고 1년간 미술학교에서 건축을 공부하다가 1921년 병역으로 항공대에 소집되어 조종사 훈련을 받았다. 1924년 병역을 마친 후 생활을 위하여 직공·판매원 등의 일을 하였는데, 1926년 정기 항공로를 개발하는 일을 맡기도 하고 정찰비행 대원으로서 실전에 참가하기도 하였다. 그는 1944년 7월 31일 결국 적진(敵陣)의 정찰비행을 위하여 코르시카의 기지를 떠난 후 영원히 지중해의 하늘 속으로 사라지고 말았다.

《남방비행》(1928), 《야간비행》(1931)에서 《인간의 대지》(1939)를 거쳐 제2차 세계대전중에 쓴 《싸우는 조종사》(1942)에 이르는 일련의 르포르타주 형식의 이야기는 비행사로서의 체험을 바탕으로 한 것이다. 그는 모든 작품에서 용감하고 진지하며 책임 있고 성실한, 공통의 고난과 위험을 겪는 자에게만 느끼는 인간 상호간의 연대의식, 인류 전체에 결부되는 개인의 공헌, 그리고 소박한 소년의 마음 속에만 있는 시정과 구상(具象)의 세계를 시인적인 풍부한 상상력과 섬세한 문체로 표현하고 있다. 그리고 시처럼 아름다운 이야기 속에 깊은 인간관찰과 신랄한 사회비평을 담은 ≪어린 왕자≫(1943)는 어른을 위한 동화라고 일컬어지고 있다. 작은 일에는 이기적이라고 하더라도 큰일에는 생명을 내맡길 수 있는 사람들, 그리고 작은 일에 마음이 산만해지더라도 큰일에는 마음이 긴장되는 젊은이들에게는 특히 감동을 주는 작품이다.

이 작품은 지금이나 앞으로도 행동과 의지의 또 하나의 작품 ≪야간비행≫과 함께 생텍쥐페리의 대표작이 될 것이 분명하다. 그의 작품으로는 이밖에 ≪성채≫(1948)라는 미완성의 초고가 있는데 그의 사후에 출판되었다.

레지스탕스의 문학

1939년 9월 나치스 독일이 폴란드 침입을 개시함으로써 결국 제2차 세계대전은 일어나고 말았다. 프랑스에 대한 직접적 공격은 1940년 5월부터 시작되어 독일군은 프랑스가 자랑하는 마지노선을 돌파하고, 6월에 독불간의 정전이 성립, 7월엔 비시의 페텡 원수를 수반으로 하는 정부가 수립되면서 제3공화국은 그 막을 내렸다. 독일은 파리를 포함한 프랑스 본토의 3분의 2를 점령지구로 하여 군정을 선포하고, 나머지 3분의 1을 비시 정부로 하여금 장악하게 하였다. 이러한 상태는 1944년 여름 영미군과 드골 장군이 지휘하는 군대가 프랑스를 해방시킬 때까지 계속되었다. 독일군 점령하의 4년간은 프랑스 국민에게나 프랑스 문학에 최대의 시련기였다.

1930년대의 작가들은 개인보다는 사회에 눈을 돌리고, 세련과 탈출에 의한 에고티즘보다는 행동에의 의지와 사상적 탐구의 정신에 차 있었으나, 제2차 세계대전의 진행은 그들로 하여금 어쩔 수 없이 역사의 비극적 성격과 중압에 직면하게 하고, 그것을 참도록 강요하였다. 그러나 특히 젊은 세대의 작가들은 거의 광범한 레지스탕스의 전열에 참가하여 작품활동과 직접 행동에 의하여 점령군에 저항했다. 이러한 레지스탕스는 독일군의 점령 직후부터 점령지구에서 산발적으로 행해지다가 전국적인 조직으로 발전했다. 문학 분야에서는 '작가 국민위원회'가 결성되어 레지스탕스의 일환으로 문학활동이 전개되고 있었다.

아라공의 시집 《단장》(1941)·《엘사의 눈동자》(1942), 엘뤼아르의 시집 《시와 진실》(1942), 피에르 엠마뉴엘의 시집 《오르페의 무덤》(1942) 등은 익명으로 비밀출판되어 조국에 대한 사랑과 침략자에 대한 증오를 노래하였다. 심야총서의 모습으로 간행된 베르코르의 소설 《바다의 침묵》(1942) 등은 점령군 장교에 대해 끝까지 침묵을 지키는 한 소녀의 모습과 선의의 인간관계를 영원히 찢어 버리는 전쟁의 비정함을 묘사해 점령지구의 프랑스 국민의 마음을 표현하였다.

독일 점령의 4년간은 극히 짧은 기간이기는 하였으나, 수용소 생활이라든지 레지스탕스 등 표현할 수 없을 만큼 비참한 것이었다. 개인의 경험으로서도 인간의 힘을 넘는 것이었다. 이러한 체험의 기록이 많이 쓰어진 점에 제2차 세계대전의 프랑스 문학의 특징이 있는데, 이것을 레지스탕스 문학이라고 하여도 좋을 것이다.

엘뤼아르는 순수한 파리 인으로, 태어나면서부터 예술가였다. 그는 아방가르드―전위예술―에서 다다이즘으로, 쉬레알리즘에서 레지스탕스로 현대 프랑스 시의 흐름을 따라 걸어온 시인이었다. 중학교 시절에 폐를 앓아 요양생활을 하던 시기부터 시를 읽기 시작하여 일찍부터 시를 쓰고 있었다. 제1차 세계대전에 종군한 후 앙드레 브르통 등과 함께 쉬레알리즘 운동을 일으키고 ≪동물과 그들의 인간, 인간과 그들의 동물≫(1920) 등 많은 시집을 내었는데, ≪고통의 수도≫(1926)는 그 시기의 걸작이다. 제2차 세계대전중에는 레지스탕스에 투신하여 ≪시와 진실≫(1942), ≪살아야 할 사람들≫(1944), ≪독일군과 만나는 곳에서≫(1945) 등을 발표하고 직접적으로 프랑스 사람들의 심정에 호소하며, 새로운 인간해방을 부르짖었다.

다음 시 ≪자유≫에는, 점령하에 있던 프랑스 국민의 자유에의 갈망과 그 무거운 분위기에서 벗어나려는 마음의 절실함이 간결하게 표현되고 있다.

    나의 생도의 노트 위에
    나의 학교의 책상과 나무 위에
    모래 위에 눈 위에
    나는 쓴다 너의 이름을

    희망도 없는 허탈 위에
    ……저 고독 위에
    죽음의 행진 위에

나는 쓴다 너의 이름을

  그러나 레지스탕스의 권화(權化)는 뭐니뭐니 해도 루이 아라공이다. 그는 제1차 세계대전중에 학생으로 동원되었는데 그때 브르통을 만남으로써(1917) 그의 문학생활이 시작되었다. 1919년 그는 브르통과 함께 《문학》지를 창간하고 다다이즘에서 쉬레알리즘에 이르는 동안 기성의 문학을 파괴하는 데에 가장 행동적이었다. 제2차 세계대전중에는 조국에 위기가 닥치자 애국을 부르짖으며 침략자에 대한 증오를 노래했고, 《단장》・《엘사의 눈》 등의 시집에 그러한 시정을 과거의 정형에 의하여 담았다.
  이 시집에 넘쳐 흐르는 엘사의 눈동자와 엘사의 사랑은 동시에 프랑스의 국토・자연・역사에 쏟는 눈동자이며 사랑이다.

나는 건너갔다 센의 다리를
일체의 것은 거기서 비롯되었다.

지나간 시대의 어떤 노래의
이야기하는 상처입은 한 기사의 노래
둑에 핀 한 송이의 장미꽃
끈이 풀어진 한 장의 가슴받이의 노래

어리석은 영주의 성의 노래
도랑에 뜬 백조의 노래

아! 버림받은 나의 프랑스
센의 다리, 나는 그곳을 건너갔다.

때로는 높게 때로는 낮게, 민요조로 표현된 이러한 그의 서정은 점령하의 프랑스 사람들에게 적지 않은 위안이 되었음은 물론이다.

독일군 점령시기에 가장 성행한 것은 연극이었는데, 그 시기적 특색을 잘 나타낸 극작가의 한 사람은 장 아누이 (1910~1987)였다.

그는 10세 때부터 한 친척이 지배인으로 있던 극장에 드나들며, 집에서도 극을 공연할 만큼 연극에 열중하였다. 파리대학에서 법률을 공부하였으나 연극에 대한 열이 식지 않아 몇 편의 희곡을 발표하고, 1937년 ≪짐 없는 나그네≫의 성공으로 극작가로서의 지위를 확보하였다. 그리고 제2차 세계대전중의 두 작품 ≪위리디스≫(1942), ≪앙티곤느≫는 점령하의 연극 중 걸작으로서 사르트르가 이론화한 '상황의 연극'의 특질을 분명히 나타내고 있다.

1944년에 공연된 이 극은 연합군의 공습으로 중단되었으나, 관객은 죽음을 걸고 순수성을 지키는 앙티곤느에게서 레지스탕스의 투쟁을, 현실과 타협하는 크레옹에게서는 페탱 파의 대독 협력을 발견하고 열광하였다.

실존주의 문학

제2차 세계대전 후 프랑스 문단에 화려하게 등장하여

세계에 널리 독자를 가진 것은 실존주의 문학이었다. 실존주의 문학이 갑자기 융성하게 된 것은, 제2차 세계대전의 비참함을 경험한 유럽 사람들에게 인간의 존재에 대하여 새로운 고찰을 해볼 필요가 있다는 마음이 일어났기 때문이다.

그러나 실존주의란 원래 철학적 용어로서 키에르케고르·후설·하이데거·야스퍼스 등의 철학자들에 의하여 발전된 것인데, 문학적으로는 명확하게 표현되어 있다고 볼 수 없다. 그것은 어떤 특정의 문학적 주의라든지, 철학적 사상이라기보다는 오히려 삶의 태도를 나타내고 있는 것이라고 하여야 할 것이다. 사상 내지 철학으로서의 실존주의는 극히 난해한 것으로 여기서 길게 설명할 수는 없으나, 실존주의 문학 작품에는 그 근저에 삶의 태도로서의 공통된 특색이 있다.

그것은 사르트르가 말하는 '실존은 본질에 선행한다'는 기본적인 생각에서 출발하고 있다. 인간이 존재한다는 것은 인간의 본질보다 앞서는 것이며, 인간은 자기 뜻에 의하여 태어난 것이 아니라 자연히 태어나 그저 존재하는 것이고, 인간이 사람이 되려고 하는 것은 그 다음의 일이라는 것이다. 그러므로 인간은 인간의 본질이라는 것을 만들어 내기 위해, 존재하고 있는 이상의 것이 되려고 하며 어떤 책임 있는 일을 하려고 한다. 극히 자유로운 모습으로 태어난 인간이 그 자유를 잘 구사하여 인간의 본질이라는 것을 확립하지 않으면 안 된다는 것이 실존주의 문학에 깔려 있는 삶의 태도다. 이러한 인간 존재의 본질에 대한 규명과 삶의 태도를 다룬다는 의욕으로 사르트르와 카뮈의 문학은 기성문단의 천박함과 진부함을 통렬하게 비판하고, 20세기 중엽의 프랑스 문단에 일종의 청신한 바람을 불러일으켰다. 실존주의 문학은 현대의 프랑스 문학에 한 시대를 수놓은 문학 운동이었다.

레지스탕스는 프랑스 국민의 정신을, 그 유래를 볼 수 없을 만큼 고양시켰다. 그러나 일단 프랑스가 해방되자, 사람들의 마음에는 너무나 깊은 상처가 남아 있었다. 신을 믿는 굳은 신앙을 잃지 않은 사람들이나 막시스트는 별문제로 하고, 대다수 사람들은 세계의 어둠에 압도당하고 부당히 위협당하는 인간 존재의 의미와 가치에 대하여 자문해 보지 않을 수 없었다. 이러한 사회적 배경에서 태어난 전후의 프랑스 문학을 지배한 것은 실존주의 작가들이며, 그 대표적인 존재가 사르트르와 카뮈였다.

장 폴 사르트르(1905~1980)는 파리의 지적 중산 계급이라고 하는 프랑스적인 의미에서의 부르주아 가정에서 태어났다. 생후 8개월만에 해군사관이었던 부친을 잃고 조부 시바이처의 집에서 자랐다. 사르트르는 조부의 많은 장서 속에서 그 가죽 표지의 냄새를 맡으며 일찍부터 놀랄 만큼 지적으로 고양되었다.

1924년 고등사범학교에 수석으로 들어가 졸업하고, 1929년 철학교수 자격시험에 합격하여 르아브르 고등학교에서 교편을 잡았다. 그 동안에 자유와 독립이라는 조건부 반려자 시몬느 드 보부아르와 만나고 있었다(1926).

1934년에는 독일에 유학하여 특히 하이데거와 실존주

의 철학을 공부하고, 그 성과를 1936년 논문 ≪상상력≫으로 발표하였다.

문학자 사르트르의 업적은 우선 장편 ≪구토≫(1938)와 단편집 ≪벽≫(1939)을 비롯하여, 3부작 ≪자유에의 길≫(1945~1950년), 희곡 ≪파리 떼≫(1943)·≪밀방≫(1944)·≪무덤 없는 사자≫(1946)·≪더러운 손≫(1948)·≪악마와 신≫(1951)·≪네크라소프≫(1956)·≪알토나의 유폐자≫(1959) 등이다. 그리고 철학작품으로는 ≪존재와 무≫(1943)와 ≪변증법적 이성비판≫(1960)의 2대 저서가 있다.

사르트르는 움직일 수 없는 유일한 진리라든지 천부의 인간성이란 것을 믿지 않았다. 진리나 인간성은 인간 각자가 만들어 나가는 것이기 때문이다. 인간은 사색과 행동에 의하여 시대와 상황에 따라 자기를 형성하고 역사를 만들어 나가지 않으면 안 된다. 그러기 위해서는 우선 시대를 파악하고 상황을 포착하여야 하며, 또 근원적인 문제로서 인간의 존재란 어떤 것인지를 고찰해야 한다고 생각하였다.

그에 의하면 인간의 존재는 모순에 차 있고, 애매한 것이며 극히 불안한 존재다. 그는 신의 존재를 부정하고 인간은 절대적인 자유를 가지고 있다고 생각했기 때문이다. 그런데 이 자유처럼 인간에게 무서운 것은 없다. 인간이 자기 형성을 위하여 그 자유를 구사하기에는 너무도 그것은 인간을 당황하게 한다. 인간은 절대적인 자유를 가지고 있는 까닭에 모든 우연에 따라 좌우되게 마련이다. 그리고 인간은 여러 가지 조건과 상황 속에서 모든 행동을 자기의 의사에 의하여 결정해 나가지 않으면 안 된다. 이러한 것이 인간이라는 것이다.

그의 모든 사고는 여기에서 출발하여, 소설이나 희곡, 논문을 쓰고 있다. 그리하여 그 자신은 물론 작중 인물도 우선 자기가 놓인 상황과 주어진 조건을 철저하게 추구하고 있다. 형이상학적으로, 역사적으로, 사회적으로, 심리적으로, 그것들의 상황과 조건을 규명하면서 인간에게 가장 중요한 과제인 자유란 무엇이며, 그것을 어떻게 획득할 것인지를 모든 작품의 테마로 하고 있다.

≪구토≫라든가 ≪존재와 무≫에 의하여, 우선 존재의 절대적 우연성과 의식의 허무화에 대한 확인에서 출발하여 예술에 의한 존재의 완벽을 지향하였다. 사르트르는 제2차 세계대전의 온갖 경험을 겪은 후 1945년 ≪현대≫ 지를 창간하고, 시몬느 드 보부아르 등과 협력하여 부르주아적 정신분석과 막시즘을 총합한 총합적 인간학을 기도하기에 이르렀다.

전쟁과 포로의 체험을 통하여 인간이 소유하는 본질적 자유나 그 처리가 가능한 개성이 역사 앞에서는 여간 무력한 것이 아니라는 것을 알고, 상황 속에 던져진 인간의 참다운 자유는 역사의 흐름에 구체적으로 '참가'함으로써 획득된다는 것을 깨달았다. 이러한 사르트르의 사상적 변화는, 대전 후의 지식인의 움직임을 테마로 하고 동시적 묘사라든지 내적 독백 등 새로운 수법으로 그것을 그려낸 ≪자유에의 길≫에 잘 나타나 있다.

이 작품은 제2차 세계대전 당시의 인심의 동요를 그대로 묘사하고 있는 점, 복잡한 사회의 교감적인 움직임을 그리고 있는 장면, 같은 시각에 파리의 어떤 하숙집에서 전쟁이 시작되는 줄 알고 자포자기한 어떤 여학생이 사랑하지도 않는 청년에게 몸을 맡기고 있는 정경의 동시적 묘사 등의 소설기법으로 뛰어난 소설이라 일컬어지고 있다.

사르트르는 철학에서 출발하여 철학논문을 쓰면서 문학작품에 의해 인간 존재의 조건과 현실적인 상황을 확인하고, 다시 정치에 참가하여 역사를 만들려고 시도하였다. 그리하여 그는 자기 나름대로 정치에 참가하여 많은 실패와 반성을 거듭하고 깊은 사색을 하며 행동하고, 역사의 흐름 속에서 끊임없이 인간과 사회의 근원적인 문제로 되돌아가 작품과 논문을 발표하였다.

알베르 카뮈(1913~1960년)의 부친은 강렬한 태양밖에는 재산이 없는 가난한 농부며, 모친은 스페인 계 하녀 출신의 문맹자였다. 그가 태어난 다음 해, 본국으로 동원된 그의 부친은 마르느의 전투에서 전사했다. 그는 장학금을 받아 중등교육을 마치고, 결핵과 싸우면서 잡다한 아르바이트를 하여 아르제 대학을 나와 문학사가 되었다. 1933년 결혼하여 2년 후에 이혼, 그해 공산당에 들어갔는데, 1936년에는 프랑스 정부와 타협한 모스크바의 지령에 분개하여 탈당하였다.

건강상의 이유로 철학교수 자격에 불합격된 그는 신문기자가 되어 ≪콩바≫ 지의 편집을 맡았다. 제2차 세계대전이 일어나자 군에 지원했으나 거절당하고, 1940년 재혼하여 본국으로 돌아가 《파리 스와르》지의 기자가 되었으나 독일군 침입으로 다시 알제리로 왔다.

1942년에 《이방인》과 《시지푸스의 신화》에 의하여 부조리의 철학을 제창하였다.

그의 '부조리의 철학'을 이해하기 위해서는 《시지푸스의 신화》를 읽지 않으면 안 되는데, 그 철학의 요지를 간단히 말하면 다음과 같다. 즉, 많은 합리주의 철학을 신봉하는 낙천가들은 이 우주와 세계가 하나의 진리에 의하여 지배되고 있어서 갖가지 모순이 있어도 그것은 합리적으로 설명된다고 한다. 그러나 실제로 이 우주를 지배하고 있는 것은 혼란에 지나지 않으며, 따라서 이 세상은 살 값어치가 없다. 그런데 우리들의 내부에는 일체의 것을 설명할 수 있는 하나의 진리를 바라는 요구와 행복을 원하는 욕구가 있다. 그 요구와 욕구는 진정시킬 수 없는 것이다. 이와 같이 한편에는 우주의 혼란이 있고, 또 다른 편에는 통일을 바라는 내부의 요구가 있을 경우, 이 두 개를 승인하고 그것을 대립시켜 서로 접하게 하는 가운데 하나의 삶의 방법을 발견할 수 있지 않을까. 그 삶의 방법이 '부조리의 철학'이다.

이러한 '부조리의 삶'의 방법으로 말하면, 우리들은 종교적 신앙이나 신비철학 등의 도움을 빌려 우주에 명석한 하나의 진리가 있다고 생각해서도 안 되며, 또 인간의 지성의 한계를 비관하여 모순을 해결하려 하는 우리들 내부의 요구를 단념하고 그저 절망에 빠지는 일도 피하지 않으면 안 된다. 안이한 구제의 꿈은 버려야 하지만 절망하는 일도 피해야 하며, 한계가 있는 우리들의 지성의 힘의 범위 안에서 인간적으로 살 수 있는 지를 시험해 보자는 것이다.

카뮈의 '부조리의 철학'은 무신론적 사상이며, 따라서 신의 존재를 믿을 수 없었던 지드의 종교사상을 계승한 것이라 말할 수 있다. 또 인간은 신의 은총 없이 살 수 있는가 하는 파스칼적 명제에 대한 하나의 부정적인 답이라고 할 수 있다. 그의 ≪이방인≫은 그러한 '부조리의 철학'을 그대로 소설의 형식에 담은 것이다.

제2차 세계대전중 레지스탕스의 체험은 카뮈에게 세계의 선의의 사람들과 함께 산다는 우애의 정신과 위마니즘을 계시해 주었다. 그를 세계적으로 유명하게 한 ≪페스트≫(1947)에서는 유행병과 싸우는 선의의 사람들의 협력이 그려져 있다. 이 소설의 무대가 된 오랑의 도시에서 페스트가 사라져 버렸을 때, 주인공 리위라는 의사가 느끼는 감회는 고요하고 아름다운 것이다.

> 이 도시에서 페스트가 사라져 버렸다. 그러나 페스트 균은 어느 구석에 남아 있어서 언젠가는 그것이 세력을 되찾고 퍼져서 도시의 사람들을 죽일지도 모른다. 페스트, 즉 악은 이 세상에서 멸종한 것은 아니다. 의사인 나는 어떠한 경우에도 의사로서 병을 없애기에 헌신적인 노력을 다할 것이다.

의사 리위는 희망도 갖지 않거니와 절망하지도 않는다. 다만 달성할 수 없는 사업에 대해 부단한 노력하고 있을 뿐이다.

따라서 이 작품은 천 년이나 만 년이나 산정으로 돌을 밀어 올리는 노력을 되풀이한다는 시지푸스의 신화를 현대화한 것이다.

새로운 문학적 풍토

1950년대에 이르러 프랑스 문단은 정치적인 안정과 새로운 경제적 발전을 배경으로 실존주의의 문학을 포함한 형이상학적인 문학이나 인간의 조건을 다룬 소설에 대한 반동이 일어났다. 로제 니미에(1925~1962년)의 소설 ≪파란 경기병≫(1950)의 표제부터 '경기병의 세대'라고 이름지어진 작가군이 화려하게 등장하였다. 그들 중에는 니미에 이외에 로제 바이양(1907~1965년), 앙투안느 블롱뎅 등이 있었다.

그들은, 정치는 물론 일체의 가치와 이상에 환멸을 느끼고 어떤 것에도 마음을 주지 않는 슬기로움과 경쾌함, 조소와 우수를 속성으로 하는 작중인물과 그 언동을 통하여 오히려 그 시대의 고뇌와 불안을 표현하고 있다. 정신의 지주를 잃은 현대인의 혼란을 풍속적으로 포착한 프랑수아즈 사강(1936~)의 소설이 폭발적인 인기를 얻고 대성공을 거둔 것도 1950년대의 이러한 문학적 풍토의 분위기를 단적으로 말해 주는 것이다.

그리고 최근에 이르러서는 실존주의 문학 내지는 참가 문학을 내세운 작가들과는 대조적인 생각, 즉 문학에서 의식적으로 정치적 요소를 배제하려는 시도가 행해지게 되었다. 정치적인 문학에서 비정치적인 문학으로의 이행은, 크게 보면 문학사상 자주 되풀이되었던 것이지만, 최근의 비정치적 문학은 각 장르의 기법을 혁신하려는 점에서나 의식적으로 비정치적으로 되려는 점에서 오히려 시대를 무시함으로써 심각한 정신상황을 표현하려고 하는 것이다.

이미 조이스, 포크너, 도시 패서스 등의 외국 작가들에 의하여 소설이라는 장르 자체에 대한 근본적인 반성과 대담한 실험이 행해지고 있었고, 프랑스 문단에서도 프루스트의 소설에 대한 불신과, 지드의 순수소설론과 쉬레알리즘의 소설 수법 등 종래의 테두리를 벗어나려는 움직임이 있었다. 1950년대로 접어들면서 새뮤엘 베케트(1906~1989년)를 비롯하여 미셸 뷔토르(1926~), 알랭 로브 그리예(1922~), 나타리 사로트(1902~), 클로드 시몽(1913~), 마르그리트 뒤라스(1914~1995) 등 이른바 반소설, 혹은 누보 로망—새로운 소설—의 작가군에 의하여 전위적이고 치밀한 작품이 독자의 시선을 끌게 되었다.

그들은 나이도 성격도 서로 다르고 굳이 하나의 문학적 유파를 만들려고 한 것도 아닌데 전통적 소설의 속성, 즉 시간의 흐름에 따르는 줄거리의 전개, 작중인물의 전형, 심리묘사, 테마의 명확성, 그리고 작자의 조물주적인 관점 등, 일체의 것을 배제한다는 소설기법에 있어서의 공통된 목표를 가지고 있었다.

따라서 그들의 소설은 로브 그리예가 말하고 있듯이 '작중인물을 창조하지도 않고 이야기하지도 않으며', 뷔토르가 말하는 '형이상학적 영역'에 속하고 '어떤 방법으로 현실이 우리들에게 나타나는지를 계시하는 실험실'이므로, 쓰는 주체와 대상, 즉 사물은 구조적으로 동일하고 어느 것이나 작품으로서 현전성(現前性)을 갖는 것이다. 그것은 레알리즘보다는 사물주의에 접근하게 되는데, 그러나 미리 이야기할 무엇이 있어서 쓰는 것이 아닌 까닭에 당연히 어떻게 쓸 것인지가 중요시되고, 내용보다 형식이 소중하게 되는 형식주의다.

이와 같이 새로운 소설은 의미를 부여한 종래의 소설적 세계 대신에 극히 자의적인 형식(문체)으로 씌어지고, 직접적인 현전성을 가진 사물과 주체의 복합체를 제시하며, 독자는 자발적인 상상력과 지성의 노력에 의하여 일종의 암호해독과 같은 조작을 하며 작품에 공감하거나 반항하는 태도를 취하게 되는 것이다. 전통적 소설의 배경과 분위기 대신에 집요하게 따라다니는 환상과 혼미가 독자를 기다리고 있기 때문이다.

쉬레알리즘 이후의 현대시의 특질을 말하면 '언어의 유희로서의 레트리크', '조형성, 특히 대상에의 접근', 언어 마술에 의한 기적의 실현이 아니라, 고뇌와 악을 불식하는 개인적인 '위생학', 생볼리즘의 형이상학적인 먼지를 털어버리는 '해학과 풍자' 등인데, 그것은 새로운 레알리즘의 출현이라고 할 수 있을 것이다. 물론 이것은 소박한 나튀랄리즘과는 관계가 없으며, 특정의 실재에로의 도피를 부정하기는 하지만, 있는 그대로의 현상을 노래하는 일은 없고, 시의 자율성을 회복해 부드러움을 가하며 실제의 총체에 적합한 하나의 정신적 태도를 취하도록 현실적인 것을 시에 담는 것이다.

유파는 존재하지 않으며, 시 행위는 각자의 일에 속하고, 주제는 자연과 신, 인생, 죽음과 사랑, 대지와 인간의 고통 등 이전과 다르지 않은데, 표현이 개성과 어법에서 독특한 까닭에 그것에 접근하기 어려울 때가 있다. 그러나 타인에게 전달하는 뜻은 상실되지 않고 오히려 더 강하여, 곤란한 현대의 위기를 반영하고 불안과 열광의 합일이 시를 근저부터 뒤흔들고 있다.

한편 오랫동안 19세기적 전통의 형식을 고수하고 있던 연극은 전후 혁신의 기운을 보이게 된다. 클로델의 ≪수자의 신≫의 초연(1943), 몽테를랑의 ≪포르 르와이얄≫(1945), 지로두의 ≪샤이요의 광녀≫ 등의 작품에 의해 기성 테두리 속에는 담을 수 없는 문학과 시정에 찬 연극 혁신의 토양이 준비되었다. 또한 사르트르, 카뮈, 가브리엘 마르셀(1889~1973)의 실존주의의 희곡도 소시민적인 극의 안정에 대한 비판으로 극 장르의 갱신에 이바지하였다.

최근에 이르러 소설에서 반소설 혹은 새로운 소설과 비슷한 현상이 프랑스 연극에 나타나고 있는데, 그것도 종래의 형식과 관습에서 완전히 벗어나려고 하는 극운동이다. 제1차 세계대전의 다다이즘이나 쉬레알리즘의 전위적 운동이 차라, 아폴리네르와 같은 외국 출신 작가에 의해 추진된 것처럼, 새로운 연극의 전위적인 운동도 역시 외국 출신의 작가에 의하여 추진되고 있다.

루마니아 인 위젠느 이오네스코(1912~1994), 에이레 인 새뮤엘 베케트, 레바논 인 조르쥬 쉐아데(1910~) 등이 그들이며, 모두 일상성의 근저에 있는 허구의 진실을 극히 과장된 의식적 수법으로 관객에게 전달하려 하고 있다. 현대인이 갖는 공포감과 해체의식을 실현한다기보다는 오히려 던진다는 방법으로 표현하는 이들의 연극은 반연극이라고 불리고 있는데, 역시 새로운 문학의 일환으로 그 추이가 주목된다.

새로운 소설이나 반연극과 함께 새로운 비평, 혹은 형이상학 비평이라 불리는 비평이 있다. 정신분석학·사회학·인류학·현상학·언어학 등의 새로운 성과를 받아들여 전기와 자료, 문학사적 정설에 의거하기보다는 우선 작품 자체를 날카로운 지성과 부드러운 감성으로 분석하고 해석하는 것이다. 그리고 엄밀한 방법을 고안해 합리적·과학적으로 종합하는 이중 조작에 의하여 과학으로서의 비평과 문학으로서의 합치를 이상으로 하고 있는데, 그 영향은 아카데미즘에까지 미치고 있다.

최근 스트뤽튀랄리즘(구조주의)이라고 불리는 비평이 바로 그것이다. 이러한 비평의 선구자로서는 알베르 베겡(1901~1957년), 마르셀 레이몽(1884~1962년)의 존재도 무시할 수 없다. 1960년대에 접어들면서 프랑스 평단에는 조르주 풀레(1912~), 롤랑 바르트(1915~1980년), 클로드 레비 스트로스(1908~1991년), 미쉘 푸코(1926~1984년) 등의 비평가들에 의한 스트뤽튀랄리즘의 비평이 주목을 받고 있다.

이것은 오래 전부터 여러 학문의 분야, 특히 철학과 언어학에서 사용하던 말인데, 모든 현상과 사물을 가능하게 하는 형식적·내면적 구성의 원형을 가리키는 것이다. 이를테면 인간에게는 인간으로서의 본성, 즉 구조가 있고, 그 의식에도 정신적인 힘, 즉 구조가 있는데 그러한 원형을 찾아 인간의 현상을 전체적으로 설명하려고 하는 것이 스트뤽튀랄리즘이다. 이러한 스트뤽튀랄리즘의 원리로써 문학작품을 비평하려는 것이 최근에 문제시되고 있는 새로운 비평으로, 그 성과는 아직 모호하며 결과를 두고 보아야 할 것이다.

지은이 약력

와세다대학 대학원 수사 및 박사 과정 졸업
불문학 전공
연세대 불어불문과 교수

저 서
≪프랑스 문학사≫

역 서
보부아르 ≪레 망다렝≫
모파상 ≪여자의 일생≫
라 브뤼예르 ≪인간의 이모저모≫

프랑스 문학의 이해 〈서문문고 119〉

개정판 발행 / 1996년 9월 30일
개정판 2쇄 / 2005년 4월 10일
지은이 / 송 면
펴낸이 / 최 석 로
펴낸곳 / 서 문 당
주소 / 서울시 마포구 성산동 54-18호 동산빌딩 2층
전화 / 322—4916~8 팩스 / 322-9154
등록일자 / 2001. 1. 10
등록번호 / 제10-2093
창업일자 / 1968. 12. 24

ISBN 89-7243-319-5   ※ 잘못된 책은 바꾸어 드립니다